古代歷史文化研究輯刊

十七編

王明蓀 主編

第 33 冊

道易惟器
—— 宋以來宮調理論變遷及與音樂實踐關係研究（中）

李宏鋒 著

國家圖書館出版品預行編目資料

道易惟器——宋以來宮調理論變遷及與音樂實踐關係研究
（中）／李宏鋒 著 — 初版 — 新北市：花木蘭文化出版社，
2017〔民106〕
目 4+178 面；19×26 公分
（古代歷史文化研究輯刊 十七編；第33冊）
ISBN 978-986-404-973-8（精裝）
1. 宮廷樂舞 2. 音樂史 3. 宋代
618   106001498

ISBN-978-986-404-973-8

9 789864 049738

古代歷史文化研究輯刊
十七編　第三三冊
ISBN：978-986-404-973-8

道易惟器
——宋以來宮調理論變遷及與音樂實踐關係研究（中）

作　　者　李宏鋒
主　　編　王明蓀
總 編 輯　杜潔祥
副總編輯　楊嘉樂
編　　輯　許郁翎、王筑　美術編輯　陳逸婷
出　　版　花木蘭文化出版社
社　　長　高小娟
聯絡地址　235 新北市中和區中安街七二號十三樓
　　　　　電話：02-2923-1455／傳眞：02-2923-1452
網　　址　http://www.huamulan.tw 信箱 hml810518@gmail.com
印　　刷　普羅文化出版廣告事業
初　　版　2017 年 3 月
全書字數　293402 字
定　　價　十七編 34 冊（精裝）台幣 68,000 元

道易惟器
——宋以來宮調理論變遷及與音樂實踐關係研究（中）

李宏鋒 著

目次

第四章 《瑟譜・詩新譜》及元雜劇的宮調分佈與應用

　　1260 年，成吉思汗幼子托雷的嫡出第二子忽必烈，通過傳統的忽里勒臺大會形式登上汗位，建元中統，是爲元世祖（1260～1294 年）。1271 年，忽必烈取《易經》「大哉乾元」之意，改國號爲「大元」。1276 年，元軍攻佔南宋都城臨安（今浙江杭州）。三年後，宋軍與蒙古軍隊在崖山（今廣東新會南崖門鎮）展開殊死決戰。元軍以少勝多，全殲宋軍，陸秀夫背負幼帝趙昺蹈海而死，南宋滅亡。蒙古鐵騎以其所向披靡之勢，結束了自五代十國以來的長期分裂割據局面，一統中國。

　　統一後的元朝，將中國文化帶入新的歷史時期，傳統音樂也由此展開一幅別開生面的畫卷。一方面，立國之初的元統治者十分重視禮樂建設，大力推崇儒學，南宋理學傳統得到進一步延續，擬古化的詩樂演唱和雅樂製作風行一時，元代學者熊朋來編製的《瑟譜・詩新譜》便是突出代表。另一方面，元代又施行殘酷的種族壓迫和奴隸制式的經濟掠奪，使得以元大都（今北京）爲代表的都市經濟畸形繁榮，市民文化生活需求大幅提升。一大批身處社會底層且具有較高文化素養的文人，參與到雜劇創作之中，湧現出大批藝術水平極高的戲曲作品。這些戲曲作品中的音樂，上承唐宋大曲、詩詞、諸宮調等形式，是兩宋乃至盛唐遺音在新時代的集中整合展現。蘊含於文人詞樂和元代劇曲中的曲牌、宮調應用，爲我們考索元代宮調理論的實際運用情況，以及俗樂二十八調體系在有元一代的轉型發展提供了重要材料。

　　基於上述思考，本章擬從「熊朋來《瑟譜・詩新譜》的宮調應用特點」、「元雜劇折（齣）樂譜宮調的分佈與應用」兩方面，梳理唐宋宮調理論在元

代的傳承與變遷，深入認知不足百年的有元一代（1271 年以元國號起至 1368年滅亡止）音樂藝術，在唐宋至明清的宮調演變乃至音樂風格轉型歷程中舉足輕重的地位。

第一節　熊朋來《瑟譜・詩新譜》的宮調應用特點

　　宋末元初人熊朋來編訂的《瑟譜》，是一部用以記錄《詩經》樂歌和孔廟釋奠樂章的樂譜，以瑟爲伴奏樂器，採用律呂譜和固定唱名工尺譜相對照的形式記寫。全書共計六卷，首卷介紹了瑟的弦律、宮調、記譜和指法等內容；第二卷收錄了南宋趙彥肅所傳的《風雅十二詩譜》，稱爲「詩舊譜」，共計 12首；第三、四卷是熊朋來補充編創的《詩經》樂譜，即所謂「詩新譜」，共計20 首；第五卷是熊朋來整理的孔廟釋奠樂章；最後一卷「後錄」是古來論瑟之言的匯總。《瑟譜》全書以樂曲記寫爲主要內容，是宋代保存至今稀見的樂譜文獻之一。尤其是第三、四卷「詩新譜」保存的熊朋來詩樂作品，對研究宋元文人詩樂創作的理念與方法、宋代雅樂的觀念與形態、唐宋宮調理論流變及其在禮樂實踐中的應用等問題，均具有重要的史料價值。

　　囿於「崇俗貶雅」的傳統音樂史學觀念，熊朋來《瑟譜》很長時間未得到學界充分關注。〔註1〕近年來，一些學者開始注意到該譜價值並展開若干研究，《瑟譜》也被一些重要音樂工具書收錄。〔註2〕本章即在前人相關成果基礎上，擬集中以《瑟譜》第三、四卷「詩新譜」爲對象，在梳理、考訂諸樂曲音樂形態的基礎上，探討熊朋來「詩新譜」的創作理念、製曲方法和宮調應用特點，爲探索元代雅樂形態和宋以來宮調理論的演變與應用提供參考。筆者也希望通過對《瑟譜》這一中國古代雅樂縮影的個案剖析，使我們在當前復興中華禮樂文明的大語境下，更爲清醒地認知傳統雅樂遺產的藝術價值和學術價值。

〔註 1〕 例如，以楊蔭瀏《中國古代音樂史稿》爲代表的諸多音樂史著作，少見關於熊朋來《瑟譜》的介紹；研習中國傳統音樂的重要工具書《中國音樂詞典》亦未收錄「瑟譜」詞條（北京：人民音樂出版社，1983 年）。

〔註 2〕 相關論文，如王德塤《熊朋來〈瑟譜〉研究》（《黃鐘》1998 年第 4 期）、張迪《熊朋來〈瑟譜〉初探》（《中國音樂》2013 年第 1 期）等等。《中國大百科全書・音樂舞蹈卷》收錄的「瑟譜」詞條，由劉東升先生撰寫，參見中國大百科全書總編輯委員會《音樂舞蹈》編輯委員會編《中國大百科全書》（音樂舞蹈卷），北京：中國大百科全書出版社，1989 年，第 567～568 頁。

一、熊朋來編訂《瑟譜》的基本意圖

　　史學界一般以忽必烈即位爲標誌，認爲此後蒙古政權的國家本位和統治政策發生重大變化，草原本位的大蒙古國開始轉變爲漢地本位的元王朝。傾向於漢化的忽必烈，十分重視中原漢族傳統的文治策略，有計劃地吸收、採用前代中原王朝的一系列典章制度和統治經驗。據史學家陳高華先生研究，忽必烈即位之初推行的「漢法」，主要包括建立年號國號及有關禮儀制度、定都漢地、建立中央集權的中原模式官僚機構、實行重農政策、尊崇儒學等五個方面。〔註3〕在重建禮制和尊崇儒學方面，忽必烈採納了名士徐世隆等人的觀點：「陛下帝中國，當行中國事。事之大者，首惟祭祀，祭必有廟」，下詔仿漢制設立太廟祭祀祖先，制訂節日、慶典等朝儀。〔註4〕不僅如此，元統治者還極爲「尊孔」，力主恢復孔廟祭祀和典禮音樂。大德十年（1306年）元成宗「命江浙行省製造宣聖廟樂器，以宋舊樂工施德仲審較應律，運至京師；秋八月，用於廟祀宣聖。先令翰林新撰樂章，命樂工習之」，大德十一年（1307年）封孔子爲「大成至聖文宣王」，元仁宗又於「延祐五年（1318年），命各路府宣聖廟置雅樂，選擇習古樂師教肄生徒，以供春秋祭祀」〔註5〕。

　　元代統治者的尊儒祭孔之風，本質出於外族政權鞏固統治的需要，也是宋代崇文傳統的延續。正是在這種風向下，程朱理學著作成爲元中期之後科舉考試的範本，以至「海內之士非程朱之書不讀」〔註6〕，理學之盛大有壓倒南宋之勢。回顧前朝，理學經歷二程（程顥、程頤）和朱熹的系統化發展，至南宋後期已相當成熟，成爲支配當時知識界的主流意識形態。程朱理學在「以古爲師」的前提下，直接繼承先秦孔子至孟子的儒家傳統，試圖通過對儒、佛、道等思想的吸收揚棄，創造性回應各類現實社會問題，進而重建儒學價值體系。這種「向後看」的認知方式，不僅爲南宋文化界蒙上了一層濃厚的復古主義思潮，也深刻影響著元代文人詩樂的編創和運用。

　　《詩經》樂曲即「詩樂」的教唱，是兩宋時代儒學傳承的重要內容之一，

〔註3〕陳高華：《陳高華說元朝》，上海：上海科學技術文獻出版社，2009年，第20～22頁。

〔註4〕《元史·徐世隆傳》卷一百六十，北京：中華書局，1976年，第3769頁。

〔註5〕《元史·禮樂志》卷六十八，北京：中華書局，1976年，第1697～1699頁。

〔註6〕〔元〕歐陽玄：《圭齋文集》卷九《文正許先生神道碑》，《文淵閣四庫全書》（電子版），上海人民出版社、迪志文化出版有限公司出版，標準書號：ISBN 7-980014-91-X/Z52。

其風尚在北宋時代即出現。儒者試圖以此恢復孔門禮樂之教，復興古代詩樂傳統。例如，振興「湖學」的北宋大儒胡瑗（993～1059 年），「痛正音之寂寥，嘗擇取《二南》、《小雅》數十篇，寓之塤、籥，使學者朝夕詠歌。自爾聲詩之學，爲儒者稍知所尚」〔註7〕。南宋的詹元善授徒時同樣如此，朱熹曾到詹元善教學處，「見其教樂，又以管吹習古詩《二南》、《七月》之屬，其歌調卻只用《太常譜》」〔註8〕。正是在這一環境下，才會有南宋趙彥肅傳譜的所謂「開元風雅十二詩譜」流行於世。可見，依曲教授《詩經》已經成爲兩宋儒者復興古代禮樂的重要舉措，得到知識界的廣泛認可。成長於南宋末年，深受程朱之學影響的儒者熊朋來，將詩樂作爲儒學教育和復興孔孟禮樂的重要內容與手段，正是對宋代理學的繼承，也是對元統治者大力推崇儒學風尚的積極回應。元代文人在這種思潮影響下進行的雅樂創作，成爲唐宋宮調理論在當時雅樂實踐中的重要呈現方式之一。

熊朋來（1246～1323 年）字與可，豫章（今江西南昌）人。據《元史·儒林傳》記載，他曾在宋咸淳甲戌年（1274 年），登進士第第四人，但未過幾年南宋即告滅亡。元世祖忽必烈統一中國後重視江南士人，「盡求宋之遺士而用之，尤重進士」。熊朋來無意仕途，「不肯表襮苟進，隱處州里間，生徒受學者，常百數十人」。由於他在儒家經典方面的深厚造詣，許多朝廷公卿都以他爲師。熊朋來一生傾心儒學，所研諸經中以「三禮」最深，是當時禮學研究的代表人物。他任福建、廬陵（今江西吉安）兩郡教授時，「所至，考古篆籀文字，調律呂，協歌詩，以興雅樂，製器定辭，必則古式，學者化焉」。〔註9〕元英宗碩德八剌力圖恢復古禮樂時，翰林學士元明善曾向朝廷力薦熊朋來，但未及召見，78 歲的熊朋來便與世長辭了。

熊朋來繼承儒家禮樂修身的傳統，在音樂方面也有很高造詣。他「每燕居，鼓瑟而歌以自樂。嘗著《瑟賦》二篇，學者爭傳誦之」〔註10〕。從南宋復古思潮盛行的文化背景，以及熊朋來自身的學術取向不難推想，他調律呂、協歌詩、鼓瑟而歌等一系列音樂活動，無不以復興雅樂爲最終目的。史載熊朋來「製器定辭，必則古式」，可見他這種信而好古、自比於老

〔註7〕 《宋史·樂志》卷一四二，北京：中華書局，1976 年，第 3339 頁。

〔註8〕 〔宋〕黎靖德編：《朱子語類》，北京：中華書局，1986 年，第 2343 頁。

〔註9〕 以上引文，參見《元史·儒林傳》卷一百九十，北京：中華書局，1976 年，第 4334～4335 頁。

〔註10〕 《元史·儒林傳》卷一百九十，北京：中華書局，1976 年，第 4335 頁。

彭者所力圖復興的雅樂，也並非有宋乃至隋唐時代的近世雅樂，而是重建儒者心目中「郁郁乎文哉」的輝煌的周代禮樂。之所以將周代禮樂作爲復興雅樂的根本，源於熊朋來對東漢以來詩樂衰微的焦慮。他在《瑟譜》卷一中說：

> 奈詁訓之學既勝，則聲歌之學日微。東漢之末，禮樂蕭然。東觀石渠無補於世。曹孟德平劉表，得漢雅樂郎杜夔。夔老矣，久不肄習，所傳《風》、《雅》，惟《鹿鳴》、《騶虞》、《文王》、《伐檀》四篇。其後左延年僅傳《鹿鳴》，以備雅樂。至晉而《鹿鳴》又無傳焉。〔註11〕

熊氏理想中的詩樂，到晉朝已消亡殆盡。九百多年後，南宋末年文人儒者的詩樂修養，其水平自然難使熊朋來滿意。當時有所謂「唐開元禮所傳」《風雅十二詩譜》，但儒者似乎毫無興趣。熊朋來對此頗有感悟：

> 今鄉飲樂賓《風雅十二篇》，蓋唐開元禮所傳音譜，然肄者鮮矣。
> 儒者猶不能好之，況樂工乎？〔註12〕

熊朋來描述的當時儒者對《詩經》樂歌的冷漠態度，從南宋大儒朱熹的言論中也可窺見一二。《朱子語類》載朱熹之言曰：

> 今之士大夫，問以五音、十二律，無能曉者。要之，當立一樂學，使士大夫習之，久後必有精通者出。今人都不識樂器，不聞其聲，故不通其義。〔註13〕

南宋時代號稱治禮樂之學的儒生，多半是「尋章摘句」式的學究，他們於古禮可滔滔不絕、宏篇大論，對於古樂甚至基本的音律之學，則非茫然無所知即牽強附會，缺乏實際的音樂修養。稍好者或能根據書本的隻言片語，提出一些空洞的、并無實際意義的樂制理論。〔註14〕胸懷復興周代禮樂又精於音律的熊朋來，正是有感於歷代詩學長期「訓詁之學既勝，聲歌之學日微」，而當時學界又「不幸章句之儒以序訓相高，使聲歌之音泯滅無聞」〔註15〕的現狀，提出其復興古代詩學的理念，並身體力行編創《瑟譜》，以實際行動恢復古代雅樂傳統。

〔註11〕　〔元〕熊朋來：《瑟譜》卷一「前言」，墨海金壺本。
〔註12〕　〔元〕熊朋來：《瑟譜》卷一「前言」，墨海金壺本。
〔註13〕　〔宋〕黎靖德編：《朱子語類》，北京：中華書局，1986年，第2348頁。
〔註14〕　參見藍玉崧《中國古代音樂史》，北京：中央音樂學院，2006年，第164頁。
〔註15〕　〔元〕熊朋來：《瑟譜》卷一「前言」，墨海金壺本。

那麼，熊朋來爲何選擇瑟作爲復興詩樂的伴奏樂器呢？他認爲，瑟是古代雅樂登歌的必備樂器。「古者歌詩必以瑟，《論語》三言瑟而不言琴，《儀禮》鄉飲、鄉射、大射、燕禮，堂上之樂惟瑟而已。」〔註16〕在他看來，當今之世歌詩衰微的原因，主要就是古代瑟學的荒廢。正是瑟在周代詩樂中的重要地位，使熊朋來把這件樂器視爲復興詩樂的極好突破口。他「按《禮圖》、《樂書》諸家言瑟之法，以《鹿鳴》、《魚麗》、《周南》、《召南》弦桐試之，應桐如誦，知《三百篇》皆可歌、可弦，隨其聲音以託於旋宮之律調，稍復增譜之」〔註17〕。從熊朋來擬定古瑟音律、創制《詩經》樂譜的做法可知，其《瑟譜》中的兩卷「詩新譜」並非純粹自由的音樂創作，而是言必據經典，儘量排除個人主觀因素影響，以翔實考據之法重現古瑟面貌，使周代詩樂重聞於世。也就是說，在「製器定辭，必則古式」的熊朋來本人看來，他給定的古瑟形制和所編「詩新譜」，基本反映了周漢詩樂的原貌。事實果眞如熊氏所言嗎？我們試做進一步分析。

二、《瑟譜》定律與上古瑟律有天淵之別

目前考古發現最早的瑟，爲 1984 年湖北當陽曹家崗春秋晚期楚墓出土。之後的春秋、戰國墓葬多有瑟出土，但由於器物均不同程度殘損，特別是琴弦與琴柱的保存情況較差，難以獲知它們準確的定弦情況。1972 年，湖南長沙馬王堆一號漢墓出土的西漢早期瑟，器形完整且柱、弦俱全並保持出土時原位，爲探討古瑟的定律方式提供了珍貴史料。該瑟共張弦 25 根，分爲外中內三組：外組 9 根、中組 7 根、內組 9 根。李純一先生通過對瑟有效弦長（柱位）的推算，得出此瑟以五聲徵調式作爲基本音階調弦的重要結論。〔註18〕丁承運先生在李先生成果基礎上，進一步考察馬王堆瑟內外兩組琴弦的有效弦長與直徑，參以李純一先生曾侯乙編磬音律結構的研究成果，最終得出外九弦低內九弦一律（半音）的古瑟調弦法。若設黃鍾（宮）爲 F，則馬王堆漢瑟的定弦結構如下（譜4—1）：〔註19〕

〔註16〕〔元〕熊朋來：《瑟譜》卷一「前言」，墨海金壺本。
〔註17〕〔元〕熊朋來：《瑟譜》卷一「前言」，墨海金壺本。
〔註18〕參見李純一《中國上古出土樂器綜論》，北京：文物出版社，1996 年，第 443～445 頁。
〔註19〕參見丁承運《古瑟調弦與旋宮法鉤沉》，《音樂研究》2002 年第 4 期，第 50 頁。

譜4－1：長沙馬王堆漢瑟定弦（推測）

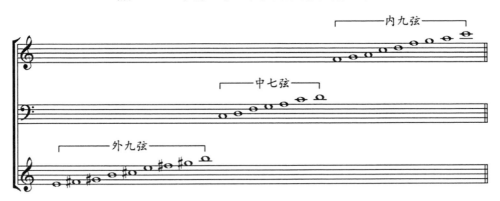

丁先生指出，上古之瑟「在旋宮功能上，內、外兩組合用，不須移柱即可奏出黃鍾、林鍾、太簇、南呂四均標準的正聲音階，外九弦組的應鍾均能奏出清商音階」。古瑟的演奏方法是：「右手彈奏內十六弦，左手彈奏外九弦之二變及旋宮時需使用的清宮、清商及清徵三聲，這樣，兩手應是交替彈弦而非同時彈奏。」〔註20〕筆者認為，丁先生的研究基本解決了古瑟的定弦調律和演奏法問題，較真實反映出戰國至秦漢一以貫之的瑟律特徵。事實上，我們的相關研究亦支持上述古瑟調律之說——這種在同一（或同類）樂器上通過相差一律（半音）的音列組合運用擴大音律與調性範圍的「陰陽旋宮」之法，或可上溯到舞陽賈湖骨笛時代。此後的商塤、西周中義鍾與柞鍾乃至曾侯乙墓出土的應律樂器等，都存在這種不同調高的音列組合。陰陽旋宮式的音列組合運用影響深遠，甚至在唐宋二十八調中管調、近世雌雄笛簫組合中都有遺存，是我國傳統音樂豐富音列、拓展調域的有效手段。〔註21〕

戰國至秦漢時代流行的瑟，至魏晉南北朝仍有施用，從先秦宴饗禮儀性質的活動，逐步拓展到相和歌、清商樂等更廣闊領域。然而，隨著秦漢以來西域諸多「馬上之樂」的傳入，原來以農耕文明為依託的傳統器樂，由於形

〔註20〕 參見丁承運《古瑟調弦與旋宮法鉤沈》，《音樂研究》2002 年第 4 期，第 51 頁。

〔註21〕 相關研究，參見本文第二章論述。亦見以下文論：秦序、李宏鋒《中國古代樂律實踐中的智慧閃光——「陰陽旋宮法」實踐與理論初探》，《音樂研究》2012 年第 4 期；李宏鋒《曾侯乙墓出土應律樂器的音列組合特徵——兼談上層鈕鍾編列及其與中下層甬鍾音列的關係》，載《薪傳代繼——中國藝術研究院音樂研究所學術文集》，北京：文化藝術出版社，2014 年；英文譯本收入 *Studien zur Musikarchäologie* IX，Verlag Marie Leidorf GmbH Rahden/Westf., 2014 年。

體龐大、靈活性較差、不適應新樂審美趨向等原因，難以融入新的社會文化生活，應用範圍逐漸萎縮。許多傳統樂器或失傳，或被新樂器取代，或存於宮廷雅樂而束之高閣。瑟就是此時沒落的中原舊器之一，其功能在魏晉之後逐步被更爲靈活的箏取代。以唐代爲例，《全唐詩》有關箏樂的描寫十分豐富，展現出當時宮廷至民間箏樂隨處可聞的現實。相比之下，關於瑟的詩作則所見寥寥。即便有，如「錢起所云『二十五弦彈夜月』，李商隱所云『錦瑟無端五十弦』者，特詩人寄興之詞，不必眞有其事。古調（引者按，指瑟樂）之僅存者不過郊廟朝會，備雅樂之一種而已」〔註22〕。有宋以來文獻所載之瑟，如陳暘《樂書》所言大瑟、中瑟、小瑟、次小瑟、頌瑟等〔註23〕，種類雖繁，均爲附和雅樂之論而憑空臆造的樂器，缺乏現實應用基礎，與周漢出土古瑟相比，無論形制還是弦律等方面，實已有天淵之別。

　　熊朋來《瑟譜》擬造的「古瑟」，就是兩宋雅樂思維影響的結果。他爲再現古瑟面貌，取《世本》、《爾雅》之說將瑟定爲25弦，但定律卻全依陳暘《樂書》之論，將瑟弦分爲「中聲」和「清聲」各12根的兩組，中間「極清」一弦虛而不用，中、清兩組琴弦相差八度，分別以十二半音順序定律，左、右手同時彈奏相距八度的兩弦發聲。《瑟譜》卷一「瑟弦律」載其形制曰：

　　　　陳氏《樂書》曰：「二均之聲，以清、中雙彈之。第一弦黃鍾中聲，十三弦黃鍾清聲（除中弦名曰極清，不係數）〔註24〕。其案習也，令左、右手互應，清、中聲相和，依鍾律擊數。」注云：「於瑟半身設柱子。右手彈中聲十二，左手彈清聲十二。第二弦大呂中，第十四大呂清；第三弦太簇中，第十五太簇清；第四絃夾鍾中，第十六夾鍾清；第五弦姑洗中，第十七姑洗清；第六弦仲呂中，第十八仲呂清；第七絃蕤賓中，第十九蕤賓清；第八弦林鍾中，第二十林鍾清；第九弦夷則中，第二十一夷則清；第十弦南呂中，第二十二南呂清；第十一弦無射中，第二十三無射清；第十二弦應鍾中，第二十四應鍾清。」〔註25〕

　　上述瑟弦定律之法，同見於陳暘《樂書・樂圖論・雅部》。可知熊朋來所

〔註22〕〔清〕永瑢等：《四庫全書總目》，北京：中華書局，1965年，第323頁。

〔註23〕〔宋〕陳暘：《樂書・樂圖論・雅部》卷一百二十，清光緒丙子春（1876年）刊本。

〔註24〕括號內文字爲熊朋來原注，下同。

〔註25〕〔元〕熊朋來：《瑟譜》卷一「瑟弦律」，墨海金壺本。

謂的依古造瑟、擬定瑟律，不過是陳暘《樂書》復古之論的照搬，其弦律結構如下（圖4－1）：〔註26〕

圖4－1：《瑟譜》弦律結構圖

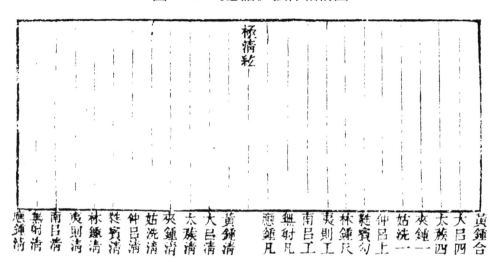

宋大晟樂黃鍾音高為d^1＋，此標準至熊朋來時代仍沿用之。〔註27〕據此，以上瑟律的實際音高與相應律呂、俗字譜字，可對照如下（譜4－2）：

譜4－2：熊朋來《瑟譜》定弦

律呂譜：	黃	大	太	夾	姑	仲	蕤	林	夷	南	無	應
俗字譜：	合	四	四	一	一	上	勾	尺	工	工	凡	凡

黃清	大清	太清	夾清	姑清	仲清	蕤清	林清	夷清	南清	無清	應清
六	五	五	五								

〔註26〕〔元〕熊朋來：《瑟譜》卷一「瑟弦律」，墨海金壺本。另，陳暘有關古瑟弦律的詳細論說，可參閱《樂書‧樂圖論‧雅部》卷一百十九，清光緒丙子春（1876年）刊本。

〔註27〕楊陰瀏：《中國古代音樂史稿》（上冊），北京：人民音樂出版社，1981年，第386、389頁。

事實上，熊朋來已注意到《世本》、《爾雅》中「瑟二十五弦，具二均之聲」之論〔註28〕。所謂「均」，即從某一律出發連續相生六次而得到的七聲音列，是同宮系統各調所共有的一種調高關係。古籍中「二均之聲」的論說，已透露出周漢古瑟陰陽調弦定律的某些信息，並非陳暘理解的律呂半音階音列。可惜熊朋來於此未能深究，爲同樣提倡復古的陳暘之論所蠱，致使《詩新譜》完全建立在毫無歷史與現實音樂實踐基礎的「古瑟弦律」之上。不僅如此，熊朋來還主張「中虛一弦不用」，並批評「姜氏《瑟圖》雖二十五弦皆入用，實非古法」。〔註29〕清代學者指出：「聶崇義《三禮圖》，雅瑟二十三弦，其所常用者十九弦，其餘四絃謂之番。番，贏也。頌瑟二十五弦盡用之。又《莊子》、《淮南子》均有「鼓之二十五弦皆動」之文，則姜氏之說於古義有徵，未可盡斥。」〔註30〕其對熊氏理論的批評亦不無道理。熊朋來擬古造瑟意在復古，卻未想求知彌深而去古愈遠矣。

三、《瑟譜·詩新譜》宮調體系非屬唐宋俗樂二十八調系統

《瑟譜·詩新譜》共兩卷，是熊朋來編創的擬古詩樂，共計 20 首。作者在每首樂曲最後，都以「律呂調名」和「俗樂調名」相對照的形式標注了所屬宮調。現將樂曲宮調列表如下，以備參考（表 4–1，取黃鍾音高爲 d^1）。

表 4–1：《瑟譜·詩新譜》樂曲宮調一覽表〔註31〕

序號	曲　名		律呂調名	俗樂調名	均　主（黃鍾＝D）
1	騶虞二章章三句	之一	黃鍾羽	般涉	D
		之二	夾鍾角	雙角	F
2	淇澳三章章九句		無射商	越調	C
3	考盤三章章四句		蕤賓角	中管小石角	^bA

〔註28〕 〔元〕熊朋來：《瑟譜》卷一「瑟弦律」，墨海金壺本。
〔註29〕 〔元〕熊朋來：《瑟譜》卷一「瑟弦律」，墨海金壺本。
〔註30〕 〔清〕永瑢等：《四庫全書總目》，北京：中華書局，1965 年，第 322 頁。
〔註31〕 表中《七月》七章的俗樂調名應爲「中管高大石角」，八章的律呂調名應爲「應鍾角」，《抑》白圭章的律呂調名應爲「中呂商」。原書存在訛誤，今據各曲樂譜實際情況修改，（　）中爲原文，〔　〕內爲改後文字。

序號	曲	名	律呂調名	俗樂調名	均 主 （黃鍾＝D）
4	黍離三章章十句		夷則商	商調	^bB
5	緇衣三章章四句		黃鍾商	大石調	D
6	伐檀三章章九句		林鍾角	歇指角	A
7	蒹葭三章章八句		南呂商	中管商調	B
8	衡門三章章四句		太簇羽	中管高般涉調	E
9	七月	一章	南呂商	中管商調	B
		二章	夾鍾角	雙角調	F
		三章	姑洗商	中管雙調	$^\#F$
		四章	大呂角	高大石角	^bE
		五章	應鍾商	中管越調	^bD
		六章	無射商	越調	C
		七章	太簇角	中管高大石 （調）［角］	E
		八章	應鍾（羽）［角］	中管越角調	$^\#C$
10	菁菁者莪四章章四句		夾鍾宮	仲呂宮	F
11	鶴鳴二章章九句		黃鍾宮	正宮	D
12	白駒四章章六句		夷則商	商調	^bB
13	文王	一章	黃鍾宮	正宮	D
		二章	黃鍾商	大石調	D
		三章	大呂商	高大石調	^bE
		四章	大呂宮	高宮	^bE
		五章	大呂商	高大石調	^bE
		六章	大呂宮	高宮	^bE
		七章	黃鍾宮	正宮	D
14	抑	白圭章十句	中呂（宮）［商］	小石調	G
		相在爾室章十句	黃鍾商	大石調	D
15	嵩高	首章八句	林鍾商	歇指調	A

序號	曲　　　　　名		律呂調名	俗樂調名	均　　主（黃鍾＝D）
16	烝民	首章八句	黃鍾商	大石調	D
17	清廟一章章八句		夾鍾宮	仲呂宮	F
18	載芟一章章三十一句		夾鍾宮	仲呂宮	F
19	良耜一章章二十三句		南呂宮	中管仙呂宮	B
20	駉	思無邪章八句	林鍾商	歇指調	A

　　通觀上表不難發現，這些樂曲宮調嚴謹、自成系統，與律呂調名對應的俗樂調名，還透露出唐宋二十八調的某些訊息。那麼，這些調名所屬宮調系統如何？熊氏又是以怎樣的宮調思維架構整部作品？我們首先從《詩新譜》調名與唐宋俗樂二十八調的關係，探討其宮調系統的特點。

　　俗樂二十八調，是隋、唐、五代、遼、宋間宮廷燕樂和民間俗樂使用的宮調系統，它在互呈一均關係的七種調高（七宮）上按正聲音階立調，每均取宮、商、羽、角（變宮）四種調式音階（四調），構成二十八種宮調模型。前文曾對唐俗樂二十八調的「七宮」實踐基礎與歷史傳統進行初步考證，認為無論從宮調傳統的悠久歷史，還是唐代音樂的現實需要和技術手段等方面看，「七宮」（均）作為二十八調的基本結構，都有其存在的合理性。〔註32〕這種「七宮四調」樣式的宮調結構，在唐宋間一脈相承，是當時俗樂宮調的主流形式。二十八調調名來源複雜，既有中原漢族的傳統宮調概念，又有西域傳入的調名。熊朋來為《瑟譜·詩新譜》的每首樂曲，都給出了相應的二十八調調名，這是否意味著該譜的宮調思維基礎就是二十八調系統？答案是否定的。

1、《瑟譜》宮調思維非俗樂二十八調模式

　　在《瑟譜》第一卷「旋宮之圖」中，熊朋來給出了如下宮調模型（圖4－2）：〔註33〕

〔註32〕參見本著第一章相關論述，亦可參見李宏鋒《從敦煌樂譜及其它唐樂古譜譯解看唐俗樂調的若干問題》，《交響》2013年第4期；《唐宋俗樂二十八調的管色實踐基礎》，《南京藝術學院學報》（音樂與表演版）2015年第3期。

〔註33〕〔元〕熊朋來：《瑟譜》卷一「旋宮之圖」，墨海金壺本。

圖4-2：《瑟譜》旋宮圖

對此，熊朋來解說道：

　　內圓活轉，以宮字加所用律，則商、角、徵、羽皆定。一宮、
三商、五角、八徵、十羽，此大小間勾所由出。少宮、少徵即變
宮、變徵，每律各間一辰，宮羽、角徵間兩辰。近宮生少宮，近徵
生少徵，隔八相生，至對宮而七音備矣。五聲十二律還相爲宮，成
六十調（每律有宮、商、角、徵、羽可起調，惟少宮、少徵不以起
調也），應六十甲子（六甲、五子爲六十日，六律、五聲爲六十調）。
六十調即十二律也，十二律一黃鍾也。〔註34〕

　　以上論說明確指出，《瑟譜》創制所遵循的宮調理論，係以「五聲十二律
還相爲宮」的六十調爲基本結構，在十二律的每一律上分別構成宮、商、
角、徵、羽五種調式，以合六十甲子之說。這樣形成的多種宮調，便超出了
二十八調「七均」的範圍，必須引入與原二十八調相對應的「中管二十八
調」，才能完整覆蓋《瑟譜》六十調的宮調範圍。《詩新譜》中的《考盤》爲
中管小石角、《蒹葭》爲中管商調、《衡門》爲中管高般涉調、《七月》一章爲
中管商調、三章爲中管雙調、五章爲中管越調、七章爲中管高大石角、八章
爲中管越角調、《良耜》爲中管仙呂宮，就屬於與本調相差一律（半音）的
「中管二十八調」系統。

　　其次，《瑟譜》旋宮圖並不迴避「徵調」，即在正聲音階的徵音上同樣可

_____

〔註34〕〔元〕熊朋來：《瑟譜》卷一「旋宮之圖」，墨海金壺本。

以立調，這也與俗樂二十八調的「四調」傳統有別。二十八調只在正聲音階的宮、商、羽、閏角（變宮）上立調，形成宮調式、商調式、羽調式和角調式，並沒有正聲音階徵調式。早年宋徽宗曾下令創制徵調樂曲，但終因不合音樂實踐而未能流行。南宋朱熹對此評論說：

> 徽宗嘗令人硬去做，然後來做得成，卻只是頭一聲是徵，尾後一聲依舊不是，依舊走了，不知是如何。平日也不曾去理會，這須是樂家辨得聲音底，方理會得。但是這個別是一項，未消得理會。〔註 35〕

然而，以《禮記》「五聲十二律旋相爲宮」爲準則的雅樂宮調，則全不必理會正聲音階徵調式在音樂實踐中的地位，爲求雅樂理論完滿，直接在徵音立調製曲。《瑟譜》卷一在論述十二律起調畢曲原則時，給出了各律爲主音時形成的五種調式音階。以其中「南呂宮」一組爲例，熊氏注曰：「已上五調，皆用南呂起調畢曲。」其中就包含太簇徵調，其音列爲「太簇－姑洗－蕤賓－夷則－南呂－應鍾－大呂」，南呂宮五調音階如下圖（圖 4－3）：

圖 4－3：《瑟譜》南呂五調起調畢曲圖

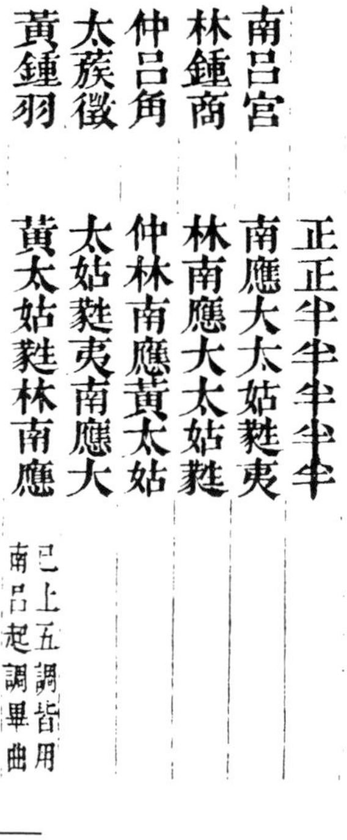
南呂宮
林鍾商
仲呂角
太蔟徵
黃鍾羽
正正半半半半
南應大太姑蕤夷
林南應大太姑蕤
仲林南應黃太姑
太姑蕤夷南應大
黃太姑蕤林南應
已上五調皆用
南呂起調畢曲

〔註 35〕〔宋〕黎靖德編：《朱子語類》，北京：中華書局，1986 年，第 2339 頁。

　　徵調曲《詩新譜》中未見，但在《瑟譜》卷四「樂章譜」中，孔廟釋奠的迎神《凝安之曲》有太簇徵調名，並注曰：「俗調無徵聲。」〔註36〕這進一步說明，包括詩新譜和樂章譜在內的《瑟譜》基本宮調思維模式，是純粹的宋代雅樂擬古宮調，並非唐宋流行的俗樂二十八調系統。

　　事實上，熊朋來採用的六十調系統是兩宋雅樂的一貫主張，與概括唐宋俗樂宮調特徵的二十八調風馬不接。北宋陳暘曾力主「五聲十二律旋宮」之論，朱熹樂論也明確道出六十調的雅樂宮調屬性：

> 水、火、木、金、土是五行之序。至五聲，宮卻屬土，至羽屬水。宮聲最濁，羽聲最清。一聲應七律，共八十四調。除二律是變宮，止六十調。……樂之六十聲，便如六十甲子。以五聲合十二律而成六十聲，以十干合十二支而成六十甲子。〔註37〕

　　熊朋來爲《詩新譜》每曲的雅樂宮調都附上二十八調系統俗名，目的可能是讓其樂譜流傳更爲方便，所謂「以雅律通俗音，使人易知易從，金石匏竹可通用也」〔註38〕，即以俗樂調名爲引導便於工尺譜字演奏，但這並不意味其宮調思維模式就是俗樂二十八調體系。《瑟譜》六十宮調僅是對八十四調系統的部份擷取和選用，雖然其中的宮調、商調、羽調不免與俗樂調名重合，但其整體宮調思維則與唐宋二十八調無涉。更何況《詩新譜》中的多首角調樂曲，所對應的二十八調俗名是完全錯誤的。

2、《瑟譜・詩新譜》角調非俗樂二十八調之閏角

　　唐宋俗樂二十八調系統中的「角調」，歷來是樂律學關注的焦點之一，有關音階形式、角音位置等問題聚訟紛紜。據《夢溪筆談・補筆談》、《詞源・十二律呂》等文獻記載，宋代俗樂二十八調的角調音列，採用的是加入「應聲」的八音之樂，角音並非正聲音階的「正角」，而是位於變宮的「閏角」。〔註39〕《夢溪筆談・補筆談》、《詞源・十二律呂》、《事林廣記・樂星圖譜》等文獻中記載的音級「閏」，並非王光祈所說的「清羽」，而是比宮音低一律的「變宮」。關於此點，陳應時先生的研究已使「閏處變宮」得到較確鑿證

〔註36〕〔元〕熊朋來：《瑟譜》卷四「樂章譜」，墨海金壺本。
〔註37〕〔宋〕黎靖德編：《朱子語類》，北京：中華書局，1986年，第2340頁。
〔註38〕〔元〕熊朋來：《瑟譜》卷一「雅樂通俗譜例」，墨海金壺本。
〔註39〕宋俗樂二十八調角調的音列結構，可參見楊蔭瀏《中國古代音樂史稿》（上冊），北京：人民音樂出版社，1981年，第435～436頁。

明。〔註40〕唐代俗樂調的角調未見明確記載，但抄於長興四年（933 年）之前的敦煌樂譜〔註41〕，爲我們探索唐宋角調的承續關係提供了難得例證。筆者初步研究表明，若根據諸家對敦煌樂譜第一組樂曲較一致的定弦方案，這十首樂曲的煞聲應爲 G（設琵琶定弦爲「d−g−b−c¹」），即最後結束和音中純五度音程的根音。這些樂曲的宮調屬於「ᵇA 均−ᵇB 宮−G 羽調式」，即宋二十八調體系中的「角調」。〔註42〕敦煌曲譜樂曲爲唐樂遺存，此點學界已有共識，如此則唐俗樂調中的角調，與宋代文獻記載的角調結構具有內在一致性。

《瑟譜・詩新譜》中共有七首角調樂曲，分別是：

《騶虞》之二：夾鍾角，俗呼雙角；

《考槃》：蕤賓角，俗呼中管小石角；

《伐檀》：林鍾角，俗呼歇指角；

《七月》二章：夾鍾角，俗呼雙角調；

《七月》四章：大呂角，俗呼高大石角；

《七月》七章：太簇角，俗呼中管高大石角；

《七月》八章：應鍾角，俗呼中管越角調。

這些「俗呼」的角調，與二十八調的關係如何？以《伐檀》爲例，其音階屬林鍾（A）均，起調畢曲爲正角音應鍾（#C），是以應鍾爲主音的正聲音階，其中並沒有二十八調「歇指角」應有的「應聲」（#A），主音亦非歇指角之閏角（#G）。現將《伐檀》音階與俗樂二十八調歇指角音階對比如下（譜 4−3）：

〔註40〕參見陳應時《「變」和「閏」是「清角」和「清羽」嗎？——對王光祈「燕調」理論的質疑》、《再談「變」和「閏」》、《「變」位於變徵，「閏」位於變宮》等文，均收入陳應時音樂文集《中國樂律學探微》，上海：上海音樂學院出版社，2004 年。

〔註41〕關於敦煌樂譜抄寫年代的考證，參見饒宗頤《敦煌琵琶譜寫卷原本之考察》，《音樂藝術》1990 年第 4 期。

〔註42〕參見本著第一章第二節，另見李宏鋒《從敦煌樂譜及其它唐樂古譜譯解看唐俗樂調的若干問題》，《交響》2013 年第 4 期，第 31～34、38 頁。

譜4－3：《伐檀》音階與二十八調歇指角音階對比

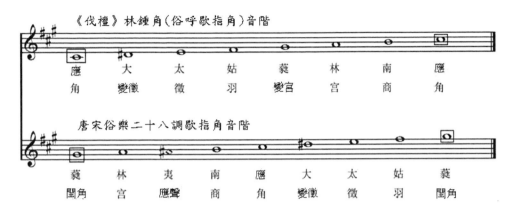

依南宋張炎《詞源》給定的八十四調表，《伐檀》一曲所用雅樂六十調系統的「林鍾角」，只應被稱作「南呂角」。熊朋來不明俗樂二十八調閏角之理，誤將林鍾之角冠以「俗呼歇指角」之名，其結果只能將「正角調」與「閏角調」混作一談。有學者評論熊朋來《伐檀》一曲認爲：「熊朋來……從現實中汲取唐宋燕樂的『俗音』（民間曲調），用燕樂二十八調中『歇指角』──調式主音爲角（應鍾）的音階調式，嚴格按照宋元時代『起調畢曲』（用調式主音作爲樂曲的起結音）和『務頭』（高潮的安排）的作曲理論，譜寫了這支短歌。因此，聽起來親切感人，層次分明，有別開生面之感。」〔註43〕所論未免過譽。《詩新譜》中其它六首角調樂曲的俗樂調命名，均存在與律呂調名錯位的問題，讀者可自行驗解。

事實上，唐俗樂二十八調之角調，至宋代已難覓其蹤。二十八調中的高宮四調和七均之角調最先消失，北宋俗樂實踐中僅剩十八宮調而已。王國維《清眞先生遺事》論周邦彥（1056～1121）詞樂創作云：「故先生之詞，文字之外，須兼味其音律，惟詞中所注宮調，不出教坊十八調之外，則其音非大晟樂府之新聲，而爲隋唐以來之燕樂，固可知也。」〔註44〕周邦彥詞樂所用僅十八調，是當時宮調實踐情況的眞實反映。北宋大觀二年（1108年）的詔書也明確說：「自唐以來，正聲全失，無徵、角之音，五聲不備，豈足以道和

〔註43〕吳釗、劉東升編著：《中國音樂史略》（增訂本），北京：人民音樂出版社，1993年，第197～198頁。
〔註44〕王國維：《清眞先生遺事》，《王國維遺書》（第11冊），上海：商務印書館，1940年。

而化俗哉？」〔註45〕從兩宋典籍記載看，一方面北宋至南宋二十八調乃至八十四調理論愈來愈完善，但另一方面音樂實踐中所用宮調數量卻日益減少，到元代只用「六宮十一調」創曲，所謂「大凡聲音，各應於律呂，分於六宮十一調，共計十七宮調」〔註46〕。

不難看出，宋末元初二十八調之角調不為實踐所用，已是不爭的事實。但熊朋來不顧音樂現實需要，堅持以角調製曲，並為律呂角調配上並不對等的「俗呼」調名，其結果只能使他復古臆造出的雅樂，失去現實存在的基礎。儘管在時人看來，熊朋來是一位精通音律的經學家，但他不察唐宋俗樂二十八調之論，將正角、閏角混為一談，則反映出他對音樂實踐的忽視和傳統宮調理論學養的不足。

不僅如此，熊朋來在《瑟譜》其它章節論述中，也表露出對唐宋樂調理論的陌生。例如，《瑟譜》卷五「樂章譜」論唐人「三和之樂」宮調曰：

> 如大呂為角，則於大呂均取仲呂起調畢曲。太簇為徵，則於太簇均取南呂起調畢曲。應鍾為羽，則於應鍾均取夷則起調畢曲。然於黃鍾為宮無義。〔註47〕

在這段論述中，熊朋來將「大呂為角」的調式主音，解釋為大呂均的角音仲呂，即誤將「大呂之角」釋為「大呂為角」，將「之調式」與「為調式」混作一談，且明確在太簇均的徵音立調。這些文字不能不說是熊朋來相關宮調論述的缺憾。對此，清代學者據范鎮《皇祐新樂圖記》之論評述曰：

> 案范鎮《皇祐新樂圖記》曰：「黃鍾為角者，夷則為宮。黃鍾之角者，姑洗為角。十二律之於五聲，皆如此率。而世俗之說乃去之字，謂太簇曰黃鍾商、姑洗曰黃鍾角、林鍾曰黃鍾徵、南呂曰黃鍾羽。」其義至明。

> 今因大呂為角而取仲呂起調畢曲，太簇為徵而取南呂起調畢曲，應鍾為羽而取夷則起調畢曲，則是大呂之角、太簇之徵、應鍾

〔註45〕《宋史‧樂志》卷一百二十九，北京：中華書局，1976 年，第 3002 頁。

〔註46〕〔元〕燕南芝庵：《唱論》，中國戲曲研究院編《中國古典戲曲論著集成》（一），北京：中國戲劇出版社，1959 年，第 160 頁。所謂「六宮十一調」，「六宮」即：「仙呂宮、南呂宮、黃鍾宮、中呂宮、正宮、道宮」，「十一調」為：「大石調、小石調、高平調、般涉調、宮調、商調、角調、越調、雙調、商角調、歇指調」。

〔註47〕〔元〕熊朋來：《瑟譜》卷五「樂章譜」，墨海金壺本。

之羽，而非大呂爲角、太簇爲徵、應鍾爲羽矣。至於黃鍾爲宮，與
黃鍾之宮則同一黃鍾，無以異也。朋來既用唐制，而又云只用黃鍾
爲宮一曲疊奏，豈非於意亦有所未安，而爲騎牆之論歟？〔註48〕

四庫館臣批評熊朋來「於意亦有所未安，而爲騎牆之論」可謂中肯。熊
朋來如此論說恐非記憶偶誤，他追求「復古」，但實際所爲卻並未理解唐宋古
樂眞諦，遑論復興宗周詩詞雅律？《詩新譜》所給出的復古音樂實踐方案，
不過是熊朋來幻想中「郁郁乎文哉」的古代禮樂罷了。

四、《瑟譜・詩新譜》的宮調運用和創腔原則

《瑟譜》採用的宮調思維邏輯和結構屬性已如上述。那麼，《詩新譜》每
首樂曲的定調與旋律是如何安排的？熊朋來的詩樂創作又具有怎樣的特點？
我們可從《詩新譜》樂曲的宮調選用方式和創腔原則兩方面分述之。

1、《詩新譜》樂曲的宮調選用方式

關於《詩新譜》20 首詩作的選取原則，以及各曲宮調的選用依據，熊朋
來在《瑟譜》前言中已有概略交代，其文曰：

> 今所譜之詩，或取其有益於身心，可資於學問，或以道古，或
> 以求志。詩既不同，律調亦異。所謂律調者，特旋宮異名，使五聲
> 十二律周遍，其實皆黃鍾也。聲音之道，變動周流，宮調可以音
> 求，亦可以義起。祀饗之詩，或從其月律；比興之詩，或因其物
> 性。惟所用之，若夫詩之所以動天地感鬼神者，不徒以其辭，而以
> 聲音。〔註49〕

被熊氏譜成歌曲的這些《詩經》作品，或有益於身心，或可資於學問，
或以道古，或以求志，其基本內容與熊朋來的禮樂教化主張完全相符。各曲
宮調的選定，則「可以音求，亦可以義起」，既可由音樂自身發展邏輯求得，
也可以根據詩文的義理確定。熊朋來進一步解釋說：「祀饗之詩，或從其月
律；比興之詩，或因其物性。」可見其所謂的義理，就是詩歌反映出的「月
律」或「物性」特徵，這是熊朋來確定每首作品宮調的主要依據。

「從其月律」，即以《禮記・月令》「隨月用律」理論，作爲樂曲宮調選

〔註48〕〔清〕永瑢等：《四庫全書總目》，北京：中華書局，1965 年，第 322～323
　　　　頁。

〔註49〕〔元〕熊朋來：《瑟譜》卷一「前言」，墨海金壺本。

定的基本依據，最顯著的例證即《七月》一曲。《七月》共八章，第一章南呂商（俗呼中管商調）、第二章夾鍾角（俗呼雙角調）、第三章姑洗商（俗呼中管雙調）、第四章大呂角（俗呼高大石角）、第五章應鍾商（俗呼中管越調）、第六章無射商（俗呼越調）、第七章太簇角（俗呼中管高大石角〔註50〕）、第八章應鍾角〔註51〕（俗呼中管越角調）。關於這些宮調選用的依據，熊朋來有較詳細解說。例如，因第一章有「七月流火，九月授衣」之句，便依《月令》將該章定為南呂商，其文曰：

> 蓋中秋迎寒，所歌言七月、九月，而八月在其中。迎寒以南呂之律，祈年以應鍾之律，故以南呂商為調，南呂之應鍾也。〔註52〕

第二章因言卯月迎暑之事，而卯與酉月迎寒相對（相差六個律位），所以第二章宮調之均主與第一章相距增四度（或減五度），為夾鍾。對此，熊氏解釋道：

> 二章遲日陽春，可擬中春晝迎暑；一章觱發栗烈，以擬中秋夜迎寒。卯酉為暑寒之門，以卯律迎暑，酉律迎寒。迎寒知陽至，故言男事以及其喜。迎暑知陰至，故言女事以及其悲。音節相對，是以一章南呂商，二章夾鍾角。

第四章宮調選用大呂角，《瑟譜》解釋說：「《月令》：孟夏，毋大田獵。至此狩獵記時爾，故以大呂之仲呂為調。末有角聲，大呂以仲呂為角。」第五章選用應鍾商，因為「五章似為祭蠟息民之詩，……故此章及卒章，皆主應鍾為律，一以息民，一以飲烝也」；第六章用無射商，因為「六章因農言圃。自六月止十月，言所以養老，特換韻，起七月止九月，言所以食農夫，故自應鍾退無射此調」；第七章「言民不敢休息，以答五章息民之意。納禾稼以後，播百穀以前，取太簇之律與應鍾合氣」之意，故選用太簇角；第八章則因「應鍾之月，飲烝之詩，而預言藏冰，以夾鍾之律開之」，又因為「詩有角聲」，所以選用應鍾角。對於以上八章的隨月用律思維，熊朋來總結說：

> 朋來以《七月》全篇，求其各章起調畢曲之聲，與其迎寒、逆暑、祈年、祭蠟之用。當時吹此詩，大綱有三：以夾鍾之律逆暑，南呂之律迎寒，應鍾之律祈年、祭蠟。五章以後，詞意多在十月，

〔註50〕《瑟譜》原作「俗呼中管高大石調」，據樂譜音律改。
〔註51〕《瑟譜》原作「應鍾羽」，據樂譜音律改。
〔註52〕以下有關《七月》一曲的解說，均見〔元〕熊朋來《瑟譜》卷三「新詩譜」，墨海金壺本。

乃一年大節序。此詩歲時常用祀饗，通歌宜有一定之音節，唯所用
之各有應其律者矣。

　　《七月》一曲的宮調佈局，完全套用《月令》月律理論，並以對詩歌內
容的附會解說爲基礎。這種宮調應用模式，實際是有宋以來雅樂宮調理論的
繼承和延續。《宋史·樂志》載，政和七年（1117 年）宮廷在禮制局的努力下，
終於確立起「樂律隨月右旋」的宮調應用規則，其文曰：

　　　　仲冬之月，……樂以黃鍾爲宮、太簇爲商、姑洗爲角、蕤賓爲
　　閏徵、林鍾爲徵、南呂爲羽、應鍾爲閏宮。調以羽，使氣適平。

　　　　季冬之月，……樂以大呂爲宮、夾鍾爲商、仲呂爲角、林鍾爲
　　閏徵、夷則爲徵、無射爲羽、黃鍾爲閏宮。……調以羽，尚羽而抑
　　徵。

　　　　孟春之月，……樂以太簇爲宮、姑洗爲商、蕤賓爲角、夷則爲
　　閏徵、南呂爲徵、應鍾爲羽、大呂爲閏宮。……調宜羽，致其和。

　　　　仲春之月，……樂以夾鍾爲宮、仲呂爲商、林鍾爲角、南呂爲
　　閏徵、無射爲徵、黃鍾爲羽、太簇爲閏宮。調以羽。

　　　　季春之月，……樂以姑洗爲宮、蕤賓爲商、夷則爲角、無射爲
　　閏徵、應鍾爲徵、大呂爲羽、夾鍾爲閏宮。……尚徵以抑金。

　　　　孟夏之月，……樂以仲呂爲宮、林鍾爲商、南呂爲角、應鍾爲
　　閏徵、黃鍾爲徵、太簇爲羽、姑洗爲閏宮。調宜尚徵。

　　　　仲夏之月……樂以蕤賓爲宮、夷則爲商、無射爲角、黃鍾爲閏
　　徵、大呂爲徵、夾鍾爲羽、仲呂爲閏宮。……調宜尚宮以抑之。

　　　　季夏之月，……樂以林鍾爲宮、南呂爲商、應鍾爲角、大呂爲
　　閏徵、太簇爲徵、姑洗爲羽、蕤賓爲閏宮。調宜尚宮，以致其和。

　　　　孟秋之月，……樂以夷則爲宮、無射爲商、黃鍾爲角、太簇爲
　　閏徵、夾鍾爲徵、仲呂爲羽、林鍾爲閏宮。調宜尚商。

　　　　仲秋之月，……樂以南呂爲宮、應鍾爲商、大呂爲角、夾鍾爲
　　閏徵、姑洗爲徵、蕤賓爲羽、夷則爲閏宮。調宜尚商。

　　　　季秋之月，……樂以無射爲宮、黃鍾爲商、太簇爲角、姑洗爲
　　閏徵、仲呂爲徵、林鍾爲羽、南呂爲閏宮。調宜尚羽，以致其平。

　　　　閏月，……樂以其月之律。〔註53〕

〔註53〕《宋史·樂志》卷一百二十九，北京：中華書局，1976 年，第 3021～3022 頁。

熊朋來的「從其月律」之法，便是在秉承上述理論基礎上的進一步發揮。

其次，以「因其物性」爲標準選定宮調，是《詩新譜》定調的另一方法。例如，《鶴鳴》一詩宮調，就是出自熊朋來對詩歌「物性」的理解。熊氏說：「鶴性善警，有君子防患之意。夜半而鳴，其聲中黃鍾之宮。」相同之例還見於《菁菁者莪》一詩，因莪在春天時菁菁生長（物性），詩人由此起興，所以宮調在夾鍾立均，選用夾鍾宮。此恰如《鶴鳴》注所言：「比興之詩，或因其物性而用律，若《菁莪》、《鶴鳴》是也。」

再如《烝民》一詩，熊氏認爲「天開於子，人生於寅，以黃鍾之太簇，爲天生烝民之譜」。其中蘊含著兩對物性與律呂的關係：其一，天——子——黃鍾；其二，人——寅——太簇。所以《烝民》的宮調必須包含黃鍾、太簇，以體現「天生烝民」的詩歌主旨。《清廟》之詩爲祭祀文王所用。「《周禮·大司樂》『奏無射、歌夾鍾，以享先祖。』則祀文王之樂，堂下金奏宜用無射，堂上歌瑟宜用夾鍾。今以夾鍾宮譜《清廟》之瑟。」《清廟》宮調的選用，也是熊氏將詩歌內容與古代禮樂典籍相比附的結果。

《載芟》和《良耜》兩詩，內容是「春祈秋報」，描繪春秋農事耕作之事。熊朋來據此「物性」確定出二詩的宮調：「《周禮》：祭地歌應鍾。然社稷難同方澤之祭，當從月律。春社以夾鍾，秋社以南呂。」〔註54〕據此，《載芟》爲夾鍾宮（俗呼仲呂宮），《良耜》爲南呂宮（俗呼中管仙呂宮）。

一些詩作中，熊朋來也會將物性與月律綜合考量，給定樂曲的具體宮調。例如，他爲《騶虞》一詩共創作了兩種曲調，分別取用黃鍾羽（俗呼般涉）和夾鍾角（俗呼雙角）。關於選擇兩調譜曲的原因，熊朋來曰：

> 《騶虞》大射樂節，而鄉射興賢詢眾亦通用之。其歌五終，音調必不一。試協諸律，得黃鍾羽爲一終，又得夾鍾角爲一終，並存其譜。聞羽之音者，知庶類繁殖，先王之澤在物也。聞角之音者，知蒐田以時，葭蓬皆茁，律夾鍾而音角也。〔註55〕

熊朋來自注曰：「中春蒐田，《月令》：中春律中夾鍾，以林鍾爲角。『虞』字亦『角』音。」可知他選定《騶虞》這兩曲宮調的基本依據，是「五音與天地人事比附」以及「《月令》隨月用律」理論。

除此之外，詩詞的語音字調，對樂曲宮調選擇亦有一定制約，所謂「宮

〔註54〕以上引文，均見〔元〕熊朋來《瑟譜》卷四「新詩譜」，墨海金壺本。
〔註55〕〔元〕熊朋來：《瑟譜》卷三「新詩譜」，墨海金壺本。

調之選，緣於字調」者是也。相關例證，如「《淇澳》以商發聲，歌之以無射商」；「《考盤》自發聲至畢曲多角聲，以蕤賓角爲調」；《七月》第三章「有商聲，以姑洗商爲調」〔註56〕，等等。顯然，上述種種宮調應用模式，都是熊朋來以復古理念爲基礎的臆想，是缺乏現實音樂實踐支撑的。

2、《詩新譜》樂曲的創腔原則

選定樂曲宮調，便擁有了旋律展開的基本素材。之後《瑟譜》的創腔，主要考慮如下三方面內容，即樂曲音域、雅樂「陵慢之規」和詞調與旋律要求。

關於宋代雅樂音域，當時論樂家主要有兩種不同看法。第一種以李照、陳暘爲代表，主張只能使用一個八度內的十二半音；另一種以馮元、王堯臣、楊傑等爲代表，認爲十二律之外還應使用四個高八度的半音，即清黃鍾、清大呂、清太簇、清夾鍾。〔註57〕熊朋來取後者所論，在《瑟譜》卷一「雅律通俗譜例」中，給定了各曲所用的律呂範圍，共計16律，包含十二正律及四清聲。對此，熊朋來解釋說：

> 四清者，律呂之餘聲，范蜀公、李照、陳暘之言樂，蓋力排之。
> 惟瑟有十二清絃，而四清在其中，不必去之，而亦不使僑於正律，
> 故右手專彈之（右手用力取聲如其音，惟正律清、中弦雙彈）。……
> 瑟之清絃至應鍾清而止，則黃鍾、大呂、太簇、夾鍾四清宜不得獨
> 高。但雙彈者清、中相和，高而不亢，四清以一手取聲，即胡安定
> 減其圍徑之意，不使與正律相混雜。六律之有四清，猶五聲之有二
> 變。二變不起宮調，四清不亂正律，此所以爲雅樂也。（陳暘《樂書》
> 欲去四清、二變，如七絃琴亦欲去少宮、少商弦，然其言竟不能行。
> 蔡氏《律呂新書》有四清、二變之聲，不以范、李之言爲然，而後
> 言樂者有所證。故《開元詩譜》亦用四清、二變，蓋寓古詩於今樂
> 也。）〔註58〕

熊朋來保留了「四清」的使用，但在演奏時又將正律與清聲區別對待：以雙彈八度演奏正律，右手專彈演奏四個清律，以使後者不能獨高於正律。

〔註56〕〔元〕熊朋來：《瑟譜》卷三「新詩譜」，墨海金壺本。

〔註57〕詳細論說，可參見楊蔭瀏《中國古代音樂史稿》（上冊），北京：人民音樂出版社，1981年，第391～392頁。

〔註58〕〔元〕熊朋來：《瑟譜》卷一「指法」，墨海金壺本。

熊朋來在音域選定方面，能夠摒棄陳暘「去四清、去二變」等極爲保守的雅樂觀念，是因爲他看到陳暘之論在現實「竟不能行」，而蔡元定《律呂新書》等論說恰好提供出較爲通融的方案，可爲旋律表現提供更多發揮空間。

　　熊朋來《詩新譜》旋法方面的另一創新，是他對雅樂「陵慢之規」的突破。宋代雅樂律之所以在十二正律之外選用四清聲，是爲了避免「陵慢」，即避免在各律立均時商、角低過宮音。《夢溪筆談・補筆談・樂律》曰：

　　　　律有「四清宮」，合十二律爲十六，故鍾磬以十六爲一堵。清宮所以爲止於四者，自黃鍾而降，至林鍾宮、商、角三律，皆用正律，不失尊卑之序。至夷則即以黃鍾爲角，南呂以大呂爲角，則民聲皆過於君聲，須當折而用黃鍾、大呂之清宮。無射以黃鍾爲商，太簇爲角。應鍾以大呂爲商，夾鍾爲角，不可不用清宮，此清宮所以有四也。其餘徵、羽，自是事、物用變聲，過於君聲無嫌，自當用正律，此清宮所以止於四而不止於五也。君、臣、民用從聲，事、物用變聲，非但義理次序如此，聲必如此然後和，亦非人力所能強也。〔註59〕

《朱子語類》卷九十二載朱熹之言亦曰：

　　　　大率樂家最忌臣民陵君，故商聲不得過宮聲。然近時卻有四清聲，方響十六個，十二個是律呂，四片是四清聲。……《饒》本云：「因論樂，云：『十二律旋相爲宮，宮爲君，商爲臣。樂中最忌臣陵君，故有四清聲。』」〔註60〕

又曰：「律遞相爲宮，到末後宮聲極清，則臣民之聲反重，故作折半之聲；然止於四者，以爲臣民不可大於君也。事、物大於君不妨。」〔註61〕在兩宋的雅樂音樂觀念中，宮象徵君、商象徵臣、角象徵民，音低者爲尊，各音在旋律進行中不能失尊卑之序。若以夷則爲宮，則角音爲黃鍾，若不用高八度的清黃鍾，而用低於夷則（宮音）的黃鍾正律，便出現「民聲過於（低於）君聲」的情況，有欺君之嫌。至最後應鍾均時，角音當選用清夾鍾，正高出八度四律，「此清宮所以止於四而不止於五也」。至於徵、羽二音，雅樂理論認爲它們象徵事、物，「過於（低於）君（宮）聲無嫌」，因此可以采用十二

〔註59〕中央民族學院藝術系文藝理論組編：《〈夢溪筆談〉音樂部份注釋》，北京：人民音樂出版社，1979 年，第 81 頁。
〔註60〕〔宋〕黎靖德編：《朱子語類》，北京：中華書局，1986 年，第 2338 頁。
〔註61〕〔宋〕黎靖德編：《朱子語類》，北京：中華書局，1986 年，第 2339 頁。

正律。

難能可貴的是，熊朋來的《詩新譜》創作中，更多注意到詞樂唱腔的音樂性，其旋法並未完全遵循兩宋雅樂的「陵慢」之規。例如，無射商《淇澳》一曲，首字「瞻」配「合」字黃鍾，係音階商音，但此曲為無射均，宮音在無射，商音（臣）低於宮音（君）；第一闋的「磨」配「四」字太簇，為音階角音（民），同樣低於宮音（君）無射。類似陵慢之例還存在於夷則商《黍離》、南呂商《蒹葭》、南呂商《七月》一章、無射商《七月》六章、應鍾角《七月》八章、夷則商《白駒》、南呂宮《良耜》等詩樂之中，篇幅所限不再詳述，可參考本著附錄二之「《瑟譜・詩新譜》解譯示例」。

《詩新譜》各曲旋法的具體原則，熊朋來或以律呂度數先行，作為創曲的基礎。《瑟譜》卷一之「雅樂通俗譜例」曰：

> 歌詩以六律為之音，故譜中每字各書其律。……若雅律則有正、
> 變、倍、半，其算不一。言律呂者，不先得於聲音，而求於度數。
> 古有合聲無算律，今聲音之學不傳。〔註62〕

作者認為，古時雖有「聲音之學」，但其法久已失傳，在創曲時有必要「不先得於聲音，而求於度數」。與此同時，隨詩詞字調起伏擬定旋律，也是熊氏創腔的重要方式，這就是熊朋來所說的「《三百篇》皆可歌可弦，隨其聲音，以託於旋宮之律調，稍復增譜之」〔註63〕。對於詩作中「同字」或「同律」問題，熊氏也有自己的靈活處理，其文曰：

> 《三百篇》如《皇華》後四章，《菁莪》二章、四章，《考槃》、
> 《蒹葭》等詩前後章，末句協韻，一字不同。適當畢曲既非分章做
> 譜，必須同歸一律。若其專一，誰能聽之？又如《采蘋》、《采蘩》
> 首句同譜，而《采蘩》不同；《騶虞》末曲一章協「葭」、「豝」之音
> 為「才」，二章協「蓬」、「豵」之音為「紅」，同律異音，不可無
> 辨。〔註64〕

這種「同字異律」或「同律異音」的處理方式，使《詩新譜》詩樂成曲時充分關注到詞調起伏與旋律表現的辯證關係，而不是單純以某一因素決定旋律進行。毋庸諱言，包含上述對雅樂「陵慢之規」的突破在內，熊朋來選

〔註62〕〔元〕熊朋來：《瑟譜》卷一「雅律通俗譜例」，墨海金壺本。
〔註63〕〔元〕熊朋來：《瑟譜》卷一「前言」，墨海金壺本。
〔註64〕〔元〕熊朋來：《瑟譜》卷一「指法」，墨海金壺本。

取的創腔方法，使旋律表現在十六律範圍內獲得更大空間，並同時兼顧律數、詞調與旋律的各自需求，在宋代詞樂旋法探索方面有特殊意義，亦可爲研究宋代詞樂詞曲結合關係以及音韻學、語言音樂學問題提供範本。筆者希望更多擁有語言學、音韻學和音樂學背景的學者，能夠從語言音樂學角度關注《瑟譜·詩新譜》的創腔特徵，系統梳理總結其間的旋律發展方法，深入揭示宋代詞樂（包括雅樂曲辭）的音樂特點，完善中國古代音樂本體形態方面的研究。

綜上所述，熊朋來《瑟譜·詩新譜》這部雅樂曲譜儘管以「復古」爲主旨，力圖弘揚古代詩教傳統，但從其宮調應用方式看，熊氏不明古瑟調律之制、不懂陰陽二均之法、不察俗樂二十八調之理、不知閏角非正角之實，僅以兩宋雅樂觀念中的「從其月律」或「因其物性」等附會之論，作爲樂曲宮調選用的主要標準，其宣稱的「復古」不過是在號稱「言必稱古式」前提下，以兩宋雅樂理論爲音樂創作指導，將雅樂觀念注入個人創作的結果，只能視爲熊朋來的擬古想像之作，目的是建構熊氏自己理想的禮樂之境。熊朋來精心創制的《詩新譜》並非周代雅樂正宗，甚至在樂器、宮調等方面，亦難明確其與唐宋傳統音樂的承繼關係。

當然，《詩新譜》詩樂旋法方面的特點，不排除當時俗樂對熊朋來潛移默化的影響，儘管這並非熊氏音樂創作時的明確自主行爲。從南宋雅樂歌調的現實情況和總體特徵看，「《瑟譜》復古，名實難符」的音樂特點並不難理解。朱熹就曾說：「今朝廷樂章長短句者，如《六州歌頭》，皆是俗樂鼓吹之曲。」又曰：「今之樂，皆胡樂也，雖古之鄭衛，亦不可見矣。今《關雎》、《鹿鳴》等詩，亦有人播之歌曲。然聽之與俗樂無異，不知古樂如何。」〔註65〕可知當時無論朝廷樂章還是個人詩樂，所用幾乎都是俗樂曲調，古樂已不可復聞。這種情況一方面與古樂失傳有關，同時也受到時人審美志趣的影響。詹元善以管樂傳習《詩經》，朱熹聽聞後說：「然亦只做得今樂，若古樂必不恁地美。」〔註66〕足見時代音樂風尚對詩樂歌調的影響。不僅南宋文人詩樂如此，民間祭祀雅樂同樣浸透著俗樂身影。南宋時「長沙南嶽廟每祭必用樂，其節奏甚善，祭者久立不勝其勞。據《圖經》云，是古樂。然其樂器又

〔註65〕〔宋〕黎靖德編：《朱子語類》，北京：中華書局，1986 年，第 2346、2347 頁。

〔註66〕〔宋〕黎靖德編：《朱子語類》，北京：中華書局，1986 年，第 2343 頁。

亦用伏鼓之類，如此，則亦非古矣」〔註67〕。魯迅先生曾言：「描神畫鬼，毫無對證。本可以專靠了神思，所謂『天馬行空』似的揮寫了。然而他們寫出來的，也不過是三隻眼，長脖子，就是在常見的人體身上，增加了眼睛一隻，增長了頸子二三尺而已。」〔註68〕文人擬古雅樂與現實俗樂之關係或如此論。

　　熊朋來編創的《瑟譜‧詩新譜》作爲周代禮樂制度中郊廟（祭祀天地、祖先）、儀禮（朝會、宴饗、賓客）、射鄉（宴饗士庶代表）等用樂的「再現」，完全可視爲中國古代雅樂創制的縮影。南宋時代，雅樂「太常玉磬鎖在櫃裏，更不曾設，恐爲人破損，無可賠還。尋常交割，只據文書；若要看，旋開櫃取一二枚視之。」〔註69〕許多雅樂器久不使用，最終淪爲束之高閣的擺設。而當時用於宮廷的雅樂曲調，不僅不是古樂，也少自覺主動地關注與現實音樂實踐的聯繫，不過是儒生士人的臆造杜撰之作。例如，朱熹評論喻世清、魏漢津之雅樂時就說：「蔡京用事，主張喻世清作樂，盡破前代之言樂者。……其樂只是杜撰，至今用之。徽宗時，一黥卒魏漢津造雅樂一部，皆杜撰也。」〔註70〕元、明、清時代的諸多雅樂編創，在音樂技法應用與藝術表現方面較之宋代更爲衰落，藝術價值遠在《詩新譜》之下，成爲徒具其名的禮儀擺設。熊朋來《瑟譜‧詩新譜》作爲近古雅樂的代表，通過對其藝術特點的個案剖析，可使我們在當前復興中華禮樂文明的大語境下，更加清醒地認知傳統雅樂遺產的現代價值。

　　《易‧繫辭》曰：「形而上者謂之道，形而下者謂之器。」唐李鼎祚《周易集解》引唐崔憬之言曰：「妙理之用以扶其體，則是道也」，「體爲形之下，謂之爲器也」。〔註71〕古代文化思想中的「道」、「器」之論，以及在此基礎上提出的音樂藝術分層理論和價值評判標準，或可爲認識傳統雅樂價值提供視角。〔註72〕

〔註67〕〔宋〕黎靖德編：《朱子語類》，北京：中華書局，1986年，第2341～2342頁。
〔註68〕魯迅：《且介亭雜文二集‧葉紫作〈豐收〉序》，《魯迅全集》（第六卷），北京：人民文學出版社，1981年，第224頁。
〔註69〕〔宋〕黎靖德編：《朱子語類》，北京：中華書局，1986年，第2348頁。
〔註70〕〔宋〕黎靖德編：《朱子語類》，北京：中華書局，1986年，第2345頁。
〔註71〕〔唐〕李鼎祚：《周易集解》卷十四，北京：中國書店，1984年，第9頁。
〔註72〕有關音樂藝術分層理論及價值判斷的詳細論述，可參見李宏鋒《禮崩樂盛——以春秋戰國爲中心的禮樂關係研究》，北京：文化藝術出版社，2009年，第309～328頁。

就音樂藝術而言，所謂「器」可視作音樂的各類物質載體（器用構成）和作品的音響形態（旋律、節奏、音色、宮調等）組織規律。從這一層面講，《瑟譜‧詩新譜》展現出的音樂創作規範，或可為當今音樂創作提供素材，雖然相對當時俗樂乃至其後的音樂發展而言，其原則已遠不能適應新的音樂審美需要。例如，從用音素材而論，包括《詩新譜》、白石道人歌曲在內的兩宋詞樂，其總體音域均未超出正律加四清（十六律）的範圍。以小十度音程和特定調式用音作為創作基礎，必然在一定程度上限制作品表現力的更大發揮。因此，《詩新譜》對於當今音樂創作雖有借鑒意義，但總體而言其作用仍較有限。關於此點，楊蔭瀏先生的論說可謂中肯：

> 宋代人對調式問題的論述，是以當時流行的詞調為基礎的。他們所提出的要點，大約有三方面：第一，是每一調式的最終結音（所謂「畢曲」）；第二，是調式與調的關係；第三，是一定的調式中所可包含的一定音數（即音域）。……根據他們所說，那時候詞調的音域是很窄的，平均只有一個八度多些。後來器樂和戲曲音樂實際所用的音域，遠比詞調廣闊得多；所以，他們所述各調和各調式所用音數，或最低最高的限制等，到了現在，對我們所能聽到的音樂，已經完全不適用了。〔註73〕

從學術研究方面而言，《瑟譜‧詩新譜》展現出的音樂規範和古瑟形制等信息，是音樂史研究的寶貴資料，可為深入探討宋代詩樂創作、雅樂形態和宮調應用等問題提供佐證。尤其在古代音樂作品存世寥寥的情況下，承載豐富形而下信息的《詩新譜》猶如文物，歷史價值和學術價值自不待言。此誠如四庫館臣所論：「然樂律一門，諸家著錄，琴譜為多。瑟則東晉之初尚有桓伊歌曹植詩事，以後傳者寥寥。……朋來於舊譜放佚之餘，為之考訂蒐羅，尚存梗概。史稱其通曉樂律，尤善鼓瑟，則與儒者不通宮調而坐談樂理者，尚屬有殊。存之亦足見古樂之遺也。」〔註74〕

音樂藝術構成中的「道」，特指為音樂家（作曲者、表演者）所賦予以及為欣賞者所感知的深層精神狀態，集中表現為作品的藝術價值與思想內涵。筆者認為，就音樂文化屬性而言，《詩新譜》是南宋文人詩樂和廟堂雅樂一脈相承的產物，這一性質決定了該詩譜「有限的藝術價值」。以樂曲不同宮調的

〔註73〕楊蔭瀏、曹安和編：《定縣子位村管樂曲集》，上海：萬葉書店，1952年，第47頁。

〔註74〕〔清〕永瑢等：《四庫全書總目》，北京：中華書局，1965年，第323頁。

應用為例，兩宋音樂創作中有「外則為犯」的觀念，即選定樂曲所用宮調後，如旋律進行中超出原來宮調音階框架，使用了此均之外的其它音，就會形成「犯調」。犯調在唐宋音樂實踐中應用十分普遍，沈括論述二十八調用聲時便說：「法雖如此，然諸調殺聲，不能盡歸本律，故有偏殺、側殺、寄殺、元殺之類。」可見當時犯調種類和旋律變化之豐富。宋代以來，學者對「犯調」所持態度不盡一致，有較溫和的肯定者，如沈括認為犯調「雖與古法不同，推之亦皆有理」〔註75〕；而在那些推崇雅樂的士人看來，這種有悖古制的製曲方法，是絕對不能允許的。《詩新譜》的宮調應用中，樂曲之間或同曲不同樂章之間，雖然也存在不同宮調的對峙佈局，但只依據詩詞的「月律」和「物性」選定宮調，且各獨立樂段均在既定宮調模式中展開，嚴守不犯均、不犯調的原則，未免呆板。相比之下，姜白石詞樂中的犯調更多從音樂需要出發，如《淒涼犯》中的仙呂調犯雙調（夷則羽轉夾鍾商），以犯調技法為情感表現服務，〔註76〕其藝術價值相比《詩新譜》高下立判。《瑟譜・詩新譜》的宮調應用，「其目的是在藉以加增雅樂的神秘意義。同是犯調，其價值截然不同」〔註77〕。

　　從思想內涵方面看，《詩新譜》的編創完全是儒家禮樂觀的體現。它追求用以樂修身、以樂隆禮的方式，實現禮備樂和的社會秩序。然而，伴隨百年來傳統文化的大起大落，雅樂命運及其相關研究也幾經曲折。20世紀上半葉，「在大量的書面資料的影響之下，過去我國舊時代的知識分子，往往不由自主，有著不適當地強調《雅樂》和其樂律問題的重要性的偏向。即使在研究中國音樂的國際學者中間，也同樣有這偏向。」〔註78〕1949年以後，中國音樂學界在研究理念、研究領域、研究方法、研究目的等方面發生深刻變革。期間，既有「文革」十年間砸爛一切舊文化的慘痛教訓，又有改革開放後傳統禮樂的復蘇，更有21世紀民族復興背景下雅樂活動的如火如荼。雅樂遺產的思想價值究竟如何判定？其在民族音樂文化中應占何種地位？傳統雅

〔註75〕中央民族學院藝術系文藝理論組編：《〈夢溪筆談〉音樂部份注釋》，北京：人民音樂出版社，1979年，第66頁。

〔註76〕參見本著第三章第三節分析，以及楊蔭瀏、陰法魯的《宋姜白石創作歌曲研究》，北京：人民音樂出版社，1957年，第32、52～53頁。

〔註77〕楊蔭瀏：《中國古代音樂史稿》（上冊），北京：人民音樂出版社，1981年，第265～266頁。

〔註78〕楊蔭瀏：《中國古代音樂史稿》（上冊），北京：人民音樂出版社，1981年，第394頁。

樂能否走出歷史困境,化雅樂自身思想之「腐朽」爲現代文明之「神奇」,進而在未來社會文化構建中發揮獨特價值?

縱觀《詩新譜》展現出的宮調理論與雅樂實踐關係,在雅樂復古理念指導下的俗樂宮調理論,幾乎完全被禮制規定束縛,難以形成眞正自由的藝術創新。熊朋來《瑟譜》這一俗樂宮調理論應用於禮樂實踐的個案,是宋元之際二十八調理論被納入雅樂系統進而僵化衰落的典型事例。通過上述剖析,我們對歷史及當下士人在弘揚傳統文化(亦或曰「國學」)大旗下的諸種雅樂復古行爲,或許能夠取得更爲透徹的領悟和認知。20 世紀 80 年代,余英時先生在談及儒學的未來前景時曾言:現在,淪爲遊魂的儒學(筆者按,包括禮樂思想)要想借屍還魂,無論在家庭還是國家層面似乎均難實現,因爲「今天中國人所追求的是『民主』,這恰恰不是儒學最見精彩之所在。……無論我個人怎樣同情儒學,我對於儒學困境的估計寧可失之於過高,而不願失之於過低」〔註 79〕。或許,伴隨重建禮樂文明而來的一系列問題,只有在不斷的社會實踐中才能尋得最終答案。

第二節　存見元雜劇折(齣)樂譜宮調的分佈與應用

作爲入主中原的游牧民族,忽必烈等蒙古貴族有意製造民族隔閡、挑動民族情緒,以使各方力量相互制衡,鞏固自身統治。他們推行帶有強烈民族歧視與壓迫色彩的等級制度,依照民眾被元統治者征服次序的先後,將其劃分爲蒙古、色目、漢人、南人四類〔註 80〕,並通過制度、政策、法令,確保蒙古人、色目人享有種種特權,使漢人、南人則遭受種種歧視。例如,被文人視爲進身之階的科舉制度,雖然在元代中期得以恢復,但考試政策卻明顯偏袒蒙古、壓制漢人(或因蒙古士人漢文水準較低,但由此棲身官宦的蒙古人比例卻並不低)。例如,鄉試、會試時蒙古人和色目人只考兩場,而漢人和

〔註79〕余英時:《現代儒學的困境》,載余英時文集《中國思想傳統及其現代變遷》,桂林:廣西師範大學出版社,2004 年,第 265 頁。

〔註80〕蒙古人作爲元朝國族,是統治者依靠的基本力量;蒙古以外的西北、西域各族,包括唐兀(西夏)、汪古、回回、畏兀兒、哈剌魯、欽察、吐蕃等統稱色目人,是蒙古統治者的主要助手;淮河以北原金朝統治區和四川、雲南等較早被蒙古征服的漢族,以及長期居於北中國的契丹、女眞人,統稱漢人;最後被征服的南宋統治區的江浙、江西、湖廣等地居民爲南人。參見陳高華《陳高華說元朝》,上海:上海科學技術文獻出版社,2009 年,第 35～36 頁。

南人必須考三場；前者的策問只需五百字，後者則要完成千字以上，考試內容也有明顯的難易之別等。大批處在社會底層卻進階無門的漢族文人，爲養家糊口並伸張社會正義，紛紛投身當時流行的雜劇藝術創作，湧現出一大批高質量的戲劇作品。

另一方面，元統治者將瘋狂掠奪來的大量財富集於都市，造就了以元大都（今北京）爲代表的城市經濟的畸形繁榮，使市民娛樂需求較之宋代更爲旺盛。「高度繁榮的城市經濟爲元雜劇的發展提供了物質條件。著名的雜劇作家關漢卿、王實甫、馬致遠、紀君祥等都是大都籍人。著名演員珠簾秀、順時秀、天然秀、司燕奴等也經常在大都演出，『觀者揮金與之』。」〔註 81〕元朝法律嚴禁群眾參加戲曲、說唱等演出，《元史・刑法志》卷一百五「禁令」條記載：「諸民間子弟，不務生業，輒於城市坊鎮，演唱詞話，教習雜戲，聚眾淫虐，並禁治之。」〔註 82〕《大元通制條格》卷二十七「搬詞」條又載：「除係籍正色樂人外，其餘農民、市戶、良家子弟，若有不務本業、習學散樂、般唱詞話，並行禁約。」〔註 83〕民間演藝竟到了需統治者以法令禁止的程度，當時雜劇、說唱等藝術影響之廣泛可見一斑。

從音樂藝術方面看，元雜劇雖然在宋雜劇、金院本的基礎上發展而來，但其音樂卻彙聚了盛唐歌舞大曲、兩宋詞樂和諸宮調、鼓子詞、唱賺等多種俗樂元素。據王國維《宋元戲曲史》考證，周德清《中原音韻》列出的 335 個曲牌中，出於大曲者 11 首，出於唐宋詞者 75 首，出於諸宮調者 28 首，可證爲宋代舊曲者 10 首，共計 124 首。其餘曲牌係宋金舊曲者，亦不在少數。〔註 84〕元雜劇和散曲中豐富的曲牌遺存及其宮調應用，爲我們考索唐宋俗樂宮調理論在元代的應用情況，提供了較爲豐富的材料。從宋代以來的俗樂宮調使用數量看，儘管唐宋之際二十八調理論已出現完整總結，但現實中似乎並未用全所有宮調。宋元時代，無論張炎的七宮十二調，還是金元六宮十一調、元北曲十二宮調、元末南曲十三宮調，俗樂調名應用整體呈現出漸趨精

〔註81〕 劉再生：《中國古代音樂史簡述》（修訂版），北京：人民音樂出版社，2006年，第 464～465 頁。

〔註82〕 《元史・刑法志》卷一百五，北京：中華書局，1976 年，第 2685 頁。

〔註83〕 《大元通制條格》卷二十七「搬詞」條，臺北：華文書局股份有限公司，據1930 年北平圖書館影印明初墨格寫本影印，1980 年，第 720～721 頁。

〔註84〕 參見王國維《宋元戲曲史》，上海：上海古籍出版社，1998 年，第 63～70頁。

錬、減少的趨勢。

　　一般說來，唐宋俗樂二十八調理論的基本結構包含兩層含義，一是指稱樂曲用均（調高）的「宮均系統」，二是指稱樂曲音列（調式音階）的「各調煞聲」。元曲音樂中調名數量的減少，對這兩大宮調原則發生了怎樣的影響？王光祈考證元代宮調時所說的「保存『均』之區別，減少聲之區別」的「進化」歷程〔註85〕，反映出元代傳統音樂怎樣的發展規律？對於諸多曲牌所附宮調的應用類型和內涵轉變，我們應當以怎樣的歷史眼光看待？應如何理解宋代以來宮調名第次縮減的現象？如何認知元代宮調理論乃至音樂藝術在唐宋以來音樂發展史中的地位？針對上述問題，本節擬首先梳理元雜劇的宮調和曲牌分佈情況，以此作為考察元雜劇宮調特性的基礎。自下一章開始，本著將重點探討元雜劇宮調的應用模式，考證其宮調實踐背後的理論依據，並對元代宮調理論轉化及其與後世工尺七調的關係作概略說明。

　　保存至今的元代雜劇約 160 餘種，只是現存元雜劇劇目的四分之一。明代人臧懋循編選的《元曲選》，於明萬曆四十三年至四十四年（1615～1616年）刊行，共收錄 100 種雜劇作品，其中出於元代作家之手的 94 種，其餘 6 種為明初人作品。〔註86〕另有隋樹森先生編纂的《元曲選外編》增補元雜劇作品 62 種，〔註87〕此書與臧懋循本合璧基本是目前元代雜劇作品的總彙編。元雜劇全折（齣）樂譜方面，曹安和先生編有《現存元明清南北曲全折（齣）樂譜目錄》，為進一步考訂雜劇的宮調應用和音樂形態提供了重要線索。本節中，筆者擬對存見元雜劇折（齣）樂譜宮調的分佈與應用情況進行統計，所據元雜劇文本為臧懋循《元曲選》和隋樹森《元曲選外編》兩種，元雜劇曲譜則選擇了較有代表性的《九宮大成南北詞宮譜》（後文簡稱「九宮大成」）〔註88〕、《納書楹曲譜》〔註89〕、《過雲閣曲譜》〔註90〕、《六也曲譜》〔註91〕、

〔註85〕王光祈：《中國音樂史》，桂林：廣西師範大學出版社，2005 年，第 114 頁。

〔註86〕〔明〕臧晉叔編：《元曲選》，北京：中華書局，1958 年。

〔註87〕隋樹森編：《元曲選外編》，北京：中華書局，1959 年。

〔註88〕〔清〕周祥鈺等編：《新定九宮大成南北詞宮譜》，據清乾隆內府本影印，王秋桂主編《善本戲曲叢刊》第六輯，臺北：臺灣學生書局，1987 年。

〔註89〕〔清〕葉堂編：《納書楹曲譜》，據清乾隆五十七年至五十九年（1792～1794年）納書楹原刻本影印，王秋桂主編《善本戲曲叢刊》第六輯，臺北：臺灣學生書局，1987 年。

〔註90〕〔清〕王錫純輯：《過雲閣曲譜》，清同治九年（1870 年）序本。

〔註91〕〔清〕怡庵主人輯：《六也曲譜》，清光緒三十四年（1908 年）序本，榮氏三

《集成曲譜》〔註92〕五種。

對現存元雜劇全折宮調、曲牌的整理，筆者依據曹安和先生編《現存元明清南北曲全折（齣）樂譜目錄》提供的線索進行，並與臧懋循編《元曲選》和隋樹森編《元曲選外編》同名劇目相比照，列成「存見元雜劇折（齣）樂譜宮調應用一覽表」（表 4－2）。表中「劇名」一列，依曹安和先生所編目錄為序。需要說明的是，本表僅是對現存元雜劇全折宮調情況的整理，每折（齣）曲牌的連綴情況，詳見本著附錄三「存見元雜劇折（齣）樂譜宮調與曲牌運用情況統計表」。

表 4－2：存見元雜劇折（齣）樂譜宮調應用一覽表

劇　　名	折　齣　名	各折（齣）宮調					
		元劇集	九　宮	納書楹	遏雲閣	六也	集　　成
麗春堂	第三折	越調	越角				
單刀會	三，訓子	中呂		仙呂		六調	六字調
	四，刀會（單刀）	雙調		雙角		上調	上字調
望江亭	第一折	仙呂	仙呂調				
謝天香	第二折	南呂	南呂調				
蝴蝶夢	第二折	南呂	南呂調				
岳陽樓	第一折	仙呂	仙呂調				
	第二折	南呂	南呂調				
黃粱夢	第一折	仙呂	仙呂調				
漢宮秋	第四折	中呂	中呂調				
任風子	第二折	正宮	高宮				
蓮花寶筏（唐三藏）	北餞			仙呂尺出六調			尺調六調
唐三藏	回回		雙角	雙調			尺調
張天師	第三折	正宮	高宮				
後庭花	第四折	中呂	中呂調				
怨家債主	第二折	商調	商角				

樂堂刊本。

〔註92〕王季烈、劉富梁輯：《集成曲譜》，上海：商務印書館，1925 年。

劇　名	折　齣　名	各折（齣）宮調					
		元劇集	九　宮	納書楹	遏雲閣	六也	集　成
黑旋風	第一折	正宮	高宮				
燕青博魚	第一折	大石調	大石角				
氣英布	一，賺布	仙呂	仙呂調	仙呂調			
柳毅傳書	第三折	商調	商角				
秋胡戲妻	第四折	雙調	雙角				
梧桐雨	第二折	中呂	中呂調				
	第四折	正宮	高宮				
牆頭馬上	第三折	中呂	中呂調				
合汗衫	第二折	越調	越角				
	第三折	中呂	中呂調				
	第四折	雙調	雙角				
薛仁貴	第三折	雙調 中呂	中呂調				
勘頭巾	第一折	仙呂	仙呂調				
東窗事犯	二，掃秦	中呂	中呂調	中呂調	尺字調		尺調
紅梨花	第二折	南呂	南呂調				
	第三折	中呂	中呂調	中呂			
范張雞黍	第三折	商調	商角				
倩女離魂	第三折	中呂	中呂調				
㑳梅香	第二折	大石調	高大石角				
虎頭牌	第二折	雙調	雙角				
	第四折	正宮	高宮				
敬德不伏老	三，北詐	越調	越角	越角			六或凡調
追韓信	二，追信	雙調	雙角	雙角		尺調	尺調
	三，點將	中呂		中呂			
兩世姻緣	第一折	仙呂	仙呂調				
	二，離魂	商調	商角	商角			六調
	第四折	雙調	雙角				

劇　名	折　齣　名	各折（齣）宮調					
		元劇集	九　宮	納書楹	遏雲閣	六也	集　成
金錢記	第一折	仙呂	仙呂調				
昊天塔	四，五臺	雙調		雙調			尺字調
風雲會	三，訪普	正宮	高宮	正宮（尺調）			尺或上調
來生債	第三折	越調	越角				
西遊記	二，撇子逼母棄兒	中呂	中呂調	中呂		工調	尺調小工調
	三，認子江流認親	商調仙呂商調	商角	商調	六字調	六調	六調
	五，餞行詔餞西行	仙呂	仙呂調	仙呂			
	六，胖姑村姑演說	雙調	雙角	雙角			小工調
	十，定心收孫演咒	南呂	南呂調	南呂			
	十一，伏虎行者除妖	大石調	大石角	大石角			
	十二，揭缽鬼母皈依	越調		越角			
	十四，海棠傳耗	中呂	中呂調				
	十五，女還導女還裴	中呂正宮雙調		高宮			
	十七，女國女王逼配	仙呂		仙呂			
	十八，迷路問仙	南呂	南呂調				
	十九，借扇鐵扇凶威	正宮	高宮	高宮			小工調
蕭淑蘭	第四折	黃鍾	黃鍾調				
馬陵道	一，擺陣	仙呂		仙呂			
	三，孫詐	雙調		雙角			尺調
	四，擒龐	中呂		中呂			
貨郎擔	四，女彈	南呂		南呂			凡調
漁樵記	一，漁樵、北樵	仙呂		仙呂			尺調
	二，逼修	正宮		正宮			

劇　名	折（齣）名	各折（齣）宮調					
		元劇集	九　宮	納書楹	遏雲閣	六也	集　成
	三，寄信	中呂		正宮〔註93〕			
舉案齊眉	第二折	正宮	高宮				
連環計	二，北拜	南呂雙調	南呂調	南呂			
百花亭	第二折	商調	商角				
赤壁賦	第三折	越調	越角				
凍蘇秦	第二折	正宮	高宮				
馮玉蘭	第四折	雙調	雙角				

　　根據曹安和先生統計，現存元雜劇劇本共 58 本，折數 107 折。〔註94〕因本統計旨在歸納對照各本中元雜劇各折的不同宮調與曲牌情況，故只有一種出處的劇目未列入統計範圍，這些劇目如下：王實甫《北西廂記》、戴善甫《玩江樓》、白樸《箭射雙雕》和《御溝紅葉》、宋方壺《趕蘇卿》、周文質《蘇武還朝》、邾經《鴛鴦冢》、王子一《十面埋伏》、賈仲名《金童玉女》、無名氏《十面埋伏》。另有《西遊記・思春（狐思）》一折，因並非元雜劇《西遊記》作品〔註95〕，亦未列入統計範圍。另，表頭中的文獻資料名係簡稱，其中「元劇集」指臧懋循《元曲選》和隋樹森《元曲選外編》兩部元雜劇資料集、「九宮」爲《九宮大成南北詞宮譜》、「納書楹」爲《納書楹曲譜》、「遏雲閣」爲《遏雲閣曲譜》、「六也」爲《六也曲譜》、「集成」爲《集成曲譜》。

　　通觀上表所列各元雜劇曲集中的俗樂調名可知，現存附記工尺樂譜的元明清南北曲全折（齣）的絕大多數文學劇本，均能在《元曲選》和《元曲選外編》中找到並相互印證。其中，《元曲選》和《元曲選外編》中出現的宮調名共計九種，分別爲：正宮、大石調；中呂、雙調；南呂；仙呂、商調；黃

〔註93〕曹安和先生注云：《漁樵記》第三折差異較大。參見曹安和編《現存元明清南北曲全折（齣）樂譜目錄》，北京：人民音樂出版社，1989 年，第 6 頁。

〔註94〕曹安和編：《現存元明清南北曲全折（齣）樂譜目錄》（說明），北京：人民音樂出版社，1989 年，第 I 頁。

〔註95〕曹安和先生注：「納本俗稱西遊，非雜劇西遊記作品。」參見曹安和編《現存元明清南北曲全折（齣）樂譜目錄》，北京：人民音樂出版社，1989 年，第 6 頁。

鍾、越調。以上劇目《九宮大成》中歸屬的俗樂調名共計十種，分別爲：大石角；高宮、高大石角；中呂調、雙角；南呂調；仙呂調、商角；黃鍾調、越角。同樣劇目在《納書楹曲譜》中分佈的調名共計 13 種，分別爲：正宮、大石角；高宮；中呂、中呂調、雙調、雙角；南呂；仙呂、仙呂調、商調、商角；越角。

　　對比以上三種元雜劇曲集所載宮調，相關調名的稱謂並不完全一致。《元曲選》和《元曲選外編》保留了元代音樂實踐中的稱謂習慣，對各俗樂調名多用簡稱，如「中呂」、「南呂」、「仙呂」、「黃鍾」等。與之對應的《九宮大成》調名，多稱「某調」、「某角」，僅「高宮」被稱作「某宮」。《納書楹曲譜》將《元曲選》和《九宮大成》的調名合而用之，或爲元人簡稱，如「中呂」、「雙調」、「南呂」、「仙呂」，或取《九宮大成》的宮調分類方式，稱「大石角」、「高宮」、「中呂調」、「雙角」等。正因如此，僅此三種文獻保存的元雜劇調名，就呈現出較爲混亂複雜的關係：元雜劇文學腳本中的「中呂」，到底是中呂宮，還是中呂調？「商調」到底確爲「商調」，還是「商角」？這就要求我們在探討元雜劇宮調含義之前，首先需要梳理出《元曲選》、《九宮大成》和《納書楹曲譜》三者所載元雜劇對應各宮調名之間的內在聯繫。

　　南宋以來劇曲時代的音樂實踐中所用調名體系，曾出現南宋「七宮十二調」、金元「六宮十一調」、元北曲「十二宮調」、南曲「十三宮調」等形態。其中，南宋張炎時代的詞曲創作使用的是「七宮十二調」，七宮即：黃鍾宮、仙呂宮、正宮、高宮、南呂宮、中呂宮、道宮；十二調爲：大石調、小石調、般涉調、歇指調、越調、仙呂調、中呂調、正平調、高平調、雙調、黃鍾羽、商調。〔註 96〕金元音樂實踐中採用的「六宮十一調」，見諸燕南芝庵《唱論》，其文曰：「大凡聲音，各應於律呂，分於六宮十一調，共計十七宮調。」其所記「六宮」爲：仙呂宮、南呂宮、中呂宮、黃鍾宮、正宮、道宮；「十一調」爲：大石調、小石調、高平調、般涉調、歇指調、商角調、雙調、商調、角調、宮調、越調。〔註 97〕其中的「角調」和「宮調」，並非張炎《詞源》「八十四調系統」名稱。清凌廷堪《燕樂考原》認爲，燕南芝庵所說

〔註96〕蔡楨：《詞源疏證》，北京：中國書店，據金陵大學中國文化研究所排印本影印本，1985 年，第 52 頁。

〔註97〕〔元〕燕南芝庵：《唱論》，中國戲曲研究院編《中國古典戲曲論著集成》（一），北京：中國戲劇出版社，1959 年，第 160～161 頁。其「六宮」中的「仙呂宮」，據《南村輟耕錄》本《唱論》校改。

的宮調、角調、商角調,均有目無曲,是記錄者妄自修改的結果,並據宋眞宗乾興後有關史籍記載,重新考證核定十七宮調名稱,除去宮調、角調、商角調,改加中呂調、仙呂調、黃鍾羽。〔註98〕可備一說。

　　元代北曲的「十二宮調」,見於元周德清《中原音韻》與明朱權《太和正音譜》,所列舉的北曲十二個宮調爲:正宮、中呂宮、南呂宮、仙呂宮、黃鍾宮、大石調、雙調、小石調、商調、越調、般涉調、商角調。〔註99〕元末南曲所用爲「十三宮調」,又稱十三調,包含:正宮、中呂宮、道宮、南呂宮、仙呂宮、黃鍾宮、大石調、雙調、小石調、商調、越調、般涉調、羽調(黃鍾羽),計六種宮調、五種商調、兩種羽調。明代沈璟增訂蔣孝《九宮譜》而成的《南九宮十三調曲譜》用「九宮十三調」之名,實際是上列十三調的衍誤。其中兼收犯調和重名,亦不及宮、商、羽三種調式的總稱之數。〔註100〕

　　此外,元明以來的戲曲宮調中又有「九宮」一說。《中國音樂詞典》指出:「把五種宮調式和四種商調式平列,並稱『九宮』,始見於元末明初陶宗儀《輟耕錄·論曲》。這五種不同調高的『宮』調式即正宮、中呂宮、南呂宮、仙呂宮、黃鍾宮。四種不同調高的『商』調式即大石調、雙調、商調、越調。因此又稱『五宮四調』。」〔註101〕元末明初學者陶宗儀在《南村輟耕錄》卷二十七「雜劇曲名」條中,還收錄了當時雜劇常用的曲牌名稱,分類列於各俗樂調名之下。其中正宮 25 曲,黃鍾 15 曲,南呂 20 曲,中呂 38 曲,仙呂 36 曲,商調 16 曲,大石 19 曲,雙調 61 曲,共計 230 曲,8 種俗樂調名。〔註102〕元人周德清《中原音韻》亦載有 335 首元雜劇曲牌,分列於前文所述「十二宮調」的 12 種俗樂調名之下。將其與《南村輟耕錄》的 230 首曲牌相比對,王國維認爲:「以曲言之,陶說爲未備矣。然劇中所用,則出於

〔註98〕〔清〕凌廷堪:《燕樂考源》卷六,《續修四庫全書》(第 115 冊),上海:上海古籍出版社,2002 年,第 417 頁。

〔註99〕〔元〕周德清:《中原音韻》,中國戲曲研究院編《中國古典戲曲論著集成》(一),北京:中國戲劇出版社,1959 年,第 224～230 頁;〔明〕朱權:《太和正音譜》,中國戲曲研究院編《中國古典戲曲論著集成》(三),北京:中國戲劇出版社,1959 年,第 54～61 頁。

〔註100〕參見中國藝術研究院音樂研究所《中國音樂詞典》編輯部編《中國音樂詞典》,北京:人民音樂出版社,1984 年,第 355 頁。

〔註101〕中國藝術研究院音樂研究所《中國音樂詞典》編輯部編:《中國音樂詞典》,北京:人民音樂出版社,1984 年,第 203 頁。

〔註102〕〔元〕陶宗儀:《南村輟耕錄·雜劇曲名》卷二十七,北京:中華書局,2005 年,第 332～335 頁。

陶《錄》二百三十章外者甚少。」〔註103〕元雜劇中曲牌的應用情況如此，曲牌所屬宮調的應用亦與此同。王國維進一步指出，周德清《中原音韻》中所列的小石調、商角和般涉調，「元劇中從未用之，故陶九成《輟耕錄》（卷二十七）無此三調之曲」〔註104〕。也就是說，在元代雜劇的創作和表演實踐中，「五宮四調」應是其宮調結構的主要代表。

以「五宮四調」的宮調內涵分析《元曲選》和《元曲選外編》中各折所用宮調，其「仙呂」、「中呂」等簡稱的確切含義便清晰可辨。不難看出，上表中「元劇集」一列中的俗樂調名，為元雜劇最常用調名，均不出「五宮四調」範圍。因此，其中的「黃鍾」應為黃鍾宮，非黃鍾調；「南呂」為南呂宮，非南呂調；「仙呂」為仙呂宮，非仙呂調；「中呂」為中呂宮，非中呂調。這一判斷除與《南村輟耕錄》的宮調記載一致外，還可從燕南芝庵《唱論》和周德清《中原音韻》等元代文獻記載的宮調名稱得到印證。考上文所列《唱論》「六宮十一調」和《中原音韻》「十二個宮調」的調名構成，所用均為仙呂宮、南呂宮、中呂宮、黃鍾宮各調，從無仙呂調、南呂調、中呂調、黃鍾調之名。元代雜劇各折所用宮調的基本結構，為「五宮四調」無疑。「五宮四調」是在南宋張炎《詞源》「二十八調」結構基礎上，對各均宮調提煉、歸併的結果。

以「五宮四調」為元雜劇各折宮調定性，結果便與《九宮大成南北詞宮譜》對北曲各折的宮調定位迥然不同。據《九宮大成》篇首《分配十二月令宮調總論》一文所述，該南北曲集編者對《宋史・樂志》所載蔡元定《燕樂書》中的二十八調含義已懵然不知，逕直認為：「顧世傳曲譜，北曲宮調凡十有七，南曲宮譜凡十有三，其名大抵祖二十八調之舊，而其義多不可考。又其所謂宮調者，非如雅樂之某律立宮，某聲起調。往往一曲可以數宮，一宮可以數調。其宮調名義既不可泥，且燕樂以夾鍾為黃鍾，變徵為宮，變宮為

<hr>

〔註103〕王國維：《宋元戲曲史》，上海：上海古籍出版社，1998年，第63頁。
〔註104〕王國維：《宋元戲曲史》，上海：上海古籍出版社，1998年，第63頁。筆者按，般涉調僅見於元雜劇《西遊記》第二齣和第十四齣以及《趙匡義智娶符金錠雜劇》第三折，這兩部劇都是隋樹森《元曲選外編》補錄的作品，參見隋樹森《元曲選外編》，北京：中華書局，1959年。王國維這裡所言「小石調、商角和般涉調，元劇中從未用之」，應理解為這三種宮調在元雜劇中使用極為少見，並非元雜劇常用宮調。元雜劇最為常用的宮調和曲牌，仍以陶宗儀《南村輟耕錄》卷二十七「雜劇曲名」條所載八種宮調及其下的曲牌為主。

閏，其宮調聲字亦未可據。」〔註105〕既然宮調古義「不可考」又「不可泥」，《九宮大成》的編者乾脆另起爐竈，搬出「五音十二律隨月而用」的庸俗附會理論，認爲宮調一事「在天爲五星之精，在地爲五行之氣，在人爲五藏之聲。……且如春月盛德在木，其氣疏達，故其聲宜嘽緩而駘宕，始足以象發抒之理，若仙呂之【醉扶歸】、【桂枝香】，中呂之【石榴花】、【漁家傲】，大石之【長壽仙】、【芙蓉花】、【人月圓】等曲是也」〔註106〕。正是遵循這一宮調思路，《九宮大成》將全書宮調框架作了如下規定：

> 今合南北曲所存燕樂二十三宮調諸牌名，審其聲音以配十有二月：正月用仙呂宮、仙呂調，二月用中呂宮、中呂調，三月用大石調、大石角，四月用越調、越角，五月用正宮、高宮，六月用小石調、小石角，七月用高大石調、高大石角，八月用南呂宮、南呂調，九月用商調、商角，十月用雙調、雙角，十一月用黃鍾宮、黃鍾調，十二月用羽調、平調。如此則不必拘拘於宮調之名，而聲音意象自與四序相合。羽調即黃鍾調，蓋調關其一，故兩用之。而子當夜半，介乎兩日之間，於義亦宜也。閏月則用仙呂入雙角，仙呂即正月所用，雙角即十月所用，合而一之，履端於始，歸餘於終之義也。〔註107〕

《九宮大成》編者將書中收錄的唐宋詞、宋元諸宮調、元明散曲、南戲、北雜劇、明清傳奇等不同時代、不同來源、不同格律的韻文，全部按照南曲的引曲、正曲、集曲和北曲的只曲、套曲分類，統統歸入十二月份容納的 23 個俗樂調名之下（羽調與黃鍾羽重複使用）。每月統率的兩個俗樂調名，又按段安節《樂府雜錄》所說的「商角同用，宮逐羽聲」原則，將商調對應於同名角調，宮調對應於同名羽調，商調、宮調被用於南曲，角調、羽調分配於北曲，最終形成「南曲某宮──北曲某調」、「南曲某調──北曲某

〔註105〕〔清〕周祥鈺等：《新定九宮大成南北詞宮譜·分配十二月令宮調總論》，古書流通處 1923 年影印清乾隆十一年刻本，《續修四庫全書》（第 1753 冊）影印本，上海：上海古籍出版社，2003 年，第 612 頁。

〔註106〕〔清〕周祥鈺等：《新定九宮大成南北詞宮譜·分配十二月令宮調總論》，古書流通處 1923 年影印清乾隆十一年刻本，《續修四庫全書》（第 1753 冊）影印本，上海：上海古籍出版社，2003 年，第 613 頁。

〔註107〕〔清〕周祥鈺等：《新定九宮大成南北詞宮譜·分配十二月令宮調總論》，古書流通處 1923 年影印清乾隆十一年刻本，《續修四庫全書》（第 1753 冊）影印本，上海：上海古籍出版社，2003 年，第 613～614 頁。

角」的《九宮大成》獨特的宮調模型（「正宮」因無同名羽調對應，特規定對應「高宮」，即「南曲正宮——北曲高宮」；「羽調」則規定與「平調」對應）。以此爲框架，《九宮大成》編撰者不惜將一些曲牌的原有調名加以改變（如北曲仙呂宮改爲仙呂調、商調改爲商角等），逐一併入各月所屬宮調之下，使一些曲牌宮調出現與歷史情況相異的名稱。《九宮大成》的這種十二月令宮調分配方式，顯然是編者隨意爲之的結果，並無宋以來宮調理論演進的歷史依據，其宮調體系基本結構可列表如下（表4-3）：

表4-3：《九宮大成南北詞宮譜》十二月令宮調分配表

月　份	南曲：引、正曲、集曲	北曲：只曲、套曲、合套
一　月	仙呂宮	仙呂調
二　月	中呂宮	中呂調
三　月	大石調	大石角
四　月	越　調	越　角
五　月	正　宮	高　宮
六　月	小石調	小石角
七　月	高大石調	高大石角
八　月	南呂宮	南呂調
九　月	商　調	商　角
十　月	雙　調	雙　角
十一月	黃鍾宮	黃鍾調
十二月	羽　調	平　調
閏　月	——	仙呂入雙角合套

　　對於《九宮大成》如此分宮立調的原因，吳志武《〈九宮大成〉宮調與燕樂二十八調之關係》一文認爲主要受到三個方面影響：其一，《九宮大成》編者深受傳統雅樂「隨月用律」的影響；其二，受到了王正祥《十二律京腔譜》及《十二律崑腔譜》影響；其三，《九宮大成》的編者已不識燕樂二十八調之義，如此便形成了《九宮大成》頗具特色的宮調體制。〔註108〕對於《九

[註108] 吳志武：《〈九宮大成〉宮調與燕樂二十八調之關係》，《音樂研究》2008年第
　　　　2期。

宮大成》這種全然不顧樂曲原有宮調內涵，率意篡改肆意修訂的做法，清代很多學人已提出批評。例如，清方成培《香研居詞麈‧論〈九宮合譜〉之誤》云：

> 《九宮合譜》合南北曲所存燕樂二十三調諸牌名，審其聲音，以配十有二月，此正古人隨月用律之義。然按其所配，無一月不差謬者，則以不辨宮商，不明律呂之過也。如仙呂宮乃夷則之宮聲，乃不用之七月，而以配正月。大石調爲太簇商，何以配三月而不用之正月乎？至於閏月用仙呂入雙角，尤爲不倫。蓋天下事明其理，則粲然綱舉目張，雖繁而不紊。不明其理，必至揣影尋聲，附會而不通，匪獨樂律爲然。閏月用律，當各隨其月也。〔註109〕

清凌廷堪《燕樂考原》亦批評道：

> 近世周祥鈺輩，以宮、商之調爲南曲，角、羽之調爲北曲，又以正宮爲南曲，以高宮爲北曲。夫七角、七羽及高調，其廢已久，世俗雖有宮調之名，所用者實燕樂太簇一均，憑何器而分角、羽乎？
>
> 且南北之分，全不關乎宮調也，亦同歸於不知而作焉已矣！〔註110〕

事實上，誠如《中國音樂詞典》所論，《九宮大成南北詞宮譜》雖然「合南北曲所存燕樂二十三宮調」，但其常用曲牌也不過是「正宮、中呂宮、南呂宮、仙呂宮、黃鍾宮、大石調、雙調、商調、越調」，即「五宮四調」的「九宮」結構。〔註111〕《九宮大成》依月令隨月用律擅自改定的各曲牌俗樂調名，對於考訂絕大多數樂曲自唐宋以來的宮調歷史面貌而言，並無實質意義。此恰如吳志武文中所言：「《九宮大成》宮調與燕樂二十八調所指向的宮調，二者的指義全然不同；如果說二者存有關係，也僅僅是名稱相同而已。」〔註112〕

《九宮大成南北詞宮譜》成書於乾隆十一年（1746 年），比之晚出近半個世紀的《納書楹曲譜》（成書於乾隆五十七年，1792 年），所注俗樂宮調採用

〔註109〕 〔清〕方成培：《香研居詞麈‧論九宮合譜之誤》卷二，上海：商務印書館，1936 年，第 25～26 頁。

〔註110〕 〔清〕凌廷堪：《燕樂考原》卷六，《續修四庫全書》（第 115 冊），上海：上海古籍出版社，2002 年，第 426 頁。

〔註111〕 中國藝術研究院音樂研究所《中國音樂詞典》編輯部編：《中國音樂詞典》，北京：人民音樂出版社，1984 年，第 203 頁。

〔註112〕 吳志武：《〈九宮大成〉宮調與燕樂二十八調之關係》，《音樂研究》2008 年第 2 期。

了「沿用元人簡稱」（如仙呂、中呂等）和「襲用九宮調名」（如仙呂調、大石角等）兩種方式。我們在考訂元雜劇同折（齣）的宮調含義時，必須對《納書楹曲譜》襲用的《九宮大成》調名予以辨析，將其恢復爲元代宮調的原始面目。現據元人闡述的「五宮四調」理論，將《元曲選》和《元曲選外編》與《九宮大成》和《納書楹曲譜》中相同各折（齣）俗樂調名的對應關係，重新梳理如下，以窺元雜劇宮調名稱之原貌（表4－4）。

表4－4：「元劇集」與《九宮大成》、《納書楹曲譜》所載調名對應表

元曲選及外編調名	九宮大成調名	納書楹曲譜調名
正宮	高宮、高大石角	正宮 高宮
大石調	大石角	大石角
中呂（宮）	中呂調	中呂 中呂調
雙調	雙角	雙調 雙角
南呂（宮）	南呂調	南呂
仙呂（宮）	仙呂調	仙呂 仙呂調
商調	商角	商調 商角
黃鍾（宮）	黃鍾調	
越調	越角	越角

　　上表中「元曲選及外編調名」一列中的括號內容「（宮）」係筆者所加。可以看出，《九宮大成》記載的北曲套曲宮調，與元雜劇宮調的歷史情況無一吻合，其中的高宮、高大石角應恢復爲正宮，大石角應恢復爲大石調，中呂調應恢復爲中呂宮，雙角應恢復爲雙調，南呂調應恢復爲南呂宮，仙呂調應恢復爲仙呂宮，商角應恢復爲商調，黃鍾調應恢復爲黃鍾宮，越角應恢復爲越調。唯有如此，才能與元代雜劇宮調和元人相關理論總結一致。另，《單刀

會‧訓子》一折,《元曲選外編》標爲中呂,《納書楹曲譜》標仙呂;《漁樵記‧寄信》一折,《元曲選》標中呂,《納書楹曲譜》標正宮。其間差異以及《遏雲閣曲譜》、《六也曲譜》和《集成曲譜》中所標工尺調名與對應俗樂調名的關係,筆者將在後文作進一步闡述。

第五章　元雜劇宮調的實踐基礎及外來文化對傳統音階結構的影響

　　本著第四章初步探討了元雜劇折（齣）樂譜宮調的分佈與應用情況，揭示出元雜劇宮調與南宋俗樂二十八調之間的歷史淵源。本章擬從元雜劇音樂的旋律性伴奏樂器入手，結合唐宋以來宮調理論的管色實踐基礎，以及元雜劇音樂在清代北曲文本和當今傳統音樂中的部份遺存，進一步探討其所用調名的內在樂學邏輯和調性佈局特點；通過對有元一代雜劇主流音樂形式宮調形態的分析，梳理傳統二十八調理論在歷史變遷中「七均傳統存留」和「部份煞聲脫落」的史實，揭示元雜劇作爲連接唐宋與明清音樂變遷的重要節點，在二十八調理論向工尺七調系統轉化過程中承上啓下的歷史地位，爲進一步認知明清宮調內涵和唐宋宮調理論的深遠影響提供參考。

　　元代音樂發展中的另一重要現象，是多民族音樂文化的空前交流融合。由於元朝統治地域遼闊，中外各方交通十分發達，商貿、戰爭、軍事等人口流動造成民族間文化頻繁交流，給兩宋以來的中原音樂藝術注入大量新的因素。在諸多傳入內地的文化藝術中，爲元統治者青睞的蒙古音樂和源自中亞並逐漸東傳的伊斯蘭音樂，以其特有的音響形態和藝術風格，對元代中原傳統音樂風格產生重要影響。尤其元代穆斯林群體與中國本土居民深度融合，帶來語言、文字、藝術、信仰、習俗等方面新的文化要素，對元代之後中國傳統音樂的樂器、音律、音階模式等影響深遠，成爲促成元代音樂風格轉型和宮調理論變遷不可忽視的因素。基於上述思考，本章將以當今傳統音樂中廣泛使用的「變體燕樂音階」爲例，從音樂傳播角度剖析其音律、音階特徵

成因，探討外來音樂文化對近古中國音樂形態的可能影響，深入認知宋代以來宮調理論變遷的外部條件和內在規律，展現傳統音樂歷史傳承與風格演變的多層面原因與豐富內涵。

第一節　元雜劇宮調的實踐基礎與樂學內涵

　　北曲是對金、元時代北方流行的雜劇與散曲音樂的統稱，明代以來部份北曲逐漸被崑曲吸納，成為崑曲唱腔的重要組成部份之一。近代崑曲北曲聲腔中，依然保留著部份元雜劇曲牌和宮調應用的痕跡，只是各曲牌原來所屬的俗樂宮調系統，已改變為清代常用的笛色工尺七調系統。對於近代北曲中俗樂調名和工尺七調的對應關係，不少學者和曲家依據唱奏實踐經驗已有較詳細說明。孫玄齡先生依據吳梅《顧曲塵談》、王季烈《螾廬曲談》、楊蔭瀏《中國古代音樂史稿》、「趙景深、俞振飛等《崑曲曲調》」、「謝也實、謝眞茀《崑曲津梁》」、錢南揚《戲文概論》等相關論說，將近代北曲所用俗樂調名和實際演唱採用的工尺七調的對應關係列如下表（表5-1），可使我們對歷史上北曲俗樂調名在近代崑曲演唱中的實際調高歸屬，獲得更為翔實的認知。

表5-1：近代北曲各宮調實用調高統計表〔註1〕

書　名	顧曲塵談	螾廬曲談	音樂史稿	崑曲曲調	崑曲津梁	戲文概論
著　者	吳梅	王季烈	楊蔭瀏	趙景深	謝也實	錢南揚
黃鍾宮	六字調F 凡字調♭E	正工調G 六字調F 凡字調♭E	正工調G 六字調F 凡字調♭E	正工調G 六字調F	正工調G 六字調F 凡字調♭E	正工調G 六字調F 凡字調♭E
正　宮	小工調D 尺字調C	小工調D 尺字調C 上字調♭B	小工調D 尺字調C 上字調♭B	小工調D	小工調D 尺字調C 上字調♭B	小工調D 尺字調C
中呂宮	小工調D 尺字調C	六字調F 小工調D 尺字調C	六字調F 小工調D 尺字調C	小工調D 尺字調C	六字調F 小工調D 尺字調C	小工調D 尺字調C
仙呂宮	凡字調♭E 小工調D 尺字調C	正工調G 小工調D 尺字調C	正工調G 小工調D 尺字調C	正工調G 小工調D	正工調G 小工調D 尺字調C	正工調G 尺字調C 凡字調♭E 小工調D

〔註1〕孫玄齡：《近代北曲各宮調所用調高》，《音樂研究》1987年第3期。

書　名	顧曲塵談	螾廬曲談	音樂史稿	崑曲曲調	崑曲津梁	戲文概論
著　者	吳　梅	王季烈	楊蔭瀏	趙景深	謝也實	錢南揚
南呂宮	六字調 F 凡字調 ♭E 上字調 ♭B	凡字調 ♭E 小工調 D 尺字調 C	凡字調 ♭E 小工調 D 尺字調 C	六字調 F 凡字調 ♭E	凡字調 ♭E 小工調 D 尺字調 C	六字調 F 凡字調 ♭E 上字調 ♭B
雙　調	乙字調 A 正工調 G	乙字調 A 正工調 G	乙字調 A 正工調 G	小工調 D	乙字調 A 正工調 G	小工調 D 尺字調 C
商　調	六字調 F 上字調 ♭B	六字調 F 尺字調 C 凡字調 ♭E 小工調 D	六字調 F 尺字調 C 凡字調 ♭E 小工調 D	六字調 F 小工調 D	尺字調 C 上字調 ♭B	六字調 F 上字調 ♭B
越　調	六字調 F 上字調 ♭B	六字調 F 凡字調 ♭E	六字調 F 凡字調 ♭E	六字調 F 凡字調 ♭E	六字調 F 上字調 ♭B 凡字調 ♭E 小工調 D	六字調 F 上字調 ♭B
大石調	小工調 D 尺字調 C	小工調 D 尺字調 C	小工調 D 尺字調 C	——	小工調 D 尺字調 C	小工調 D 尺字調 C
小石調	小工調 D 尺字調 C	小工調 D 尺字調 C	——	——	小工調 D 尺字調 C	小工調 D 尺字調 C
般涉調	小工調 D 尺字調 C	小工調 D 尺字調 C	——	小工調 D	小工調 D 尺字調 C	小工調 D 尺字調 C
商角調	六字調 F 凡字調 ♭E	六字調 F 凡字調 ♭E	——	——	——	——

從上表總結不難看出，至遲在南宋末年張炎時代，依然擁有明確調高和
煞聲（調式）內涵的俗樂調名，近代以來已歸入多種不同調高的工尺七調之
中。比如，「商調」曲牌在近代北曲演唱中，竟有六字調（F）、尺字調（C）、
凡字調（♭E）、小工調（D）四種調高呈現的可能，這與張炎《詞源》將商調
列為夷則（♭B）均商調的調高全無相同之處。正因如此，許多學界前輩對於近
代北曲甚至元代雜劇作品中的俗樂調名是否擁有與南宋一致的樂學含義，均
給出了否定的回答。以楊蔭瀏先生《中國古代音樂史稿》的論述為例，該書
在將南宋張炎《詞源》約定的俗樂宮調標準，與近代北曲中相同俗樂調名的
實際調高比較後，明確指出：

> 現在《崑曲》北曲的定調，在同一宮調中，仍有著極大的伸縮
> 性。因為角色有闊口（如老生、外、淨）細口（如旦、小生）之分，
> 闊口的音域要求偏低一些，細口的音域要求偏高一些，所以在定調

上為同一宮調留有伸縮餘地，是有它一定的道理的。但這樣的定調，已與上述南宋《燕樂》宮調所代表單一的而且一定不易的高低，完全不同──在絕對的音高上不同，在有無伸縮性上也不同。所以，就調「（宮）」的問題而言，元《雜劇》的宮調並不是用來限制調的高低的；它在名稱上雖與南宋《燕樂》的宮調名稱完全一樣，但同一宮調名稱的涵義則與南宋《燕樂》宮調完全相異。〔註2〕

　　楊蔭瀏先生根據近代北曲演唱的實際調高，考證元代雜劇各折標注的俗樂調名含義，認為後者雖然在形式上與南宋俗樂調名一致，但其樂學含義卻和「南宋《燕樂》宮調完全相異」，二者不僅在絕對的音高上不同，在各調的有無伸縮性上也不相同。近年來，又有洛地先生在《詞樂曲唱》中斷言：「用『隋唐（宋）宮調』釋說元曲『宮調』是行不通的。元曲『宮調』不是（二十八調）宮調系統中的宮、調。」〔註3〕此類論斷，不一而足，實質已完全否定了元雜劇宮調採用的「五宮四調」結構的樂學內涵。以此類推，燕南芝庵《唱論》的金元「六宮十一調」，周德清《中原音韻》元代北曲「十二宮調」，其宮調亦全無調高、調式方面的明確指向。

　　元代雜劇宮調應用的歷史事實，是否確如楊蔭瀏等先生所言？本著前面已經指出，元雜劇是在宋雜劇、金院本基礎上發展而來的一門藝術，其音樂不僅有元代文人創作，更包含著諸多兩宋詞樂和諸宮調、鼓子詞、唱賺乃至盛唐歌舞大曲等多種俗樂元素。王國維《宋元戲曲史》「元雜劇之淵源」一節，在全面分析周德清《中原音韻》所列元曲 335 個曲牌的基礎上，指出其中「出於古曲者一百有十，殆當全數之三分之一」。此外，元曲所用曲牌尚有雖不見於古詞曲而可確知其非創造者，如【六國朝】、【憨郭郎】、【叫聲】、【快活三】、【鮑老兒】、【古鮑老】、【四邊靜】、【喬捉蛇】、【撥不斷】、【太平令】十首為宋代舊曲，或為宋時習用之語。「由此推之，則其它二百餘章，其為宋金舊曲者，當復不鮮，特無由證明之耳。」〔註4〕元雜劇曲牌大多脫胎於唐宋詞曲，各曲牌所屬宮調何以與唐宋時代的俗樂宮調內涵毫無關聯？僅據近代北曲各宮調的實際演唱調高，便推斷這些俗樂調宮調在元代毫無樂學含義，所論是否有可商榷之處？筆者以下擬從元代雜劇宮調的管色基礎、七均傳統

〔註2〕 楊蔭瀏：《中國古代音樂史稿》（下冊），北京：人民音樂出版社，1981 年，第581 頁。

〔註3〕 洛地：《詞樂曲唱》，北京：人民音樂出版社，1995 年，第 323 頁。

〔註4〕 參見王國維《宋元戲曲史》，上海：上海古籍出版社，1998 年，第 65～67 頁。

留存和煞聲應用及其與近代工尺七調的關係等方面，對南宋俗樂宮調系統在元代的應用與變遷作進一步探討。

一、元雜劇宮調的管色實踐基礎

本著在前面幾章，已根據古代音樂文獻和相關傳統音樂遺存，從管色樂器定律特性、使用譜字、演奏指法、二器並用等方面，較爲詳盡地論證了唐宋俗樂二十八調的應律樂器機制與管色實踐基礎，並初步涉及二十八調體系與明清以來工尺調名體系的承繼關係等問題，明確指出唐宋二十八個俗樂調名是建構在管色定律樂器上的宮調理論體系，管色演奏以筒音爲核心的「翻七調」技法，是二十八調理論建構的基石，決定了唐宋二十八調調高七均（宮）、每均四調的基本模式。〔註5〕那麼，與唐宋二十八調一脈相承的元雜劇中的宮調，是否也存在管色定律、管色伴奏這樣的實踐基礎呢？對於這個問題，我們可從與元雜劇有著直接淵源的宋雜劇的伴奏情況談起。

南宋灌圃耐得翁《都城紀勝・瓦舍眾伎》，記載了當時雜劇藝術的角色分派和伴奏情況，其文曰：

> 雜劇中，末泥爲長，每四人或五人爲一場。先做尋常熟事一段，名曰豔段；次做正雜劇，通名爲兩段。末泥色主張，引戲色分付，副淨色發喬，副末色打諢，又或添一人裝孤。其吹曲破斷送者，謂之「把色」。大抵全以故事世務爲滑稽，本是鑒戒，或隱爲諫諍也，故從編跣露，謂之「無過蟲」。〔註6〕

《都城紀勝》成書於南宋理宗端平二年（1235年），以上所述應是南宋雜劇演出的常見情況，其中被稱作「把色」的「吹曲破斷送者」，顯然是宋雜劇演出中的伴奏人員，所用就是吹奏的管色樂器。近年來，戲曲研究者在山西省蒲縣河西村媧皇廟明間神座旁，發現一件刻有宋雜劇角色的石雕香臺。該香臺用當地優質的青石鏤刻而成，通高110釐米，下層蓮花瓣內雕有雜劇角色和花卉人物。雜劇人物高15釐米，按順序從左到右爲如下排列（圖5－1）：

〔註5〕詳見本著第一章第一節和第二章第三節論述。

〔註6〕〔宋〕灌圃耐得翁：《都城紀勝・瓦舍眾伎》，北京：中國商業出版社，1982年，第9頁。

圖5－1：山西蒲縣河西村媧皇廟石雕香臺宋雜劇角色摹本

圖5－2：山西蒲縣河西村媧皇廟石雕香臺宋雜劇角色中的吹笛者〔註7〕

　　延保全《山西蒲縣宋雜劇石刻的新發現與河東地區宋雜劇的流行》一文認爲，儘管這座石雕香臺沒有明確雕刻年代，但從其圖像的服飾裝扮、角色形象、所用道具，以及雕刻技法、裝飾紋樣等方面綜合分析，香臺所刻係宋代伶人造型。其中左一樂伎雙手執笛吹奏（圖5－2），當爲雜劇演出中「吹曲破斷送者」的「把色」。儘管石刻伎樂面部被毀，但其歪著脖子吹笛子的情態蘧然可見。〔註8〕類似宋雜劇演出的歷史圖像還有很多，例如，山西洪洞縣萬安鎮英山舜王廟宋仁宗天聖七年（1029 年）的樂舞戲碑趺線刻圖，刊立

〔註 7〕 以上兩圖，參見延保全《山西蒲縣宋雜劇石刻的新發現與河東地區宋雜劇的流行》，《文學前沿》2000 年第 1 期，第 135、136 頁。
〔註 8〕 參見延保全《山西蒲縣宋雜劇石刻的新發現與河東地區宋雜劇的流行》，《文學前沿》2000 年第 1 期，第 138～144 頁。

在一通硫趺的正面，共七人，樂隊五人，所用樂器分別爲：大鼓、笛子、拍板、杖鼓、篳篥，中間二人作帶有故事性的舞蹈表演。〔註9〕其中的笛子、篳篥均爲管色樂器，可見以管色樂器伴奏聲腔，已成爲宋代雜劇演出的通用形式。

　　宋代以管色和鼓、拍板等樂器伴奏的雜劇表演傳統，至元代幾乎原封不動地被傳承下來。著名的山西洪洞縣明應王殿雜劇壁畫「大行散樂忠都秀在此作場」（圖5－3）有「泰定元年」題款，即1324年所作。圖中前排5人和後排第三、五人爲劇中角色，後排的第一、二、四人分別演奏鼓、笛和拍板，是典型的元雜劇伴奏樂隊。

圖5－3：山西洪洞縣明應王廟元代壁畫「大行散樂忠都秀在此作場」〔註10〕

　　與此相類的樂器組合，在其它地區音樂文物中亦有反映。例如，河北邯鄲峰峰礦區的老爺山摩崖石刻，係以佛教、密教和道教爲題材。據相關資料介紹，該造像群下方偏西處有「大德元年八月」（1297年）題記，可知其至遲成於元代早期。其中一尊肩托嫋雲者，雲中布滿飛天樂器，自上而下分別爲

〔註9〕　馮俊傑：《金〈昌寧公廟碑〉及其所言「樂舞戲」考略》，《文藝研究》1999年第5期，第113～119頁。

〔註10〕　劉東升、袁荃猷：《中國音樂史圖鑒》（修訂版），北京：人民音樂出版社，2008年，第172～173頁。

鼓、拍板和笛，爲典型的宋代唱賺或元代雜劇伴奏樂器，可與應王殿雜劇壁畫中的樂器組合相互印證。（圖 5－4）

圖 5－4：河北邯鄲峰峰礦區老爺山摩崖石刻中的鼓、笛、拍板組合 〔註 11〕

元代無名氏雜劇《藍采和》第四折中，有描寫雜劇樂班生活的唱段，其文曰：

> 【慶東園】那裏每人煙鬧。（云）是樂聲響哩。（唱）是一夥村路歧，料應在那公科地。持著些槍、刀、劍、戟，鑼、板和鼓、笛。更有那帳額牌旗。行院每是誰家，多管是無名器。
>
> 【川撥棹】你待著我做雜劇，扮興亡，貪是非；待著我擂鼓、吹笛，打拍收拾，莫消停殷勤在意，快疾忙，莫遲疑。〔註 12〕

唱腔中描繪了一夥被稱作「村路歧」的雜劇班子演出情況，其中提到的伴奏樂器有笛、板、鼓和鑼四種。楊蔭瀏先生指出：

> 元《雜劇》全部伴奏樂器，究竟有哪些，現在雖然因爲缺少資料，難於斷言，但笛、板、鼓、鑼四種，曾是元《雜劇》的主要伴奏樂器，則是可以沒有疑問的。……元代《雜劇》繼承和發展了宋

〔註 11〕圖片爲筆者實地考察拍攝。
〔註 12〕〔元〕無名氏：《漢鍾離度脫藍采和》第四折，載隋樹森編《元曲選外編》，北京：中華書局，1959 年，第 979～980 頁。

代《雜劇》的傳統；其所用伴奏樂器，看來是和宋代「鼓板」中所用的樂器，大致相同。〔註13〕

　　對於一些學者根據明代魏良輔《曲律》、王世貞《曲藻》、沈德符《顧曲雜言》等文獻記載的「北曲之絃索，南曲之鼓板」、「北力在弦，南力在板」等說法，認爲三弦或琵琶是元雜劇主要伴奏樂器的觀點，楊蔭瀏先生明確提出否定意見，認爲之所以有如此誤會，原因是這些人不知道明人所說的「北曲」有著更廣泛的涵義——它不是僅指雜劇而言，而是既包含雜劇，也包含諸宮調和絃索調。上述明代文獻中的這些說法，事實上都是指絃索調而言的。〔註14〕

　　以上考古材料、文獻記載和前輩學者的研究表明，元代雜劇藝術的旋律性伴奏樂器，主要是以笛子、篳篥爲主的管色樂器。既然這種管色主奏的傳統與宋代雜劇一脈相承，以管色作爲實踐基礎的唐宋二十八調系統，在元代雜劇音樂的創作和表演中得以應用，便是情理之中的事情。很難想像，與管色樂器相配合併在宋代音樂實踐中得到廣泛應用的各俗樂二十八調調名，到了元代會毫無緣由地突然失去其樂學內涵，變成與調高、煞聲（調式）完全無關的「文學術語」。元曲宮調無樂學含義論，無論從史料基礎還是音樂歷史的內在邏輯來說，都是難以令人信服的。

　　事實上，本著第四章第一節業已指出，宋末元初熊朋來創制《瑟譜·詩新譜》遵循的宮調模型，以「五聲十二律還相爲宮」的六十調爲基本結構，在十二律的每一律上分別構成宮、商、角、徵、羽五種調式，以合六十甲子之說。儘管這種宮調思維模式，並非宋俗樂二十八調七宮四調的基本結構，但「五聲十二律還相爲宮」所構成的六十調系統，其中的宮、商、羽各調則與二十八調的某些調高重合。正因如此，熊朋來在標記《詩新譜》每首樂曲律呂調名的同時，又給出了與之相應的俗樂二十八調調名，並名之曰「俗呼」，即民間音樂實踐中的俗稱。將除角調之外的《瑟譜·詩新譜》律呂調名與俗樂調名的對應關係，與張炎《詞源》所列八十四調表相比對，二者所用俗樂宮調的內涵是相一致的。這種情況說明，至少在熊朋來（1246～1323年）生活的14世紀上半葉，宋代俗樂二十八調除角調外的絕大多數調名的調高和

〔註13〕　楊蔭瀏：《中國古代音樂史稿》（下冊），北京：人民音樂出版社，1981年，第629頁。

〔註14〕　楊蔭瀏：《中國古代音樂史稿》（下冊），北京：人民音樂出版社，1981年，第629頁。

煞聲等樂學內涵，依然在部份音樂實踐中被作爲既定傳統廣泛使用。

有元一代（1271～1368 年）立國不足百年，即便從世祖忽必烈至元四年（1267 年）定都大都算起，亦只有 102 年時間。期間元雜劇創作、演出繁盛，獨領一代音樂風騷，有著元曲四大家之譽的關漢卿（1219～1301 年）、白樸（1226～約 1306 年）、鄭光祖（1264～？年）、馬致遠（約 1250～1321 年後），以及吳昌齡、鄭庭玉、高文秀、李文蔚、孔學詩、宮大用、喬吉等其它元曲名家，他們的活動年代與熊朋來基本相吻合。難以設想，這些生活在同一時期的文人劇作家，在音樂創作中採用的「俗呼」俗樂調名，竟會對其傳統的樂學內涵置若罔聞，將其完全當作毫無音樂意義的「文學術語」加以運用。熊朋來去世 45 年後元朝覆亡，我們也很難想像在這不足半個世紀的短短時間內，俗樂二十八調調名的音樂含義及其管色實踐基礎，會消失得無影無蹤。

基於以上所述，筆者認爲自兩宋流傳至元的諸多俗樂二十八調宮調名稱，在元代雜劇音樂中依然部份地保存其樂學涵義，而統一兩宋與元代宮調樂學內涵的基礎，就是雜劇音樂中一以貫之的管色定調實踐。此恰如鄭祖襄先生所言：「宋、元雜劇宮調之間是一脈創承的；而笛這件樂器又是它們傳承宮調的主要依據。」〔註 15〕無論是對調高的指示還是對煞聲的約束，元雜劇各折（齣）所用宮調對唱腔與伴奏音樂，都有著不可替代的制約和參考意義。脫胎自南宋二十八調系統的「五宮四調」等各俗樂調名，是元代劇作家組織雜劇聲腔、編創曲牌唱詞的重要規範之一。

二、七均傳統在元雜劇宮調的留存及其與工尺七調的關係

綜合元雜劇宮調與清代《九宮大成》等曲譜中北曲宮調名的對應關係，以及宋元以來戲曲音樂中管色伴奏傳統的連續性，可以判斷元雜劇各折（齣）俗樂調名應是有著明確樂學內涵的音樂名詞，其理論所屬即南宋末年張炎《詞源》總結的二十八調系統。唐宋時代二十八調的管色實踐基礎和樂學內涵，並未因不同時代音樂藝術風格的流變而消失。只不過元雜劇並未用全二十八種宮調名，僅擷取其若干種加以應用而已。如此看來，楊蔭瀏先生所謂「就調『（宮）』的問題而言，元《雜劇》的宮調並不是用來限制調的高低

〔註 15〕鄭祖襄：《宋元雜劇伴奏樂器及其宮調問題研究》，《中央音樂學院學報》2004年第 3 期。

的；它在名稱上雖與南宋《燕樂》的宮調名稱完全一樣，但同一宮調名稱的涵義則與南宋《燕樂》宮調完全相異」〔註16〕，這一論斷仍有進一步討論的空間。

明代人臧懋循編選的《元曲選》共收錄一百首雜劇作品，其中出於元代作家之手的有94首，其餘6種為明初人作品。該書於明萬曆四十三年、四十四年（1615～1616年）刊行。另有隋樹森編的《元曲選外編》，此書與臧懋循本合璧，基本是元代雜劇作品的總彙編。本文附錄四《現存元雜劇各折（齣）宮調應用統計表》，對《元曲選》和《元曲選外編》收錄的162部雜劇中每折（齣）包括楔子的宮調做了逐一統計，結果顯示：現存元雜劇劇本中出現的宮調，包括仙呂宮、南呂宮、雙調、中呂宮、正宮、越調、商調、大石調、般涉調、黃鍾宮，共計10種；各宮調在每折（包括楔子）中出現的次數為：正宮97次、大石調4次、般涉調3次；中呂宮107次、雙調155次；南呂宮79次；仙呂宮275次、商調29次；黃鍾宮44次、越調54次。各折（齣）宮調的應用次數與結構分佈，如下表所示（表5－2）：

表5－2：元雜劇各折（齣）宮調的應用次數與結構分佈

律　名	黃	大	夾	仲	林	夷	無
工尺字	厶	⑦	〇	ㄣ	人	⑦	⑩
宮調式（次數）	正　宮 97	高　宮	中呂宮 107	道　宮	南呂宮 79	仙呂宮 275	黃鍾宮 44
商調式（次數）	大石調 4	高大石調	雙　調 155	小石調	歇指調	商　調 29	越　調 54
羽調式（次數）	般涉調 3	高般涉調	中呂調	正平調	高平調	仙呂調	黃鍾羽
各均小計	104		262		79	304	98

説明：表中灰底色調名，未在現存元雜劇文本中出現。

從上表可以看出，元雜劇使用的十種宮調，分佈於張炎《詞源》二十八調「七均」體系的「五均」之中，即：「正宮均」的正宮、大石調、般涉調；「中呂宮均」的中呂宮、雙調；「南呂宮均」的南呂宮；「仙呂宮均」的仙呂

〔註16〕楊蔭瀏：《中國古代音樂史稿》（下冊），北京：人民音樂出版社，1981年，第581頁。

宮、商調;「黃鍾宮均」的黃鍾宮、越調。每均所含調名數依次爲:正宮均
104 次,中呂宮均 262 次,南呂宮均 79 次,仙呂宮均 304 次,黃鍾宮均 98
次。「五均」在元雜劇中的使用頻次,可圖示如下(圖 5−5):

<h2 style="text-align:center">圖 5−5:元雜劇「五均」使用頻次示意圖</h2>

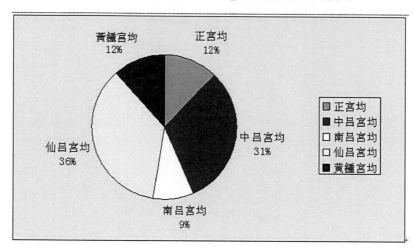

近代學者吳梅在《顧曲塵談・論宮調》中開門見山指出:

宮調者,所以限定樂器管色之高低也。〔註17〕

在詳細解說工尺七調的各調含義後,吳梅先生對當時戲曲所用宮調進一
步總結說:

今曲中所言宮調,即限定某曲當用某管色,凡爲一曲,必屬於
某宮或某調,每一套中,又必須同是一宮或一調。若一套中前後曲
不是同宮,即謂出宮,亦謂犯調,曲律所不許也。〔註18〕

筆者認爲,吳梅先生的這一論斷,不僅道出了以「工尺七調」爲主體的
近代戲曲宮調內涵,也是對歷史上戲曲所用宮調本義的準確概括,同樣適
用於對元雜劇宮調的考察。仿吳梅《顧曲塵談》之論,元雜劇宮調在調高方
面的本質含義,可一言以蔽之曰:「元雜劇宮調者,所以限定樂器管色之高低
也。」

對於「一人主唱」的元雜劇表演體制而言,聲腔是構成元雜劇音樂的重

〔註17〕吳梅:《顧曲塵談・論宮調》,北京:中國人民大學出版社,2004 年,第 7 頁。
〔註18〕吳梅:《顧曲塵談・論宮調》,北京:中國人民大學出版社,2004 年,第 7〜8
頁。

要部份；基於管色樂器的曲牌定調，無疑是戲曲演員表演時首要關注的因素。因此，元雜劇中的各均宮調在實踐中首先擔負的，是指示各折曲牌調高的重要任務。從「元雜劇『五均』使用頻次示意圖」可知，元雜劇中使用最多的是仙呂宮均，其次爲中呂宮均，二者總和占到元雜劇全部宮調的近70%。正宮均和黃鍾宮均調高各占 12%，南呂宮均調高占 9%。

對照本著第三章第一節之「二十八調七均對應筒音與調高一覽表」（表 3－1）可知，元雜劇中使用最多的仙呂宮均調高，管色樂器的演奏指法爲筒音作 Mi，中呂宮均的管色樂器指法爲筒音作 La。金、元、明三代沿用宋大晟律標準，雅樂黃鍾律高爲 d^1，其俗樂管色筒音「合」爲 a^1，與明太常笛新音階主調音相同。〔註 19〕據此可知，元雜劇之仙呂宮均的調高爲 1＝F，中呂宮均調高爲 1＝C，二者恰好構成五度相生的「正調－反調」關係。其它三均的管色筒音與調高分別爲：正宮均管色筒音作 Do，調高爲 1＝A；黃鍾宮均管色筒音作 Re，調高爲 1＝G；南呂宮均管色筒音作 Fa，調高爲 1＝E。以仙呂宮和中呂宮二均的正、反調爲核心，輔以其它三均調高的靈活運用，便構成元雜劇音樂全部宮調的主體結構特徵。

以此反觀明清南北曲盛行時代的笛色等伴奏樂器定調，二者的宮調結構差異是較爲明顯的。《九宮大成南北詞宮譜·北詞凡例》論及所錄曲譜的定調問題時說：「今度曲者用工字調最多，以其便於高下。」即在清代的北曲（南曲亦同）演唱中，使用最多的是工尺七調中筒音作 Sol 的小工調。因工尺七調之中，「乙字調最下，上字調次之，五字調最高，六字調次之」，若唱腔的旋律過高，則使用比小工調低的尺字調、上字調或乙字調；若唱腔旋律過低，則使用比小工調高的凡字調、六字調甚至正宮調（四字調）。〔註 20〕在清代南北曲的唱腔宮調系統中，筒音作 Re 的四字調被視爲正調，調高爲 1＝G；筒音作 Sol 的小工調爲其反調，調高爲 1＝D。南北曲唱腔中起支撐作用的正反調管色指法，與元雜劇音樂的正、反調關係截然不同。

然而，《九宮大成南北詞宮譜》的編者，對金元至明清戲曲宮調結構的這一重大變化並未深究，不僅爲配合十二月令將仙呂宮與仙呂調、中呂宮與中

〔註 19〕　參見楊蔭瀏《中國音樂史綱》，載中國藝術研究院音樂研究所編《楊蔭瀏全集》（第一冊），合肥：安徽文藝出版社，2009 年，第 255 頁。

〔註 20〕　〔清〕周祥鈺等：《新定九宮大成南北詞宮譜·北詞凡例》，古書流通處 1923年影印清乾隆十一年刻本，《續修四庫全書》（第 1753 冊）影印本，上海：上海古籍出版社，2003 年，第 623 頁。

呂調等強扭在一起,更做出論說曰:「今譜中仙呂調爲首調,工尺調法,七調具備。下不過乙,高不過五,旋宮轉調,自可相通,抑可便俗。以下各宮調,俱從正調出。」〔註21〕《九宮大成》的編者儘管注意到了「元曲尤重仙呂」的特點,將這一宮調的曲牌置於篇首,但他們並未顧及不同時代戲曲宮調的不同特點,徑直將南北曲的正調(筒音作 Re 的四字調),與元雜劇的正調(筒音作 Mi 的仙呂宮)不加區分地混爲一談,不能不說是宮調認知方面的誤區。也正因如此,後世曲家或學者大多以《九宮大成》爲據,以正宮調或小工調系統工尺七調爲標準,解讀元雜劇的各折宮調含義,便很自然地得出元雜劇宮調不可解,甚至「元曲同一宮調名稱的涵義與南宋燕樂宮調完全相異」的論斷了。

筆者立足宋元宮調傳承的一致性,從管色實踐角度解讀元雜劇宮調含義,指出仙呂宮與中呂宮二均調高之間的「正調-反調」關係,是構成元雜劇宮調結構的基礎與核心,並非僅是出於歷史邏輯的理論推演。結合當今傳統音樂遺存和清代俗樂宮調應用情況,可以看到這一論斷在戲曲宮調實踐方面較爲有力的支撐。

1、元雜劇宮調特徵在傳統戲曲音樂中的遺留

從當今歷史悠久的傳統音樂遺存看,一些傳統劇種(曲種)的宮調結構,表現出與元雜劇宮調體系驚人的一致或相似。以二人臺爲例,這是廣泛流行於內蒙古自治區中部和西部、山西北部、陝北榆林及河北張家口等地區的民間歌舞戲曲。關於二人臺的形成時間,學術界尚無統一認識,一般認爲其淵源可追溯到清朝初期。「清代,山西、陝西、河北等省人民爲生活所迫,逃向口外墾荒屯田,隨之帶來各地的民間藝術如社火、地方小曲等,結合當地的民歌小調形成二人臺音樂的初期形式。」〔註22〕清中葉至清晚期,二人臺逐漸發展爲具有戲曲表演特點的地方小戲。

二人臺的主要伴奏樂器是「梅」(又寫作「枚」)、四胡、揚琴和四塊瓦,以管色「梅」爲核心樂器,民間有「梅是骨頭,四胡爲肉,揚琴中間裏著奏,

---

〔註21〕 〔清〕周祥鈺等:《新定九宮大成南北詞宮譜·北詞凡例》,古書流通處 1923年影印清乾隆十一年刻本,《續修四庫全書》(第 1753 冊)影印本,上海:上海古籍出版社,2003 年,第 623 頁。

〔註22〕 中國藝術研究院音樂研究所《中國音樂詞典》編輯部編:《中國音樂詞典》,北京:人民音樂出版社,1985 年,第 97 頁。

四塊瓦打上才風味兒夠」〔註23〕的說法。隨著劇種不斷完善發展，二人臺伴奏中又加入三弦、琵琶、笙、二胡、阮、嗩吶及木魚、碰鍾等樂器，使樂隊音色進一步豐富。其中的核心伴奏樂器梅，一般長約 60 釐米，內徑約 1.7 釐米，六個指孔間距相等，音孔呈橢圓形，笛膜孔呈圓形，略小於吹孔和指孔，筒音為小字一組的 a^1。〔註24〕二人臺梅的筒音音高標準，與元代俗樂管色樂器筒音「合」字音高完全一致。儘管進入 20 世紀以來，尤其 20 世紀 50 年代之後，隨著傳統樂器改革和新型民族管絃樂隊的出現，在「新音樂」的影響和衝擊下，梅逐漸被更為普遍的非勻孔笛取代，梅的勻孔音位設計也發生一定程度變異，但其在音孔形制和音高標準方面，與元雜劇笛色的一致性是顯而易見的。

據蕭舒文《馮子存笛曲與二人臺音樂關係的調查與研究》一文對二人臺藝術家的採訪，在二人臺流行區域，梅與笛子均被視為兩種不同的樂器。首先是二者在形制上有差異，梅為平均孔距，現今笛為非平均孔；更重要的差異在於，梅在當地被認為是專門演奏二人臺音樂的吹管樂器，有著自身特定的行腔風格，其氣息飽滿，音色明亮、乾淨、有力度，是二人臺音樂的重要組成部份。據內蒙古二人臺藝術團梅演奏者楊福義所言，當地二人臺伴奏使用的笛子為 F、♭E 調居多，但演出傳統劇或演奏牌子曲時，多使用 D 調笛，有時使用 C 調笛。從前樂隊定音以梅為準，現在則以電子琴定音。包頭市漫瀚劇團梅演奏者翟德勝演奏的梅，形式與現今笛子相仿，D 調，但為平均孔形制。當地二人臺使用一支梅演奏 F、♭B、C、♭E 四個調，音準主要靠氣息控制，以手指按半孔作為輔助。梅的筒音可以做 Mi、Si、La、Fa 四種，因為梅為平均孔距設計，因此音準、音色的掌握相對於笛子演奏這些調高要容易一些。包頭市土默特右旗薩拉齊的梅演奏者張毅採用的指法，同樣為筒音作Mi、Si、La、Fa 四種。〔註25〕

二人臺音樂的調高一般為四種，即硬四字（F 調）、滿六字（♭B 調）、三眼（C 調）、下五眼（♭E 調）。梅的調高選擇，與二人臺音樂的調高是完全一

〔註23〕陶雅：《二人臺「梅」竹笛之關係探究》，東北師範大學碩士論文，2013 年，第 15 頁。

〔註24〕陶雅：《二人臺「梅」竹笛之關係探究》，東北師範大學碩士論文，2013 年，第 17 頁。

〔註25〕蕭舒文：《馮子存笛曲與二人臺音樂關係的調查與研究》，中國音樂學院碩士學位論文，2004 年，第 5、8、10、11 頁。

致的。現將二人臺 D 調梅（筒音為 a¹）的常用調高與指法，及其與元雜劇管色調高的對應關係，列表整理如下（表 5－3）：

表 5－3：二人臺與元雜劇調高及管色指法對照表

<table>
<tr><td rowspan="4">二人臺調高</td><td>梅的常用調高</td><td colspan="2">——</td><td>1＝C</td><td>1＝F</td><td>1＝ᵇB</td><td>1＝ᵇE</td><td>——</td></tr>
<tr><td>二人臺用調名</td><td colspan="2">——</td><td>三眼</td><td>硬四字</td><td>滿六字</td><td>下五眼</td><td>——</td></tr>
<tr><td>梅的筒音指法</td><td colspan="2">——</td><td>筒音＝La</td><td>筒音＝Mi</td><td>筒音＝Si</td><td>筒音＝Fa(ᵗFa)</td><td>——</td></tr>
<tr><td>梅的筒音音高</td><td colspan="6">D 調，筒音為小字一組 a¹</td></tr>
<tr><td rowspan="5">元雜劇調高</td><td>元代雜劇調高</td><td>1＝G</td><td>1＝C</td><td>1＝F</td><td>1＝ᵇB</td><td colspan="2">1＝E</td><td>1＝A</td></tr>
<tr><td>元代俗樂調名</td><td>黃鍾宮均</td><td>中呂宮均</td><td>仙呂宮均</td><td>——</td><td colspan="2">南呂宮均</td><td>正宮均</td></tr>
<tr><td>雜劇管色指法</td><td>筒音＝Re</td><td>筒音＝La</td><td>筒音＝Mi</td><td>——</td><td colspan="2">筒音＝Fa</td><td>筒音＝Do</td></tr>
<tr><td>各調所佔比例</td><td>12%</td><td>31%</td><td>36%</td><td>——</td><td colspan="2">9%</td><td>12%</td></tr>
<tr><td>雜劇管色筒音</td><td colspan="7">D 調，筒音為小字一組 a¹</td></tr>
</table>

上表中各列調高，基本按五度相生關係排列。其中 ᵇE 與 E 兩調高相對應，是勻孔管色樂器「翻七調」時，各調間並不嚴格的純五度關係所致。在「七宮還原」的管色演奏實踐中，由 ᵇB 調到 E 調或 ᵇE 調的轉換，並不存在任何技術障礙，兩調之間的五度關係約為狹五度（686 音分）。〔註26〕同時，由於傳統勻孔樂器上「低凡」與「高凡」字並無嚴格區分〔註27〕，筒音作 Fa 時對應的調高亦可為 ᵇE，這一點在二人臺藝人的講述中可得到印證。也就是說，二人臺音樂中調高為 ᵇE 的下五眼調，與元雜劇中調高為 E 的南呂宮均，二者採用的管色指法均為筒音作 Fa（或ᵗFa），在勻孔樂器實踐中是完全可以互通的。

〔註26〕參見李宏鋒《判天地之美，析萬物之理——論律學研究在音樂遺產保護中的作用》一文對「七宮還原」的律學分析，載田青、秦序主編《音樂類非物質文化遺產保護國際學術研討會論文集》，北京：文化藝術出版社，2009 年，第 頁。

〔註27〕黃翔鵬先生指出：「宋、元以後，改用『曲笛』等勻孔管樂器，改用『箏』等無固定半音指位的絃樂器代替應律樂器，實為憑藉演奏者控制音高變化的能力，為該樂器中難於準確發音的某些律高，奏出了『代用品』。」參見黃翔鵬《二人臺音樂中埋藏著的珍寶》，原載《中國音樂學》1997 年第 3 期，後收入中國藝術研究院音樂研究所編《黃翔鵬文存》，濟南：山東文藝出版社，2007 年，第 1015 頁。

不難看出，除了元雜劇中並未出現的調高爲 ♭B 的滿六字調（高宮均）之外，二人臺的常用「四調」完全在元雜劇宮調的五均範圍內，二者核心調高均爲管色筒音作 Mi 的 F 調，且與筒音作 La 的 C 調形成正、反調關係。傳統戲曲音樂中的這種宮調結構，與元雜劇的宮調應用高度一致，爲我們考索元代宮調實踐的具體情況，提供了難能可貴的資料。黃翔鵬先生曾通過對二人臺音樂《出鼓子》的宮調分析，指出該曲爲宋初歐陽修所處時代填詞爲據的「十二月鼓子詞」，認爲這是宋元以來說唱、戲曲音樂形成連套原則之處繼承唐、五代歌舞二十八調音樂套曲規律的一套可靠的歷史標本，〔註 28〕就是對二人臺蘊含古老歷史音樂信息的又一證明。儘管作爲地方劇種的二人臺藝術，戲曲表演完整程序的定型並不十分久遠，但其使用的音樂素材、宮調結構等較爲穩定的音樂元素，與宋元以來說唱、戲曲音樂間存在千絲萬縷的聯繫，則是具有「高文化」特點的中國傳統音樂傳承中不容否認的事實。

綜合對比傳統二人臺與元雜劇的表演形式，二者均以管色樂器主奏，以笛、板、鼓爲伴奏樂隊主體，均爲曲牌體音樂結構，且均流行於北方地區，諸如此類表演體制方面的契合之處，爲探尋傳統音樂與歷史音樂的內在聯繫提供了重要信息。例如，二人臺傳統曲牌音樂中，對 Mi、Si 二音的強調十分普遍。以二人臺牌子曲《萬年歡》爲例，樂曲十分強調 Si 音，Si 在樂曲中起著骨幹音作用，常常在重要位置出現，或以長音形式強調。這是管色樂器筒音作 Mi 演奏指法所形成的特殊韻腔效果，很可能在一定程度上折射出元雜劇宮調乃至旋法方面的某些特徵。我們或可進一步通過對二人臺傳統曲牌音樂和《九宮大成南北詞宮譜》中北曲音樂要素的提煉對比，尋得元代雜劇音樂形態結構方面更爲清晰的特徵。這也是筆者考證宋元以來的宮調理論與實踐應用，並在此基礎上努力構建中國音樂風格史的重要研究內容之一。〔註 29〕

2、元雜劇宮調在清代北曲的遺存及其與工尺七調的關係

從清代北曲的俗樂宮調應用方面看，一些曲牌宮調的實際調高選擇，也保存了若乾元雜劇宮調樂學內涵的歷史信息。清初以來，工尺七調成爲戲曲

〔註 28〕參見黃翔鵬《二人臺音樂中埋藏著的珍寶》，原載《中國音樂學》1997 年第 3 期，後收入中國藝術研究院音樂研究所編《黃翔鵬文存》（下冊），濟南：山東文藝出版社，2007 年，第 1021 頁。

〔註 29〕囿於時間精力和本課題研究範圍，對於元雜劇音樂形態風格的詳細考證，筆者擬在今後研究中陸續展開。

音樂標記調高的主要方式，宋元時代的俗樂調名雖然仍在曲譜中保留，但樂人已不再看重其調高和煞聲功能，他們更爲熟悉的宮調語言是指示管色調高的工尺七調。保存至今的元雜劇全折（齣）樂譜，均爲清代學者整理的北曲工尺譜，其中一些折（齣）標記有工尺調名。將這些標有工尺調名的折（齣）與其在元雜劇中所屬宮調相比較，並考慮不同時代調名體系的管色指法特徵和標準音高變遷，可以看出一些折（齣）的調名雖屬不同宮調系統，但二者在調高指示方面依然一致。鑒於北曲曲牌音樂傳承相對穩定的特徵，這些工尺七調與元雜劇宮調調高相吻合的例證，也可在一定程度上折射出元代俗樂宮調的樂學內涵。下面就依據本著第四章總結的「存見元雜劇折（齣）樂譜宮調應用一覽表」（表 4－2），梳理其中調高統一的各折（齣）工尺七調與俗樂宮調情況，以窺元雜劇宮調調高含義的歷史存留。

（1）關漢卿《單刀會·訓子》（第三折）

該折文學腳本，《元曲選外編》據《孤本元明雜劇》收錄，宮調爲「中呂」。該折樂譜見於以下曲集：《納書楹曲譜》續集卷二《單刀會·訓子》，屬「仙呂」宮調；《六也曲譜》元集卷六《三國志·訓子》，屬於「六調」；《集成曲譜》玉集卷一《單刀會·訓子》，入「六字調」。

《納書楹曲譜》將《單刀會·訓子》一折標爲仙呂，實爲元曲「五宮四調」之仙呂宮。其後的《六也曲譜》、《集成曲譜》等，改爲當時常用的工尺調名「六字調」。據張炎《詞源》八十四調表可知，仙呂宮笛色筒音爲 Mi，元代俗樂笛色筒音爲 a^1，仙呂宮調高爲 1＝F，與清代六字調的調高（1＝F）和管色指法（六字調管色筒音亦作 Mi）完全吻合。現存《孤本元明雜劇》收錄的《單刀會》第三折（訓子）爲「中呂宮」，與《納書楹曲譜》調名不相一致，很可能是清人葉堂編訂元人曲譜時另有所據，亦或元雜劇文本傳承中的錯訛所致。清人諸曲譜集中，將此折定爲樂學內涵一致的「仙呂宮」和「六字調」，一定程度上說明俗樂調名的調高指示功能在元代以來的戲曲傳承中，並未隨宮調體系和記譜法、唱名法的變遷而完全消失。

（2）吳昌齡《唐三藏·回回》

該折文學腳本，《元曲選》、《元曲選外編》均無。此折樂譜見於：《九宮大成》卷六十七之《唐三藏》，屬「雙角」；《納書楹曲譜》續集卷二，屬「雙調」；《集成曲譜》振集卷一，屬「尺調」。據前文分析可知，《九宮大成》所載「雙角」實爲「雙調」，《納書楹曲譜》將其歸入雙調是正確的。雙調屬中

呂宮均，管色筒音作 La，調高爲 1＝C。《集成曲譜》所載《唐三藏·回回》一折樂調爲「尺字調」，對應調高爲 1＝C，管色指法爲筒音作 La，與中呂宮調高一致。可見，宋元俗樂調名在清代乃至明代，依然蘊含著某種調高指示功能。

（3）孔學詩《東窗事犯·掃秦》（第二折）

此折文學腳本，見《元曲選外編》之《地藏王證東窗事犯》第二折，屬「中呂」。此折樂譜見於：《九宮大成》卷十五《東窗事犯》，屬「中呂調」；《納書楹曲譜》正集卷二，入「中呂調」；《遏雲閣曲譜》下函卷十二，入「尺字調」；《集成曲譜》金集卷一，屬「尺調」；《與眾曲譜》卷一屬「尺調」。

《納書楹曲譜》所載此折的宮調和曲牌，與《九宮大成》相同。其中《納書楹曲譜》的【粉蝶兒】，對應《九宮大成》的【又一體】唱詞，但二者旋律並不一致。從工尺譜字形式看，《納書楹曲譜》的記譜比《九宮大成》高二度音程。其中之因，可能葉堂編訂《東窗事犯·掃秦》曲譜時另有所本，也可能葉堂認爲《九宮大成》譜調高偏低，特以固定唱名法將樂曲移高二度記寫。從《九宮大成》與《納書楹曲譜》所載均爲「中呂調」看，清人很可能延續了元雜劇「中呂宮」指示特定調高的傳統，特在此基礎上高二度記譜，實現提高旋律調高的目的。

《遏雲閣曲譜》中的《東窗事犯·掃秦》與《納書楹曲譜》相比，缺少【耍孩兒】曲牌。《遏雲閣曲譜》未標記俗樂調名，僅在開始處標爲「尺字調」（1＝C），但所記工尺譜旋律大抵與《納書楹曲譜》相同。從張炎八十四調結構表看，俗樂宮調的「中呂宮」對應管色筒音爲 La（1＝C），其調高即後世工尺七調中的「尺字調」。元代保傳承至清代的「中呂調」，可能依然保留了原來的調高含義。

（4）楊梓《敬德不服老·北詐》（第三折）

此折文學腳本，見《元曲選外編》之《功臣宴敬德不伏老》第三折，屬「越調」。其樂譜見於：《九宮大成》卷二十八《不伏老》，屬「越角」；《納書楹曲譜》正集卷二《不伏老·北詐》入「越角」，與《九宮大成》同；《集成曲譜》金集卷一，入「六或凡調」。

《敬德不服老·北詐》一折，《九宮大成》與《納書楹曲譜》均標爲越角，實爲元代五宮四調之越調，在張炎八十四調表中爲無射均，管色筒音作 Re。黃翔鵬先生《怎樣確認〈九宮大成〉元散曲中仍存眞元之聲》一文，曾

引《九宮大成》中的「越調」【天淨沙】一曲，指出其屬於北宋太常律越調，爲 ♭E 均 F 宮清商音階，爲清代工尺七調中的六字調。由此觀之，《集成曲譜》將《敬德不服老・北詐》一折標爲六字調，說明《北詐》一折之越調可能亦屬北宋太常律。黃先生指出：「大晟律一般說是元代後期才有，明太常律更在後。大晟律樂調後來一直被沿用，因此後世的人如果只知道張炎《詞源》中所列大晟律樂調的話，做出來的就只能是小工調，而不會是《九宮大成》中的那種六字調。」〔註30〕《北詐》一折在《集成曲譜》中被標爲六字調，反映出北宋太常律以及清商音階結構在此折曲牌應用中的制約作用。

（5）金仁傑《追韓信・追信》（第二折）

此折文學腳本，見《元曲選外編》之《蕭何月夜追韓信》第二折，屬「雙調」。此折曲譜見於：《九宮大成》卷六十七之《千金記》，屬「雙角」；《納書楹曲譜》續集卷二《千金記・追信》，屬「雙角」；《六也曲譜》貞集卷二十《千金記・追信》，歸入「尺調」；《集成曲譜》玉集卷四《千金記・追信》，屬「尺調」。按，《九宮大成》與《納書楹曲譜》之雙角實爲元代雙調，其管色指法與尺字調一致，均爲筒音作 La。元俗樂笛筒音爲 a^1，雙調調高爲夾鍾 C 均。清代工尺七調之尺字調亦爲 1＝C，與元雜劇雙調調高吻合。此與前面吳昌齡《唐三藏・回回》一折宮調情況相同。

（6）喬吉《兩世姻緣・離魂》（第二折）

此折文學腳本，見於《元曲選》之《兩世姻緣》第二折，屬「商調」。此折樂譜見於以下曲集：《九宮大成》卷六十之《元人百種》，入「商角」；《納書楹曲譜》正集卷二之《兩世姻緣・離魂》，與《九宮大成》同屬「商角」；《集成曲譜》振集卷一之《兩世姻緣・離魂》，屬「六調」。按，《九宮大成》與《納書楹曲譜》之商角，實爲元代商調，屬仙呂宮均，管色指法筒音作 Mi。六調即六字調，筒音同樣爲 Mi。商調與六字調調高吻合，均爲 1＝F。這一情況，與前面關漢卿《單刀會・訓子》一折中仙呂和六字調的一致性相同。

（7）朱凱《昊天塔・五臺》（第四折）

此折文學腳本，見《元曲選》之《昊天塔》第四折，屬「雙調」。此折樂譜見於：《納書楹曲譜》正集卷二《昊天塔・五臺》，屬「雙調」；《集成曲

〔註30〕黃翔鵬：《怎樣確認〈九宮大成〉元散曲中仍存眞元之聲》，原載《戲曲藝術》1994 年第 4 期，收入中國藝術研究院音樂研究所編《黃翔鵬文存》（下卷），濟南：山東文藝出版社，2007 年，第 1033～1034 頁。

譜》聲集卷一《昊天塔・五臺》，入「尺字調」。按，雙調、尺字調，筒音均為 La，二者調高與管色指法相合。可參見前文對吳昌齡《唐三藏・回回》一折的分析。

（8）無名氏《馬陵道・孫詐》（第三折）

此折文學腳本，見《元曲選》之《馬陵道》第三折，屬「雙調」。此折樂譜見於：《納書楹曲譜》正集卷二《馬陵道・孫詐》，屬「雙角」；《集成曲譜》聲集卷一《馬陵道・孫詐》，屬「尺調」。按，《納書楹曲譜》之「雙角」，應為元雜劇雙調，屬中呂宮均，管色筒音作 La，清工尺七調之尺字調笛筒音亦作 La，二者調高與管色指法完全相同。參見前面對吳昌齡《唐三藏・回回》一折的分析。

（9）無名氏《貨郎擔・女彈》（第四折）

此折文學腳本，見《元曲選》之《貨郎擔》第四折，屬「南呂」宮均。該折樂譜見於：《納書楹曲譜》正集卷二《貨郎擔・女彈》，屬「南呂」；《集成曲譜》聲集卷一《貨郎擔・女彈》，入「凡調」。按，南呂宮屬南呂宮均，管色指法為筒音作 Fa，凡字調指法筒音亦作 Fa。依照元俗樂笛新音階主調音 a^1，二者調高相同，均為 1＝^{b}E。

（10）楊訥《西遊記・認子》（江流認親）

此折文學腳本，見《元曲選外編・西遊記》之第三齣《江流認親》，屬「商調－仙呂－商調」。該折樂譜見於：《九宮大成》卷六十《西天取經》，入「商角」；《納書楹曲譜》續集卷三《西遊記・認子》，入「商調」；《遏雲閣曲譜》下集卷十二《慈悲願・認子》，入「六字調」後庭芳；《六也曲譜》利集卷十四《慈悲願・認子》，入「六調」；《集成曲譜》振集卷二《西遊記・認子》，入「六調」。按，商調、仙呂調均為仙呂宮均，《九宮大成》之商角實為元雜曲之商調，筒音作 Mi，六字調筒音亦作 Mi，二者管色指法和調高相合。

對比第四章第二節之「存見元雜劇折（齣）樂譜宮調應用一覽表」（表 4－2）可知，在傳承至今的 17 折（齣）帶有俗樂調名和工尺調名標記的元雜劇中，有半數以上樂譜的工尺調名調高與其對應的元代俗樂宮調一致。這種情況若僅存個別一、二例，尚可認作是不同時代、不同系統宮調在調高方面的巧合。但這種調高相互吻合情況在清代北曲樂譜中普遍存在，就不能不說是俗樂二十八調傳承中調高內涵延續性的體現了。雖然元雜劇在有明一代經過唱腔昆化、調名系統變更、唱名法改易等變遷，已非元代雜劇音樂原貌，

但其採用的俗樂調名卻依然保存著原始管色指法的含義，並在明清之際轉化為與俗樂宮調系統相對應的工尺七調系統。也就是說，儘管元雜劇所用以「五宮四調」為主體的宮調，已不能構成完整的俗樂二十八調結構，但其各宮調名的調高指示功能並未消失。元雜劇的管色伴奏歷史、北曲在清代的傳承以及相關傳統音樂的現代遺存，都明確說明俗樂宮調的「七均傳統」在雜劇和北曲盛行時代，依然發揮著指示調高和管色指法的重要功能。

現綜合前文所述，將元雜劇宮調的內在結構及其與清代工尺七調的對應關係，列表如下（表5-4）。表中列出了十二律呂、元俗樂律、工尺譜字、俗字譜字和笛色孔序，另有各俗樂調名與笛色筒音和清代工尺七調的對應關係，以及元雜劇「五均」中各均所佔的百分比。其中灰底色調名為元雜劇宮調所未用，為清晰說明其宮調結構與張炎《詞源》二十八調系統的關係，特一併列出參照。

表5-4：元雜劇宮調結構及其與工尺七調對應關係表

十二律名	黃鍾	大呂	太簇	夾鍾	姑洗	仲呂	蕤賓	林鍾	夷則	南呂	無射	應鍾
元俗樂律	A	♭B	B	C	#C	D	♭E	E	F	#F	G	♭A
固定工尺	合六	下四下五	四五	下乙	乙	上	勾	尺	下工	工	下凡	凡
俗字譜式	ㄙ	⊘	マ	⊖	一	ㄣ	ㄥ	人	⊘	㇇	⑪	刂
笛色孔序	筒	①	②		③		④		⑤		⑥	
五宮	正宮	高宮		中呂宮		道宮		南呂宮	仙呂宮		黃鍾宮	
四調	大石調	高大石調		雙調		小石調		歇指調	商調		越調	
羽調	般涉調	高般涉調		中呂調		正平調		高平調	仙呂調		黃鍾羽	
筒音指法	Do	Si		La		Sol		Fa	Mi		Re	
工尺調名	乙字調	上字調		尺字調		小工調		凡字調	六字調		正宮調	五字調
各均比例	12%	0%		31%		0%		9%	36%		12%	

說明：表中灰底色調名，未在現存元雜劇文本中出現。

三、元雜劇各折（齣）宮調的調高連接與調性佈局

根據本文附錄四所列《現存元雜劇各折（齣）宮調應用統計表》，可對現存 162 部元雜劇各折（齣）的宮調作進一步梳理，從宏觀方面關照各折（齣）宮調的調（均）高關係，更深入認知元雜劇在調高連接和整體調性佈局方面的某些特徵。

元雜劇的結構多爲一本四折（少數劇目一本五折），各折間宮調不同，每折一般只用一個宮調，個別劇目存在一折中使用兩個以上宮調的情況，如《牆頭馬上》的第二折用了南呂和黃鍾兩調，《梧桐雨》第四折使用正宮和黃鍾兩調，《西遊記》的第一本第三齣使用了「商調－仙呂－商調」的調性佈局等。一本四（五）折的結構，使得首折（第一折）和末折（第四折或第五折）的宮調，成爲整部元雜劇宏觀曲式「起調畢曲」的主要調高標誌。我們可通過對首折、末折和中間各折的宮調統計分析，窺見元雜劇「宮調佈局」的一般特徵。

首先，元雜劇的首折宮調，絕大多數爲仙呂宮起調。據《現存元雜劇各折（齣）宮調應用統計表》，現存 162 部元雜劇中只有兩部爲多本結構：《西廂記》共計五本，《西遊記》共計六本，每本均包含四折（齣）。我們可從結構規模角度，將這 9 本雜劇和其它 160 部雜劇並列，得到規模大致均等的 171 部（本）雜劇總量。這些雜劇文本中，首折不在仙呂宮起調者僅爲 3 部，其餘 168 部（本）均將仙呂宮用作第一折宮調，占全部劇目的 98%，充分反映出仙呂宮在元雜劇宮調結構中的核心地位。此外，三部首折非仙呂宮的雜劇中，《西廂記》第五本的第一折雖爲商調，但仍屬於仙呂宮均調高，且第一折之前的楔子仍用仙呂宮；《燕青博魚》的第一折爲大石調，但前有仙呂宮楔子；只有《黑旋風》的第一折從正宮開始，且前面無仙呂宮楔子。仙呂宮在元雜劇中的主導地位可見一斑。

其次，從元雜劇末折的宮調情況看，大多數劇目都以「中呂宮均」的中呂宮或雙調結束，共計 142 部（本），占全部雜劇總量的 83%；26 部（本）未在中呂宮均調高結束，占雜劇總量的 17%。這些末折未在中呂宮均收束的劇目情況如下：

(1) 結束於正宮均者計 12 部（本），均爲正宮調名，劇目包括：《瀟湘雨》、《虎頭牌》、《黃粱夢》、《竹葉舟》、《盆兒鬼》、《趙氏孤兒》、《雙赴夢》、《三奪槊》、《東窗事犯》、《三戰呂布》、《追韓信》、《西遊記》

第二本。

（2）結束於黃鍾宮均者計14部（本），其中黃鍾宮8部（本），劇目包括：《梧桐雨》、《倩女離魂》、《單鞭奪槊》、《氣英布》、《蕭淑蘭》、《存孝打虎》、《西遊記》第五本、《黃花峪》；越調6部（本），劇目包括：《看錢奴》、《西廂記》第二本、《西廂記》第三本、《介子推》、《西遊記》第三本、《西遊記》第四本。

（3）結束於南呂宮均者計2部（本），為南呂宮，劇目為《貨郎旦》和《黃鶴樓》。

（4）結束於仙呂宮均者僅1部（本），為商調，劇目為《五侯宴》。

絕大多數元雜劇都結束於主調仙呂宮的上方五度調──中呂宮或雙調，且首折多從仙呂宮起調，反映出「仙呂－中呂」五度調性關係，在元雜劇宮調佈局中的核心作用。整部（本）元雜劇的宮調，基本在「首折－末折」的「仙呂－中呂」五度調性關係框架內展開，中間第二、三折以其它宮調形成調性的變化與對比，最終收束於主調上方的五度關係調。元雜劇的整體宮調結構，並不注重結尾部份對開始主調調性的再現，末折結束於仙呂宮均、與首折仙呂宮調高相同的劇目僅見《五侯宴》一例。這種類似在主調之「屬調」結束全曲的宮調模式，與奏鳴曲、交響曲等近代西方音樂體裁強調主調再現、調性回歸等情況完全不同。

再次，元雜劇一本四（五）折的結構中，有時會在折前加用「楔子」，起交代背景、介紹人物、連貫劇情等作用。值得注意的是，這些穿插於各折之間的楔子，其宮調絕大多數為仙呂宮，共計109處（元雜劇文本中，有5處楔子未標宮調，暫按仙呂宮統計），占全部楔子宮調的95%。不用仙呂宮的楔子僅6處，分別是：《黑旋風》第二折前的越調楔子；《王粲登樓》第一折前的中呂宮楔子；《澠池會》第一折前的正宮楔子；《西廂記》第二本第二折前的正宮楔子；《千里獨行》第一折前的正宮楔子；《村樂堂》第三折前的雙調楔子。以上統計表明，楔子雖然並非元雜劇一本四（五）折的必備結構，但只要劇中使用楔子，一般均將其選定為仙呂宮。結合楔子在元雜劇文本結構中的作用分析，楔子的仙呂宮調性顯然具有連接各折宮調的主調貫穿含義，是凸顯主調、統一其它各均宮調的核心要素之一。

最後，從元雜劇第二、三（四）等中間各折（齣）的宮調情況看，第二折宮調體現著元雜劇主調（仙呂宮）呈現後步入展開階段時的調性思維，倒

數第二折宮調則反映出結束調性（中呂宮）的終止形式，即從何調準備並進入結束調性。首先考察元雜劇第二折的宮調應用情況。元雜劇在第一折 F 均仙呂宮（或商調）起調者共 168 部（本）〔註31〕，後面所接第二折的宮調〔註32〕情況爲：接 E 均南呂宮者，共 66 種；接 A 均正宮（43）或大石調（1）者，共 44 種；接 C 均中呂宮（31）或雙調（6）者，共 37 種；接 G 均越調（12）或黃鍾宮（1）者，共 13 種；接 F 均商調者，共 8 種。以上數據以及第二折各宮調所佔百分比，可列圖表總結如下（表 5－5，圖 5－6）：

表 5－5：元雜劇第一折仙呂宮均後接第二折宮調統計表

均主	E 均	A 均		C 均		G 均		F 均
調名	南呂宮	正宮	大石調	中呂宮	雙調	越調	黃鍾宮	商調
數量	66	43	1	31	6	12	1	8
總量	66	44		37		13		8
比例	39%	26%		22%		8%		5%

圖 5－6：元雜劇第一折仙呂宮均後接第二折宮調分佈圖

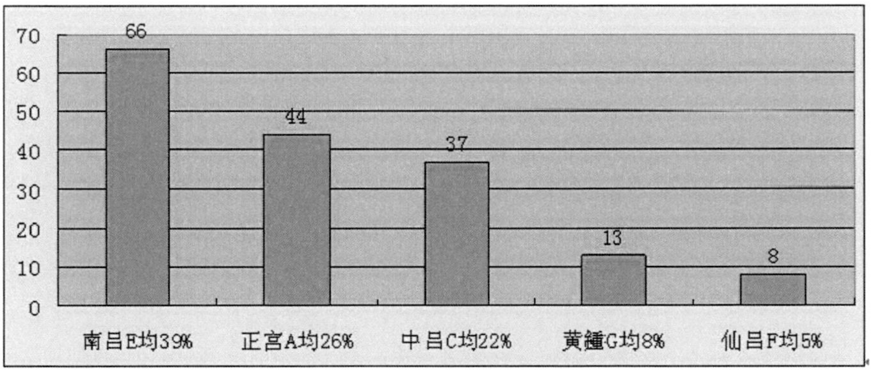

在 168 部（本）第一折爲 F 均起調的元雜劇中，其後第二折接 E 均（南呂宮）、A 均（正宮、大石調）者爲 65%，占全部劇目的一半以上；接 C 均（中

〔註31〕在 171 部（本）現存元雜劇作品中，《西廂記》第一本第二折未標宮調，另有《燕青博魚》第一折爲大石調，《黑旋風》第一折爲正宮，均未統計在內，故得第一折以仙呂宮（或商調）起調者 168 部（本）。

〔註32〕按，元雜劇有些劇目的第二折中，使用了兩種或兩種以上宮調。考慮到首次出現的宮調更能反映本折宮調特性，這裡特按首次出現的宮調統計。

呂宮、雙調）、G均（越調、黃鍾宮）者占30%；接與第一折仙呂宮同均的商調者，僅占5%；第二折完全不用與第一折宮調相同的仙呂宮。從元雜劇第二折各均宮調所佔百分比的階梯狀分佈可以看出，與主調仙呂宮均呈小二度關係的南呂宮均使用最多，其次為四級關係的正宮均和一級關係的中呂宮均、二級關係的黃鍾宮均，與仙呂宮同均的商調使用得最少。由此，元雜劇第二折宮調選擇方面的一般規律，可嘗試總結為：與主調調性關係越遠者，使用頻率越高；與主調調性關係越近者，使用頻率越低。這是元雜劇在第一折主調呈現之後，為求得劇情進一步發展，採用的獨特宮調展開與佈局方法，值得充分重視。

元雜劇末折與倒數第二折的調關係方面，前文研究表明，末折以C均（中呂宮、雙調）結束者共計142部（本）〔註33〕，其前面倒數第二折的宮調〔註34〕應用情況為：C均中呂宮或雙調者56種（與末折雙調或中呂宮連用但調名不同，即「雙調接中呂宮」或「中呂宮接雙調」）；為G均黃鍾宮或越調者39種；為A均正宮或般涉調者30種（其中般涉調一種）；為F均商調者14種；為E均南呂宮者3種。以上數據以及倒數第二折所用各宮調所佔百分比，可列圖表總結如下（表5−6，圖5−7）：

表5−6：元雜劇末折中呂宮均前接倒數第二折宮調統計表

均主	C均		G均		A均		F均	E均
調名	中呂宮	雙調	越調	黃鍾宮	正宮	般涉調	商調	南呂宮
數量	45	11	31	8	29	1	14	3
總量	56		39		30		14	3
比例	39%		28%		21%		10%	2%

〔註33〕現存元雜劇中，末折未結束於C均（中呂宮、雙調）的劇目共計29部（本）。鑒於其不是元雜劇宮調結構的典型代表，這裡暫不列入統計範圍。

〔註34〕按，元雜劇有些劇目的倒數第二折中，使用了兩種或兩種以上宮調。考慮到本折最後出現的宮調，更能反映元雜劇結束時的宮調連接特性，這裡特按倒數第二折最後出現的宮調統計。

圖 5－7：元雜劇末折中呂宮均前接倒數第二折宮調分佈圖

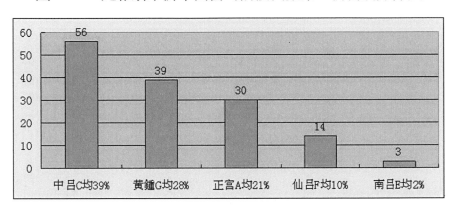

在 142 部（本）元雜劇末折 C 均（中呂宮、雙調）之前倒數第二折所用
宮調中，與末折均主相同的 C 均（中呂宮、雙調）比例最高，占全部劇目的
39%；與末折宮調呈一級關係的 G 均（越調、黃鍾宮）數量其次，占全部劇
目的 28%；中呂宮下方五度的 F 均（商調），比例爲 10%；呈三級和四級關係
的 A 均和 E 均，分別占全部劇目的 21%和 2%。以上調性分佈規律表明，元
雜劇倒數第二折在宮調使用上，十分注重對末折中呂宮均的「調性準備」，其
「調準備」方式主要有如下兩種：一是使用與末折相同均高的中呂宮或雙調，
直接呈現結束宮調的均高；二是採用與結束宮調呈四、五度關係的 G 均（越
調、黃鍾宮）或 F 均（商調），與末折宮調形成類似「下屬調－主調」或「屬
調－主調」關係的連接。和結束宮調呈三度遠關係的調性，由於與中呂宮均
調性相距較遠，不能明確預示或導出結束宮調，在元雜劇倒數第二折中僅占
四分之一弱（商調和南呂宮）。尤其與中呂宮呈大三度關係的南呂宮，作爲「調
準備」的使用率僅爲 2%。

綜合上述元雜劇各折（齣）的宮調應用特點，我們可對整部（本）元雜
劇的宏觀宮調佈局，得出以下規律性認識：

（1）元雜劇第一折及楔子部份尤重仙呂，以 F 均仙呂宮爲每部（本）劇作
　　 的主要調性；

（2）元雜劇末折多結束於主宮調上方五度的中呂宮均（中呂宮或雙調），
　　 在首折與末折間形成「仙呂均——中呂均」的五度關係框架，作爲全
　　 劇宮調佈局的基礎；

（3）首折陳述主調仙呂宮之後，第二折多以遠關係調作爲音樂展開的起始

調性，與主調的調關係越近，作爲第二折宮調的使用率越低，反之亦然；

（4）末折前注重對結束宮調的「調性準備」，與中呂宮或雙調同均的宮調使用率最高，一般說來調關係越遠，作爲「調準備」的可能性越小，反之亦然；

（5）元雜劇的楔子靈活穿插於各折之間，發揮著提示、鋪墊、過渡劇情等作用，幾乎全爲仙呂宮，在音樂方面具有貫穿核心宮調、增強樂曲統一的功能。

　　元雜劇的宮調連接和調性佈局特點，除了整部（本）劇目中各折（齣）間的宏觀宮調關係外，還包含同一折內不同宮調的微觀連接規律。一般說來，元雜劇的每一折（齣）使用一種宮調，但也偶有一折內使用不同宮調曲牌連綴的情況，曲家一般將這種宮調連接稱爲「借宮」。王力先生在《曲律學・曲的概說》一節，總結了元代雜劇和散曲中的「借宮」情形，反映出元曲在同折內調性連接的某些微觀特徵，現臚列如下，以備參考：

　　　　正宮：叫聲（借中呂）；鮑老兒（借中呂）；十二月（借中呂）；堯民歌（借中呂）；快活三（借中呂）；朝天子（借中呂）；村裏迓鼓（借仙呂）；元和令（借仙呂）；上馬嬌（借仙呂）；勝葫蘆（借仙呂）。

　　　　仙呂：得勝樂（借雙調）。

　　　　南呂：水仙子（借雙調）；荊山玉（借雙調）；竹枝歌（借雙調）；神杖兒（借黃鍾）。

　　　　中呂：脫布衫（借正宮）；小梁州（借正宮）；哨遍（借般涉）；耍孩兒（借般涉，最常見）；六么遍（借正宮）；六么序（借仙呂）；白鶴子（借正宮）；滾繡球（借正宮）；倘秀才（借正宮）；蠻姑兒（借正宮）；窮河西（借正宮）；呆骨朵（借正宮）；伴讀書（借正宮）；笑和尚（借正宮）；後庭花（借仙呂）；雙鴛鴦（借正宮）；牆頭花（借般涉）。

　　　　雙調：乾荷葉（借南呂）；梧桐樹（借南呂）、金字經（借南呂）；金盞兒（借仙呂）；賣花聲煞（借中呂）。

　　　　越調：醉中天（借仙呂）；醉扶歸（借仙呂）。

　　　　商調：後庭花（借仙呂）；青哥兒（借仙呂）；春閨怨（借雙調）；雁兒落（借雙調）；得勝令（借雙調）；小梁州（借正宮）；牡丹春（借

雙調）；秋江送（借雙調）；雙雁兒（借仙呂）；柳葉兒（借仙呂）；
上京馬（借仙呂）；山坡羊（借中呂）；四季花（借仙呂）；元和令（借
仙呂）；上馬嬌（借仙呂）；遊四門（借仙呂）；勝葫蘆（借仙呂）；
節節高（借黃鍾）；四門子（借黃鍾）。

　　關於同折調性連接即「借宮」的一般規律，王力先生指出：「可見借宮也
不是隨便可借的，大約須宮調相近，然後可借。譬如正宮與中呂、仙呂相近，
中呂與正宮、般涉相近，雙調與南呂相近，商調與仙呂、雙調相近，等等。」
〔註35〕但對於其中各個「相近」的諸調間到底存在怎樣的樂學聯繫，《曲律學》
並未給出明確說明。

　　統計王力先生所列各調的「借宮」情況不難發現，除 F 均的商調和仙呂
宮之外，其餘各宮調與其它曲牌的調性連接，使用最多的是與原調呈三度或
二度關係的宮調。例如，A 均正宮常與上下方三度關係的 C 均中呂和 F 均仙
呂相連；E 均南呂或借二度關係的 F 均雙調，或借三度關係的 G 均黃鍾；C
均中呂多連 A 均正宮或般涉調；C 均雙調多借 E 均南呂；G 均越調借下方三
度的 E 均仙呂；F 均商調借 A 均正宮或 G 均黃鍾等。一級調關係之內的宮調
連接並不多見，僅在 F 均商調、C 均雙調和 F 均仙呂中有所體現，分別是：C
均雙調借 F 均仙呂或 C 均中呂；F 均商調借 F 均仙呂或 C 均雙調、中呂；F
均仙呂借 C 均雙調。

　　由此可見，在元雜劇或元散曲同折內的宮調轉換中，成為當時人組織宮
調結構首選的，並非所謂相距四、五度的一級近關係調，而是與原調呈大小
二度、三度的各種遠關係調。這樣的宮調佈局，與元雜劇第二折具有展開性
質的調性安排是完全一致的。前文指出，元雜劇第二折多用遠關係調展開音
樂，「與主調的調關係越遠，作為第二折宮調的使用率越高」。同一折（齣）
之內的宮調轉換，顯然帶有進一步發展劇情的作用，此時採用關係較遠的調
性，正是元雜劇第二折宮調特點在同折宮調轉化中的體現。

四、元雜劇宮調煞聲內涵的延續與轉化

　　唐宋二十八調體系中的各俗樂調名，一般說來有兩方面樂學含義。其一
是對調高的指示，所謂「七均」；其二是對「煞聲」的限定，即所謂「四調」。

〔註35〕以上引文，參見王力《曲律學·曲的概說》，北京：中國人民大學出版社，2004
　　　年，第5～6頁。

二十八調體系以正聲音階爲理論基礎，規定每均可用音階的宮、商、羽、閏（變宮）作爲結音，形成四種煞聲形態，以供不同風格的樂曲選用。本著第一、三章已經指出，煞聲結於變宮音閏位的「角調」，由於獨特複雜的音列結構逐漸與時代音樂風格不相適應，至宋初已近失傳。兩宋以來在實踐中應用的二十八調調名，僅宮、商、羽三種煞聲形態而已。俗樂調名標識樂曲結音的「調式指示功能」，在南宋姜白石的《白石道人歌曲》中清晰可辨，即便在宋元之際熊朋來的《瑟譜·詩新譜》創作中，各「俗呼」調名的煞聲亦可與樂曲音列相符合。〔註36〕

此外，保存在宋末元初人陳元靚《事林廣記》中的《願成雙》俗字譜，各曲牌前標有「律名黃鍾宮，俗呼正宮」字樣。于韻菲的《也談諸宮調的宮調》一文，通過對該俗字譜的用音分析指出，構成《願成雙》套曲中的七曲中，【願成雙令】、【願成雙慢】、【獅子序】、【本宮破子】、【雙勝子急】、【三句兒】等六曲的煞聲爲「夂」（六），剩餘一首【賺】曲的煞聲是「厶」（合），均與「正宮」煞聲吻合。除《願成雙》譜七曲的結尾樂句落音在譜字「夂/厶」上之外，尚有 13 個樂句以「夂/厶」結束。《願成雙》的各樂段與絕大多數樂句都以「合」字煞，說明其旋律從頭至尾都穩定地表現出「正宮」的調性含義，《願成雙》譜前標記的「正宮」調名，是「實實在在地具有調高與調式的樂律學含義」的宮調名稱。〔註37〕

元雜劇所用俗樂調名包含的「煞聲」內涵，在宋元時代的相關樂論中也有一定程度的反映。《朱子語類》卷九十二載有朱熹論詩樂中的起調畢曲之語，其文曰：

> 大凡壓入音律，只以首尾二字，章首一字是某調，章尾只以某調終之，如《關雎》「關」字合作無射調，結尾亦著作無射聲應之；《葛覃》「葛」字合作黃鍾調，結尾亦著作黃鍾聲應之；如《七月流火》三章皆「七」字起，「七」字則是清聲調，末亦以清聲調結之；如「五月斯螽動股」，「二之日鑿冰衝衝」，「五」字「二」字皆是濁聲，黃鍾調，末以濁聲結之。〔註38〕

〔註36〕詳細論證，參見本著第四章第一節。

〔註37〕參見于韻菲《也談諸宮調的宮調》，《音樂研究》2014 年第 4 期，第 20～21 頁。

〔註38〕〔宋〕黎靖德編：《朱子語類》（第六冊）卷九十二，北京：中華書局，1986 年，第 2343～2344 頁。

　　南宋以《詩經》歌詞爲代表的詩樂作品，無論開頭還是結尾，都嚴格遵循各曲俗樂調名的煞聲規範，不僅結音與宮調主音相合，起音亦與煞聲相同。《事林廣記》卷八之「宮調結聲正訛」，在記載宋末元初唱曲時各宮調煞聲的基本規範後說：

> 右數宮調腔韻相似，極易訛入別調。若結聲不分，即謂之走腔；
> 駈駕高下不勻，即謂之諸宮調。故分別用聲清濁、高下、折與不折
> 以辨之。歌者當審結聲扭轉，取令歸本宮調也。〔註39〕

　　儘管文中「平直而微高」、「平直而去」、「直而高」、「微折而下」、「清高」、「平而去」等表示唱腔高低的術語，確切含義已難詳考，但從《事林廣記》和《詞源》對唱腔「結聲」（煞聲）的突出強調可知，宋末元初的音樂實踐中，對樂曲宮調煞聲的規範是比較重視的。其中之因，與當時音樂中普遍使用固定唱名記譜法密切相關。在宋元時代固定唱名的俗字譜體系中，各均主高低、主音位置等調性信息，全靠樂曲開頭的俗樂調名指示。演唱者首先需要根據調名確定俗字譜中各音的高低半音位置，這就需要演唱者具有很高的音準掌控水平。「結聲正訛」一篇將容易混淆的各宮調譜字逐一列出，就是爲了保證唱腔能夠準確地在規定的宮調音列（同均）內展開，不至於「走腔犯均」。

　　宋元樂論中之所以嚴格約定各調煞聲和譜字音列，防止唱腔「訛入別調」，還在於人們對不同宮調的情感表現特徵的認知，這就是燕南芝庵《唱論》中闡發的「宮調聲情說」，其文曰：

> 大凡聲音，各應於律呂，分於六宮十一調，共計十七宮調：
>
> 仙呂宮〔註40〕唱，清新綿邈。南呂宮唱，感歎傷悲。中呂宮唱，
> 高下閃賺。黃鍾宮唱，富貴纏綿。正宮唱，惆悵雄壯。道宮唱，飄
> 逸清幽。大石唱，風流醞藉。小石唱，旖旎嫵媚。高平唱，條物滉
> 漾。般涉唱，拾掇坑塹。歇指唱，急並虛歇。商角唱，悲傷宛轉。
> 雙調唱，健捷激嫋。商調唱，悽愴怨慕。角調唱，嗚咽悠揚。宮調

〔註39〕《新編群書類要事林廣記》卷八「音樂舉要門」，戊集，日本元祿十二年（1699年）翻刻元泰定二年刻本，載〔日〕長澤規矩也編《和刻本類書集成》第一輯，上海：上海古籍出版社，1990年影印本，第305頁。
〔註40〕此處《中國古典戲曲論著集成》本作「仙呂調」。鑒於「仙呂宮」在元雜劇中應用廣泛，且其它元曲宮調論著中並無「仙呂調」之名，特據《南村輟耕錄》本該作「仙呂宮」。

唱，典雅沉重。越調唱，陶寫冷笑。〔註41〕

　　現存元雜劇各折（齣）宮調，僅用到仙呂宮、南呂宮、雙調、中呂宮、正宮、越調、商調、大石調、般涉調、黃鍾宮十種。〔註42〕《唱論》中提到的道宮、小石、高平、歇指、商角、角調、宮調七種調名，均不見諸雜劇劇本，可知這些宮調在雜劇創作中並不常用甚至不用。《唱論》所載「六宮十一調」各調情感，是對元代劇曲音樂包括雜劇、散曲及其它俗樂宮調表現力的總體概說。儘管《唱論》宮調中雜有難解其意的「角調」和「宮調」，其它俗樂調的情感表現也與元雜劇或散曲中具體曲牌的唱腔內容不盡吻合，但從燕南芝庵系統總結的當時歌唱理論可知，將特定宮調與某類情感表現相聯繫，是元代俗樂調名運用中遵循的原則之一。這也是宋元之際音樂理論著述中，如此重視宮調「結聲正訛」的重要原因。

　　窺一斑而知全豹。無論是《白石道人歌曲》、《瑟譜・詩新譜》還是《願成雙》俗字譜乃至「結聲正訛」的理論歸納，曲譜中的俗樂調名都表現出明確的「煞聲」內涵。當然，這些樂譜和論說僅是當時個案，尚不足以說明整個元代雜劇宮調煞聲的全部特性。但作為與唐宋詩詞音樂有著千絲萬縷聯繫的元雜劇音樂，若其劇本各折調名在有元一代與樂學理論毫不相干，亦著實讓人難以想像。儘管在由宋至元的歷史演變中，某些音樂風格、曲調類型會隨著時間流逝泯滅不彰，但作為音樂形態深層結構的宮調理論基礎，在沒有更為普遍的新體系取代之前，至少應該部份地在原有基礎上傳承並持續發揮作用。保存至今的元雜劇文本中的某些調名，其自身蘊含的煞聲指示功能即便有所弱化甚至消解，也不能毫無辨析地對此一概加以否定。

　　歷史的邏輯推衍僅是探究音樂史實的一種維度，我們當然不能忽視那些相關史料反映出的元雜劇音樂可能與俗樂調名內涵不符的情況。以《九宮大成南北詞宮譜》記錄的北曲唱段為例，從唱詞內容看其為元代雜劇文本遺存無疑，但其工尺譜的首調唱名與該折唱腔所屬俗樂調確實風馬牛不相及。楊蔭瀏先生在《中國古代音樂史稿》中，曾據《九宮大成》和《納書楹曲譜》中殘存的元雜劇樂譜製成《現存元雜劇音樂結音統計表》，對樂曲結音和所屬俗樂宮調煞聲的關係詳加分析，明確指出：

〔註41〕〔元〕燕南芝庵：《唱論》，載中國戲曲研究院編《中國古典戲曲論著集成》
　　　　（一），北京：中國戲劇出版社，1959年，第160～161頁。
〔註42〕參見本著附錄四「現存元雜劇各折（齣）宮調應用統計表」。

依張炎的《八十四調表》，正宮、中呂宮、南呂宮、仙呂宮、黃鍾宮都應是宮調，大石調、雙調、商調、越調都應是商調。現在從屬於各宮調的元《雜劇》的樂曲看來，其結音實際非常自由，絲毫沒有強調宮音或商音的意味。可見從調式「（調）」的問題而言，元《雜劇》的宮調並不是用來限制調式的運用的，其涵義也與南宋《燕樂》宮調完全不同。〔註43〕

孫玄齡先生在《元散曲的音樂》一書中，列有《現存元散曲樂譜北曲曲牌樂曲結音統計表》，分析元散曲樂譜的實際結音和其調名煞聲的關係，進一步支持了楊蔭瀏先生的判斷，認為元代散曲宮調已經和唐宋時代的俗樂宮調內涵基本無涉。〔註44〕吳志武《〈九宮大成〉宮調與燕樂二十八調之關係》繼續深入探討這一問題，通過對《九宮大成》曲譜的梳理分析，指出：「《九宮大成》各宮調所含調式至少在兩種調式以上，這與燕樂二十八調一宮（調）代表一種調式不符；《九宮大成》曲牌包含了宮調式、商調式、角調式、徵調式、羽調式等五種調式，這也與燕樂二十調的調式數量不合。從整部《九宮大成》來看，每一種宮調都有某種（或幾種）調式居多，但它們與燕樂二十八調的調式相吻合的情況也非常少。」〔註45〕

以上論斷基本否定了《九宮大成》北曲調式與俗樂宮調煞聲的對應關係，在一定程度上表明，元代部份音樂實踐中的宮調煞聲意義，可能的確存在靈活處理甚至泯滅不彰的情況，不一定與唐宋俗樂宮調完全相符。考相關文獻可知，這種靈活處理樂曲結音、不完全以宮調煞聲為圭臬的做法，早在北宋時代已經存在。沈括《夢溪筆談》卷六「樂律」114條記載說：「諸調殺聲，不能盡歸本律，故有偏殺、側殺、寄殺、元殺之類。雖與古法不同，推之亦皆有理。知聲者皆能言之，此不備載也。」〔註46〕就是這種情況的體現。南宋時代類似情形依然存在，大儒朱熹論及當時的「起調畢曲」實踐時說：

〔註43〕楊蔭瀏：《中國古代音樂史稿》（下冊），北京：人民音樂出版社，1981年，第582頁。

〔註44〕孫玄齡：《元散曲的音樂》（上冊），北京：文化藝術出版社，1988年，第167～168頁。

〔註45〕吳志武：《〈九宮大成〉宮調與燕樂二十八調之關係》，《音樂研究》2008年第2期。

〔註46〕〔宋〕沈括：《夢溪筆談》卷六「樂律」114條，中央民族學院藝術系文藝理論組《夢溪筆談》音樂部份注釋》，北京：人民音樂出版社，1979年，第66頁。

元善理會事，都不要理會個是，只信口胡亂說，事事喚做曾經理會來。如宮、商、角、徵、羽，固是就喉、舌、唇、齒上分，他便道只此便了，元不知道喉、舌、唇、齒上亦各自有宮、商、角、徵、羽。何者？蓋自有個疾、徐、高、下。〔註47〕

宮、商、角、徵、羽不能據喉、舌、唇、齒位置明確區分，自然會造成樂曲結音的多樣變化。黃翔鵬先生《二人臺音樂中埋藏著的珍寶》一文也指出：「歌舞音樂（或可推廣至某些大曲）在經『樂調名』約定之時，雖有嚴守調頭的習慣，但在同『均』之中亦可據其曲式結構所需，換用其它調頭；雖在整體上必如『樂調名』所示，而以某一調頭為主，實亦未必皆如張炎《詞源》的『結聲正訛』之說那樣固定不移。」〔註48〕

應如何看待宋元部份音樂實踐中，樂曲結音與其宮調煞聲不完全一致的情況呢？洛地先生《詞樂曲唱》認為，元雜劇中的宮調並無煞聲內涵，其意義「只在首曲，以首曲之用韻統率其後的同韻的眾曲調（而成『套』）。『宮』者，君也，『公』也，統率也。」因此，「所謂元曲北套『九宮調』實際意義只在九個首曲；除了首曲外，『北曲』眾曲牌實際上並無所謂『宮調』歸屬問題，原則上皆可因用韻、因帶過組合而隨某『首曲』之後入其『套』；所以北套中諸曲牌皆係首曲的『換頭』，元曲雜劇中四套必一一換韻」。〔註49〕

鄭祖襄先生則認為，元雜劇到明代北曲歷程中俗樂宮調煞聲含義之所以消失，主要原因是戲曲音樂發展得越來越完善、成熟，語言和音樂的融合越來越緊密，尤其是戲曲聲腔的興起；語言的字調、音韻在演唱中的突出，改變了原有曲調的旋律、節奏、落音及音樂內在的調性調式特點。宋、元、明時代戲曲音樂的發展，使曲調內部的調式特點、邏輯關係逐漸消解，唐代俗樂二十八調每調的主音（調頭），也逐漸失去其調式規範意義，俗樂調的調式含義隨之瓦解。〔註50〕

〔註47〕 〔宋〕黎靖德編：《朱子語類》（第六冊）卷九十二，北京：中華書局，1986年，第2344頁。

〔註48〕 黃翔鵬：《二人臺音樂中埋藏著的珍寶》，原載《中國音樂學》1997年第3期，後收入中國藝術研究院音樂研究所編《黃翔鵬文存》，濟南：山東文藝出版社，2007年，第1021頁。

〔註49〕 參見洛地《詞樂曲唱》，北京：人民音樂出版社，1995年，第331頁。

〔註50〕 鄭祖襄：《宋元燕樂調煞聲問題初探》，《中央音樂學院學報》1996年第3期；又見鄭祖襄《宋元雜劇伴奏樂器及其宮調問題研究》，《中央音樂學院學報》2004年第3期。

　　以上從戲曲唱腔用韻和語言與音樂關係角度，解說元代以來戲曲宮調煞聲功能的轉化，是目前學界較具代表性的觀點，一定程度上揭示出元明時代戲曲「諸調殺聲，不能盡歸本律」的實踐原因，值得重視。尤其明代南北曲體制形成以來，隨著新時代藝術風尚的興起，原有宮調的煞聲內涵與崑曲唱腔的字調關係不相適應，宋元俗樂宮調體系逐漸被新興的以標誌調高爲主的工尺七調系統取代，俗樂宮調便逐漸失去其原有調高、煞聲內涵，蛻變爲少有音樂含義的「文學術語」，這一趨勢在崑腔盛行的有明一代已勢屬必然。

　　明瞭戲曲音樂在元明以來的變遷情況，我們就可更準確地認知不同時期俗樂宮調的具體內涵。至少有一點可以首先明確，明清南北曲體制中保存的少有音樂內涵的俗樂宮調，並非元雜劇乃至元代俗樂宮調歷史原貌的全部內容，不能以此作爲元雜劇宮調毫無調高、煞聲等樂學意義的證據。那種僅據清代以來曲譜中北曲各宮調的曲譜結音和實際演唱調高，便斷言這些宮調在元代俗樂實踐中毫無煞聲、調高等樂學含義的做法，是值得進一步商榷的，因爲其中牽涉到明清譜字形式、唱名方法、宮調體系、音樂風格等形態結構變遷方面的諸多複雜問題。單純據清代北曲宮調與曲譜不相對應的情形，武斷認爲元代雜劇音樂的宮調實踐亦如此，便與用靜止眼光看問題的刻舟求劍之舉無異了。

　　對於元明時代音樂風格的深刻變化和南曲中五聲音階廣泛使用的現實，黃翔鵬先生認爲：「古時五聲與七聲、九聲原是並行的，後來之所以在某種廣泛流行的音樂（如戲曲中之『南曲』）中形成了五聲獨霸的局面，實在很難說是遠古的傳統，恐怕這也正和鬍鬚的下垂（引者按，指魯迅《說鬍鬚》一文）一樣，恰也另有來源。」黃先生這裡所說的「另有來源」，意在探討唐宋元時代外來音樂風格，未能在明清南北曲得到直接傳承的歷史原因。他認爲：「隋唐歌舞伎樂的某種型態學特點不見於後世的南北曲，未必出於多種民族風格的『同化』，而卻另有更爲深刻的歷史原因。歌舞伎樂的傳承關係雖在五代入宋時已遭破壞，但在兩宋間，以時代之近，卻應遺韻猶存。只在戲曲藝術代替歌舞伎樂而有普及於全社會的發展以後，舊譜始漸無人能識。」〔註51〕也

〔註51〕黃翔鵬：《兩宋胡夷里巷遺音初探》，原載《中國文化》1991年第4期，後收錄於黃翔鵬《中國人的音樂和音樂學》（音樂學文集），濟南：山東文藝出版社，1997年，第41、33頁。

就是說，元代以來諸多民族音樂的交融、融合，並不是導致明清南北曲未傳承唐宋音樂的主要原因。更為深刻原因乃是宋元以來宮調歷史內涵不斷失落，導致舊有樂譜至元明以後無人能識，戲曲音樂不能傳承唐宋舊樂特徵，轉而出現一種在原來不精確古譜基礎上，以後人喜好重唱舊譜而造就的另一種新的音樂風格。這一論斷為我們重新認識清代南北曲工尺譜的歷史價值及其與歷史音樂的聯繫提供了方法論指導。黃先生在考證《碎金詞譜》之《菩薩蠻》為唐代驃國樂後指出：

> 戲曲時代的曲師們除卻「大晟律」以外，已經既難知道同為高宮或正宮之名，實有不同樂調體系；更無從明白絃索定律的歌舞伎樂應係固定名的讀譜法才符實際。所以他們在《碎金詞譜》中用小工調笛色的首調讀譜法演唱此曲時，當然就由商調式變成了羽調式，而且還把富有緬甸古曲特色的音調唱成了中國調。

對於這種因傳承變異而導致的音樂形態變遷，黃先生提出了深刻反思：

> 這也稱作「同化」嗎？這並不是什麼「消化」或「吸收」，而只是一種扭曲與誤傳。由此，我們可以知道文化上的傳承渠道的破壞將會形成何種結果，由此可以略略明白歌舞伎樂包括絲路上的種種內、外交流的實況何以會在元、明以後失去真相，而被歷史的帷幕掩蓋了實情。〔註52〕

正是在對唐宋以來音樂生活變遷和音樂傳承規律深刻認知的基礎上，黃先生提出了「如審慎地研究宋代歌妓音樂及其有關樂律技能與知識，我們至今卻仍能有根據地恢復其中某些古譜的原貌」〔註53〕的觀點，這也是他晚年進行「曲調考證」工作的基本理論出發點。從這種研究理念出發，存留於清代曲譜中的俗樂宮調，儘管和以工尺七調為基礎的南北曲調名相異，但其名稱中沉澱的基於唐宋二十八調體系的宮調含義，卻可成為我們考證元代乃至更早時代音樂的可靠證據。黃翔鵬先生開創的「曲調考證」範式，為我們深入探討元代俗樂調名的煞聲內涵，以及元雜劇與明清北曲音樂的聯繫，奠定

〔註52〕黃翔鵬：《兩宋胡夷里巷遺音初探》，原載《中國文化》1991年第4期，後收錄於黃翔鵬《中國人的音樂和音樂學》（音樂學文集），濟南：山東文藝出版社，1997年，第44頁。

〔註53〕黃翔鵬：《兩宋胡夷里巷遺音初探》，原載《中國文化》1991年第4期，後收錄於黃翔鵬《中國人的音樂和音樂學》（音樂學文集），濟南：山東文藝出版社，1997年，第33頁。

了堅實的理論基礎。深入認知元代劇曲音樂的宮調系統和形態特徵，應充分
重視黃翔鵬先生的這一學術理念。只有將宏觀的史論研究與微觀的技術分析
相結合，熔音樂史學、樂律學、民俗學等相關學科於一爐，展開系統的、綜
合的研究，才能真正在探究古代音樂本體風格形態方面有所斬獲。〔註54〕

由於時代渺遠加之材料匱乏，唐宋俗樂二十八調宮調的體系構成與應用
特徵，已成為音樂史研究中的疑難問題之一。宋末元初以後，這一體系在實
踐運用中又衍變出「七宮十二調」（陳元靚《事林廣記》）、「六宮十一調」（燕
南芝庵《唱論》）、「十二宮調」（周德清《中原音韻》）、「五宮四調」（陶宗儀
《南村輟耕錄》）等多形式，直至明代被逐漸定型的「工尺七調」系統所取代。
近人蔡楨認為：「宋人以工尺配律呂，已失古人之法。今人以工尺代宮商，是
今人又失宋人之法。此律呂之所以亡，而去古法之所以愈遠也。」〔註55〕從
唐宋以來音樂歷史發展來看，俗樂二十八調嚮明清工尺七調的轉化演變，是
時代音樂風格發展的必然，未必是蔡氏所謂宮調「退化論」的體現。在唐宋
至明清音樂藝術的演變歷程中，有元一代作為連接前後二者的重要時期，其
間宮調理論與實踐形態乃至音樂風尚的變遷，已成為考證近古中國音樂歷史
發展的重要關節點。

綜合本章所論可知，元雜劇以管色為主要伴奏樂器的機制，是其宮調應
用與唐宋俗樂調體系一脈相承的基礎，宋元時代出現的多種宮調形式，不過
是特定劇種（樂種）實踐應用中，對俗樂二十八調體系的部份擷取。被繼續
用於元代音樂實踐中的各宮調，在調高方面依然保留著原有的「管色指法」
和「均主」含義，成為指示唱腔調高的重要標誌。俗樂宮調煞聲方面，由於
煞聲（即樂曲結音）往往與特定調式類型相聯繫，經歷兩宋至元代音樂風格
的轉變後，部份俗樂宮調的煞聲指向在實踐中已不甚清晰。相比唐宋俗樂宮
調「七均傳統」的存留，煞聲功能在元代戲曲音樂中或得以部份保留。

入明以來，由於音樂風格與戲曲表演體制再次轉型，俗樂調名的調高與
煞聲功能繼續蛻變——元代延用的俗樂宮調煞聲含義在明代戲曲實踐中逐漸
失落，代之以依字行腔的創腔機制；原有俗樂二十八調體系的七均傳統，則

〔註54〕 參見黃翔鵬《中國古代音樂史的分期研究及有關新材料、新問題·自序》，載
黃翔鵬《樂問》（音樂文集），後收入中國藝術研究院音樂研究所編《黃翔鵬
文存》（下冊），濟南：山東文藝出版社，2007年，第778頁。
〔註55〕 蔡楨：《詞源疏證》，北京：中國書店，1985年據原金陵大學中國文化研究所
排印本影印，第29～30頁。

被以笛色爲基礎的明代「工尺七調」接續，盛極一時的唐宋二十八調體系逐漸退出戲曲舞臺，傳統宮調體系開始了由俗字譜向工尺譜、由俗樂調向工尺調、由固定唱名到首調唱名的深刻變革。鄭榮達先生曾指出：「元以後，隨著傳奇的興起，雜劇的逐漸衰落，由唐代形成的二十八調的宮調體系在調的應用上也逐漸受到了影響。從現有文獻的記載可以看到，從元散曲到明劇曲的用調數似乎在逐漸地減少，其明顯的變化特徵是，宮調命名中的調式意義在漸漸地淡化。」「由宋、元時期遺存的有調式含義的俗樂諸調，到明、清時期，已向著沒有調式含義的工尺諸調逐漸轉型。」〔註56〕明清以來，諸多俗樂調名儘管依然保存於戲曲文本或曲譜之中，但已成爲和當時戲曲音樂實踐並無直接關係的歷史名詞。其背後蘊含的沉鬱頓挫、高亢悲涼的元代北曲樂風，已隨著明清戲曲音樂風格的轉型，塵封於一份份古老的唱腔文本與工尺曲譜之中了。

元人燕南芝庵《唱論》在論及時人宮調實踐時，有所謂「子母調」和「姑舅兄弟調」等說法〔註57〕，可見元代音樂在宮調方面的應用與實踐是相當豐富多樣的。本節據歷史文獻和傳統音樂遺存，僅初步梳理了元雜劇各折（齣）和每折中的宮調運用、調高聯綴和煞聲特徵等問題，希望從中得到有關元代宮調理論與實踐情況的某些規律性認知。有關元代雜劇、散曲乃至俗樂宮調應用特性的研究，是一個龐大而複雜的課題，筆者以上所論，僅是探索元雜劇音樂形態風貌的開始，後續艱苦繁重的工作還有很多，需要依據歷史文獻文物、明清南北曲樂譜和相關傳統音樂遺存等資料，在已獲知的元雜劇宮調理論與實踐特徵的基礎上，學習借鑒黃翔鵬先生「曲調考證」的綜合研究方法，以更爲深入有效的音樂歷史形態考證，不斷豐富我們對中國古代音樂文化面貌的認知。

〔註56〕鄭榮達：《明清宮調之研究》，《中國音樂》2007年第4期，第50、56頁。

〔註57〕參見〔元〕燕南芝庵《唱論》，載中國戲曲研究院編《中國古典戲曲論著集成》（一），北京：中國戲劇出版社，1959年，第161頁。關於「子母調」和「姑舅兄弟調」，宋瑞橋《論子母調與姑舅兄弟調》一文認爲，前者指十二均八十四調中具有子母相生關係的調，「共有七組，這就是十二宮調、十二商調、十二角調、十二變徵調、十二徵調、十二羽調、十二變宮調；後者指本均七調與其它均相同煞聲的宮調之間的關係，「識別兩調是不是姑舅兄弟調的主要標誌，是看它們的住字是否相同。凡住字相同者，即爲姑舅兄弟調」。參見宋瑞橋《論子母調與姑舅兄弟調》，《中國人民大學學報》1990年第1期。

第二節　宋元以來外來音樂文化對傳統音階結構的影響——以伊斯蘭音樂傳播對「變體燕樂音階」的影響爲例

　　隋唐以來，中原地區與周邊乃至域外的音樂文化交流，爲唐代音樂的繁盛發展提供了不竭源泉。兩宋延續了隋唐時代的文化交流趨勢，不同民族、地域的音樂湧入中原，有力促進了市民音樂的繁盛發展。北宋柳永在《木蘭花慢》詞中，曾將當時的流行音樂稱爲「新聲」，說「風暖繁絃脆管，萬家競奏新聲」〔註 58〕；蘇軾《書鮮于子駿楚詞後》曰：「譬之於樂，變亂之極，而至於今，凡世俗之所用，皆夷聲夷器也，求所謂鄭、衛者，且不可得，而況於雅音乎？」〔註 59〕南宋俞文豹《吹劍三錄》亦云：「夷樂以淫聲蕩人，雅樂遂至於盡廢，世變至此，雖豪傑之士，無所施矣。」〔註 60〕兩宋時代胡樂之盛，由此可見一斑。這些外來音樂文化，對當時音樂風格形態的影響是直接而深遠的。事實上，唐宋時代形成系統發展的俗樂二十八調體系，其各調異名「實胡部所呼也」〔註 61〕，就是胡樂影響中原宮調理論的鮮活例證。正是立足唐宋的這一音樂文化特徵，黃翔鵬先生在《兩宋胡夷里巷遺音初探》一文中，確認楊蔭瀏先生譯解的白石道人歌曲，「應是當時某種新聲的風俗之證。他的《醉吟商小品》更非出自創作而卻是唐代胡樂的遺音」，明確指出：「如不承認『胡夷里巷之曲』在宋代音樂中仍有存在，那在客觀實際上卻是另一種相對的歪曲了。」〔註 62〕

　　入元以來，王朝統轄疆域遼闊，戰爭、商貿、遷徙等帶來的文化交流更爲頻繁，各民族文化多元彙聚融合成爲時代主旋律。從元代民族的構成與分佈看，「普遍的民族雜居現象的出現，是元代民族關係的一個特點。成千上萬

〔註 58〕〔宋〕柳永：《木蘭花慢》，載唐圭璋編《全宋詞》，北京：中華書局，1965年，第 48 頁。

〔註 59〕〔宋〕蘇軾：《書鮮于子駿楚詞後》，載《蘇軾文集》卷六十六，北京：中華書局，1986 年，第 2057 頁。

〔註 60〕〔宋〕俞文豹：《吹劍錄全編》，上海：古典文學出版社，1958 年，第 47 頁。

〔註 61〕〔朝鮮〕成俔等：《樂學軌範》卷一「五音律呂二十八調圖說」，英祖十九年（1763 年）版，韓國音樂學資料叢書本，韓國：國立國樂院編印，第 49 頁。

〔註 62〕黃翔鵬：《兩宋胡夷里巷遺音初探》，原載《中國文化》1991 年第 4 期，後收錄於黃翔鵬《中國人的音樂和音樂學》（音樂文集），濟南：山東文藝出版社，1997 年，第 33、36 頁。

漢族勞動人民遷到了邊疆兄弟民族地區，安家落戶；各兄弟民族人民也紛紛從邊疆來到中原地區，定居下來。……交往的密切，促進了相互的融合。」〔註63〕不同民族的文化相互交流，尤其在以元大都爲代表的都市彙聚，爲當時的主流音樂藝術注入了新的元素。例如，元雜劇中的一些曲牌中，就帶有鮮明的外來文化印跡。王國維《宋元戲曲史》指出：「如北曲黃鍾宮之《者剌古》，雙調之《阿納呼》、《古都白》、《唐兀歹》、《阿忽令》，越調之《拙魯速》，商調之《浪來裏》，皆非中原之語，亦當爲女眞或蒙古之曲也。」〔註64〕這種多民族文化影響不僅限於雜劇藝術，在元代樂器、樂曲等方面亦十分突出。明人王驥德《曲律‧雜論第三十九下》卷四曰：

> 元時北虜達達所用樂器，如箏、纂、琵琶、胡琴、渾不似之類，其所彈之曲，亦與漢人不同。見《輟耕錄》。不知其音調詞義如何，然亦各具一方之制，誰謂胡無人哉。今並識於此，以廣異聞。
>
> 大曲：【哈八兒圖】【口溫】【也葛倘兀】【畏兀兒】【[外門裏女]古裏】【起土苦裏】【跋四土魯海】【舍舍彌】【搖落四】【蒙古搖落四】【門彈搖落四】【阿耶兒虎】【桑哥兒苦不丁】（江南謂之「孔雀雙手彈」）【答剌】（謂之「白翎雀雙手彈」）【阿廝蘭扯彌】【苦只把其】（「呂弦」）
>
> 小曲：【哈兒火失哈赤】（「黑雀兒叫」）【阿林捺】（「花紅」）【曲律買】【者歸】【洞洞伯】【牝疇兀兒】【把擔葛失】【削浪沙】【馬哈】【相公】【仙鶴】【阿丁水花】
>
> 回回曲：【伉俚】【馬黑某當當】【清泉當當】〔註65〕

儘管這些樂曲的名稱多不可解，其源流也難以考證，但其中傳達出的外來音樂信息則是眞實而明確的〔註66〕，說明當時的外來文化已影響到音樂藝術的各個層面，包括表層的樂器種類與形制、樂曲內容與旋律要素，乃至更爲深層的調式音階、樂律音高和宮調結構等。

〔註63〕陳高華：《陳高華說元朝》，上海：上海科學技術文獻出版社，2009年，第80～81頁。

〔註64〕王國維：《宋元戲曲史》，上海：上海古籍出版社，1998年，第131～132頁。

〔註65〕〔明〕王驥德：《曲律‧雜論第三十九下》卷四，載中國戲曲研究院編《中國古典戲曲論著集成》（四），北京：中國戲劇出版社，1959年，第158～159頁。

〔註66〕相關情況，亦可見孔德《外國音樂流傳中國史》，上海：商務印書館，1934年，第38～39頁。

　　從現有史料和傳統音樂遺存看，影響元代中原音樂的諸多外來文化中，源自中亞的伊斯蘭文化的傳播尤爲引人矚目。半個多世紀前，音樂學家岸邊成雄針對明治維新以來日本社會普遍崇尚西洋音樂的風氣，特撰寫著作《音樂的西流——從薩拉森到歐洲》，闡述公元 6 世紀以來直至近代伊斯蘭音樂對歐洲音樂的重要影響，指出「歐洲音樂所以能擺脫中世紀的黑暗，迎來近代的曙光，其原因之一就是由於受到阿拉伯音樂的影響」〔註67〕，以此告誡人們不應忘記日本及亞洲的音樂傳統。在該書中，岸邊先生還專闢一節，主要從樂器方面闡述伊斯蘭音樂對中國的影響，指出：「伊斯蘭音樂對中國音樂所及的影響，並不是像前面所說的那些片段、弱小的東西，這種影響觸及了近代以及現代中國音樂的根基。」〔註68〕岸邊成雄強調的伊斯蘭音樂「西流」〔註69〕與「東流」說，及其初步闡發的對中國音樂「觸及根基」的影響，對中國古代音樂和傳統音樂研究是可貴的啓發。唐宋以來尤其元代，東流的伊斯蘭文化除向印度、南洋等地傳播外，同時經由中亞內陸或海路到達我國新疆、西藏、內蒙古、沿海城市乃至中原各地，穆斯林群體與中國本土居民深度融合，帶來語言、文字、藝術、信仰、習俗等許多新的文化因素。伊斯蘭音樂在此過程中對中國音樂形態的影響不容忽視。

　　基於上述思考，本節中筆者擬以此爲出發點，以伊斯蘭音樂傳播對「變體燕樂音階」的影響爲例，在學界有關「變體燕樂音階」研究成果基礎上，進一步探討其音階形態、音級遊移、地域分佈等與伊斯蘭音樂傳播的關係，分析宋元伊斯蘭音樂元素影響中國古代音階和音律的可能性，以期更深入認知宋元以來外來音樂文化對傳統音階結構的影響，追尋傳統音樂宮調與形態

〔註67〕〔日〕岸邊成雄：《伊斯蘭音樂》「序言一」，郎櫻譯，上海：上海文藝出版社，1983 年，第 2 頁。按，該書原名《音樂的西流——從薩拉森到歐洲》，1952 年由日本音樂之友社出版。譯者爲使我國讀者更好瞭解此書內容，徵得岸邊先生同意，將譯文改名《伊斯蘭音樂》（見中譯本「譯後記」）。

〔註68〕〔日〕岸邊成雄：《伊斯蘭音樂》，郎櫻譯，上海：上海文藝出版社，1983 年，第 90 頁。

〔註69〕阿拉伯音樂西流説，並非岸邊成雄首倡。英國音樂學家 H.G.法瑪（Henry Geory Farmer）在 1925 年出版的專著《音樂理論所受阿拉伯之影響》（*The Arabian Influence on Musical Theory*，London: H. Reeves.）中，即從樂器、唱名法、記譜法、多聲形態等方面，全面闡述了阿拉伯音樂對歐洲中世紀音樂的決定性影響。1929 年，法瑪又出版專著《阿拉伯音樂影響之史實》（*Historical Facts for the Arabian Musical Influence*，Ayer Publishing. ISBN 040508496X.），在回應他人質疑的同時進一步論證了上述觀點。

風格變遷的更深層原因。鑒於伊斯蘭音樂及其相關東傳史料匱乏，加之古代音樂本體考證繁難，文中個別觀點尚需不斷完善。這裡略陳引玉之磚，聊備參考。

一、「變體燕樂音階」源流及其與伊斯蘭音樂傳播

所謂「變體燕樂音階」，是音樂學家馮文慈先生20世紀80年代提出的概念。眾所周知，我國古代典籍記載的音階形態，多以基於三分損益法而得的正聲音階（又有「古音階」、「舊音階」、「雅樂音階」之名）為標準，將音級劃分為「五正」（宮、商、角、徵、羽）與「二變」（變宮、變徵）兩類。隨著傳統音樂研究的深入，含變宮、清角的下徵音階（又有「新音階」或「清樂音階」之名）與含清羽、清角的清商音階（又有「燕樂音階」之名）〔註70〕逐漸為人們所知。就當前傳統音樂實際而言，五聲音階及以五正聲為基礎的三種七聲音階，雖然數量有異，但在音樂實踐中都有存在，是傳統音樂形態結構的重要原則。

關於含有「清角」和「清羽」的「燕樂音階」（清商音階），學界一般認為其出現於隋唐時期，是當時流行的摻雜很多胡樂（西北少數民族音樂和西域等外來音樂）成分的燕樂所用的音階。「如果我們以隋唐以來燕樂文化薈萃的古城長安（今西安）為中心來觀察，那麼，在陝、甘、寧、青、晉南一帶，仍然可以聆聽到許許多多民族民間樂種是基於這種音階的遺響，或者說，它們是古代燕樂繁衍下來的子子孫孫。」〔註71〕可見，燕樂音階自隋唐流行以

〔註70〕音樂界長期以來以「變」和「閏」指稱「清角」、「清羽」兩音級。近年來，關於《夢溪筆談‧補筆談》、蔡元定《燕樂書》、《詞源‧十二律呂》、《事林廣記‧樂星圖譜》等文獻所載音級「閏」的探討逐步深化，已基本辨明其義即「變宮」而非「清羽」（詳細論證，可參見陳應時《「變」和「閏」是「清角」和「清羽」嗎？——對王光祈「燕調」理論的質疑》、《再談「變」和「閏」》、《「變」位於變徵，「閏」位於變宮》等文，均收入陳應時音樂文集《中國樂律學探微》，上海：上海音樂學院出版社，2004年），故本文不用「閏」這一名稱。事實上，「變」與「閏」僅僅是指稱音階音級的「名」，馮文慈先生所論「燕樂音階」之「實」則是真實存在的。本文棄用「閏」之名，並不意味著否定馮先生對含有「♯fa」和「♭si」的「燕樂音階」的高論。另，學界亦有人質疑「燕樂音階」稱謂的合理性，主張用「清商音階」取代「燕樂音階」。筆者認為，「燕樂音階」一詞在學界使用已久，相沿成俗。尤其「變體燕樂音階」作為馮先生的創新概念，其外延與內涵均有明確所指。為論證方便，這裡仍採用「燕樂音階」和「變體燕樂音階」之名。

〔註71〕馮文慈：《漢族音階調式的歷史記載和當前實際——維護音階調式思維的傳統

來，便成為傳統音階形式的重要成員，與正聲音階、下徵音階共同參與音樂構成，並延續、保存於當今民間音樂之中。

　　然而，立足文獻記載的理論歸納難免與音樂實際存在出入，傳統音樂中的音階類型遠比上述三類音階豐富。馮文慈先生敏銳指出，燕樂音階中的清角和清羽兩音級，常常比五度相生律所得音高略高。這兩個音級的偏高並非偶然，而是廣泛存在於諸多傳統樂種之中。「過份強調或誇大『五聲性』或『五聲為主』，忽略或低估兩個變音（包括變徵、變宮、清角，特別是變和閏）的重要性和複雜性，這是不符合實際的，尤其不符合燕樂音階的實際。」有鑒於此，他明確指出「↑4 和 ↓7 應佔有合法正式席位」，並提出包含這兩個音級的「變體燕樂音階」和「變體古音階」概念。〔註72〕以徵調式為例，二者音階可示例如下（譜5-1）：

譜5-1：「變體燕樂音階」和「變體古音階」

變體燕樂音階和變體古音階在當今傳統音樂中分佈十分廣泛。相比之下，變體燕樂音階由於包含兩個帶中立音性質的音級，擁有較之五度相生律音階更為獨特的風格，尤其受到人們關注。「從現存屬於燕樂後裔的樂種來說，可能絕大部份都屬於變體燕樂音階的血統。」這種在隋唐燕樂音階基礎上發展而來的音階，史籍中幾乎不見明確記載，但這並不能否定其在音樂史中的地位。馮文慈先生指出，當我們認識到「今天的燕樂音階無涉於宮商角

特點》，《中央音樂學院學報》1981年第3期，第8頁。

〔註72〕馮文慈：《漢族音階調式的歷史記載和當前實際——維護音階調式思維的傳統特點》，《中央音樂學院學報》1981年第3期，第10頁。筆者認為，傳統音階中的「微升清羽」和「微降變宮」，二者樂學性質不同，不宜統一記為↓7。微升清羽應記作「♯♭si」。此外，關於半升、半降標記，國際音樂界已有統一規定，即：半升——♯，半降——d。這裡除引文外，均採用國際通用形式記寫，表示比原音偏高或偏低1/4全音（近似）。

徵羽的五聲性，而後闖進來的變和閏是兩個十分積極活躍的因素時，也許就會打開新的思路，來認真思考這一音階是如何形成的，包括如何估計胡樂影響的深度。」〔註73〕

馮先生的上述論證，肯定了民族音樂中♯fa和♯ᵇsi的獨立地位，以及變體燕樂音階背後隱含的外來音樂文化的強大影響。這一重要見解，是對音樂界長期以來採用三種音階體系理論的有益補充，對認識宋元以來域外音樂對中原音樂的影響，乃至探討不同時期傳統音階形態和宮調理論演變，具有重要啟發和指導意義。

1、變體燕樂音階與伊斯蘭音階「異質同構」

變體燕樂音階的主要特徵，即♯fa和♯ᵇsi兩個帶有「中立音」性質的特性音級。對於調式中的♯ᵇsi音級，有人從語言與音樂關係角度考察，認爲是受陝西方言音調影響的結果。馮文慈先生認爲，這只是對語言與音樂關係的事實描述，但並非♯ᵇsi音形成的根本原因。「不能誇大語言音調因素的影響，因爲，同時用著↓7與7的樂種（如秦腔），7與語言音調也並不矛盾。因此，在一個樂種中↓7與7並用，變體燕樂音階與其它音階交替使用的現象，應該從漢族和少數民族（以及域外）音樂文化交流的歷史長河中去觀察其形成過程，去探討其美妙創造。」〔註74〕

以變體燕樂音階使用的近似四分之一音和各類中立音程審視其它民族音樂，不難發現，擁有此類鮮明形態特徵的首推伊斯蘭音樂。伊斯蘭音樂，是公元7世紀以來伴隨伊斯蘭教誕生（622年）和傳播發展而來的音樂。事實上，早在伊斯蘭音樂形成之前，古老阿拉伯半島的音樂〔註75〕便擁有明確的微分音特質。據阿拉伯哲學家兼音樂學家法拉比（Abū Nāsr al-Fārābī，870～950年）介紹，蒙昧時期阿拉伯人使用一種長形的、類似烏德（ūd）樣式的兩弦彈撥樂器「巴格達多不拉」或「米紮尼多不拉」，每條弦即被分成相等的四十份，每份相當於四分之一音程。〔註76〕儘管絃長的等分併不等同於

〔註73〕 馮文慈：《漢族音階調式的歷史記載和當前實際——維護音階調式思維的傳統特點》，《中央音樂學院學報》1981年第3期，第13、9頁。

〔註74〕 馮文慈：《漢族音階調式的歷史記載和當前實際——維護音階調式思維的傳統特點》，《中央音樂學院學報》1981年第3期，第15頁。

〔註75〕 音樂史家一般將此時期音樂稱爲「蒙昧時代的阿拉伯音樂」，參閱〔埃及〕薩米‧哈菲茲《阿拉伯音樂史》，北京：人民音樂出版社，1980年。

〔註76〕 〔阿〕艾布‧乃斯爾‧法拉比：《論音樂》，轉引自〔埃及〕薩米‧哈菲茲《阿

音程等分，但從彈撥樂器琴弦四十等分的設計來看，小於十二平均律半音的微小音程（包括四分之一音程），在蒙昧時代的阿拉伯音樂中已佔有重要地位。

　　進入先知和正統哈里發時期（622～661 年）後，伴隨伊斯蘭教在阿拉伯半島的流傳，相應的禮拜歌曲、讚美歌和古蘭經吟誦逐漸形成。這些宗教歌曲採用阿拉伯音樂調式，並滲入其固有的中立音程，塑造出風格獨具的伊斯蘭音樂。伊斯蘭音樂形成之初，完美繼承了阿拉伯音樂特質，尤其是音樂形態方面的微分音程特徵。這種風格的音樂隨伊斯蘭宗教傳播而流傳，「對古蘭經的吟詠已經使阿拉伯音樂與各伊斯蘭教國家聯繫在一起，尤其是在阿巴斯王朝統治時期和阿拉伯人在安德魯西亞統治時期，伴隨著伊斯蘭教的普遍傳播，阿拉伯民族的音樂幾乎傳遍了世界各地」〔註77〕。

　　伍麥葉王朝（661～750 年）和阿巴斯王朝時期（750～1258 年）期間，伊斯蘭音樂經歷了自身發展的黃金時代。由於阿巴斯王朝初期的哈里發鼓勵音樂事業發展，湧現出一批卓有成就的音樂理論家和演奏家。烏德演奏家紮爾紮爾（Mansūr Zalzal，？～791 年）改革烏德品柱，形成獨特的中指音位（Zalzal's second-finger fret），使阿拉伯音樂中的中立三度音程得以固化。經他規範中指音位後的烏德琴，基本音階呈現出如下結構（圖5－8）：

圖5－8：紮爾紮爾（Zalzal）音階結構〔註78〕

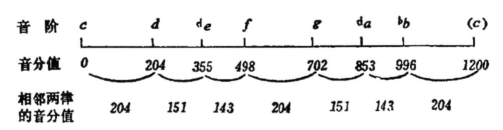

　　這是一種在五度相生律基礎上，嵌入半降 e 和半降 a 兩個中指音位而得到的音階，相鄰兩音間的音程關係爲全音（204 音分）和四分之三音（151 音

　　　　拉伯音樂史》，北京：人民音樂出版社，1980 年，第 14 頁。
〔註77〕〔埃及〕薩米·哈菲茲：《阿拉伯音樂史》，北京：人民音樂出版社，1980 年，第 25 頁。
〔註78〕繆天瑞：《律學》（第三次修訂版），北京：人民音樂出版社，1996 年，第 219 頁。

分或 143 音分），中立三度和中立六度是其顯著特徵，我們姑且將這種伊斯蘭音階稱爲「紮爾紮爾音階」。以此對比我國的變體燕樂音階，如果把其中的半降 e 和半降 a 視爲「半升清角」和「半升清羽」（以降 b 爲宮），則紮爾紮爾音階與變體燕樂音階商調式結構幾乎相同。針對上述音階結構及其樂學實質，黃翔鵬先生論述道：中國人用自己的耳朵聽音樂。當降 b 爲宮時，如果聽的是西北音調，他可以準確告訴你，半降 e 是下凡，半降 a 是下乙；如果聽的是河南音調，則半降 e 是高凡，半降 a 是高乙。「其實，這兩個音在琵琶的老品上處於完全相同的位置。」〔註 79〕黃先生之論，明確指出兩種音階間的「異質同構」關係，透露出紮爾紮爾音律革新對古老變體燕樂音階的重要影響。

其後，經歷代音樂家不斷完善，伊斯蘭音樂的音律與調式得到規範，呈現出數量眾多的調式類型。1932 年在開羅舉行的阿拉伯音樂會議中，學者們根據實際音樂需要確定出 95 種可用調式，每種調式都由兩個結構相同或不同的四音列（多爲純四度，亦有個別四音列大於或小於純四度）構成。這些四音列在阿拉伯文中被稱爲「金斯」（jins），種類多達十餘種。筆者認爲，在諸多金斯和調式類型中，拉斯特（rāst）金斯構成的調式尤其值得注意。拉斯特金斯的四音列結構爲「4＋3＋3」，調式音階結構如下（譜 5－2）：〔註 80〕

譜 5－2：拉斯特（rāst）音階

以此對照前文「譜 5－1」中的變體燕樂音階徵調式，二者在構成形式上幾乎完全相同，差別處僅在於變體燕樂音階第三、七級音的遊移程度，以及

〔註 79〕黃翔鵬：《東方人的耳朵——〈紮爾紮爾中指與阿拉伯律制辨疑〉小引》，收入黃翔鵬《樂問》（音樂文集），北京：中央音樂學院學報社，2000 年，第 266 頁。

〔註 80〕譜例上方的數字，表示兩音級之間的四分之一音程數目。例如，「4」代表四個四分之一音，即全音；「3」代表三個四分之一音，即四分之三音。各音級的中文譯名，參閱〔埃及〕薩米·哈菲兹《阿拉伯音樂史》，北京：人民音樂出版社，1980 年，第 109 頁。

音階的結構原則和旋法——變體燕樂音階和變體古音階以互成五度鏈關係的「五正音」為主體，通過安插兩個變音構成；拉斯特音階則通過純四度框架的兩個「金斯」連接而成。此外，如許多學者指出，中國調式中的中立音形態，往往以半升面貌出現，如半升清角、半升清羽；相反，阿拉伯音樂中的中立音，則多以半降形式存在。對相似音級的不同升、降感覺，反映出不同民族音樂審美中對音級本質的定性有異。這也是拉斯特音階和變體燕樂音階徵調式「異質」的表現之一。

綜上，伊斯蘭音樂在音律上的顯著特點，即四分之一音的存在；包含這種音程的調式音階，又形成中立三度、中立六度等各類中立音程。這一音律特徵由來已久，貫穿伊斯蘭音樂發展始終。變體燕樂音階商調式與紮爾紮爾音階、變體燕樂音階徵調式與拉斯特音階，這兩組音階間明顯的「異質同構」關係，提醒我們不能忽視「阿拉伯－伊斯蘭音樂」對我國古代音階形態的影響。宋元時代，隨著伊斯蘭文化在歐洲、中亞、東亞等地傳播，特色鮮明的伊斯蘭音樂及其音律、調式體系，完全有可能傳入中國並不斷與本土音樂融合。具體情況我們試做進一步分析。

2、變體燕樂音階分佈與史上伊斯蘭文化傳播

變體燕樂音階在傳統音樂中分佈較廣。陝西秦腔的苦音（哭音）、眉戶的軟調、碗碗腔、同州梆子、西安鼓樂，甘肅的隴劇，寧夏地區的民歌，內蒙及山西、陝西、河北三省北部的二人臺，山西的蒲州梆子、晉劇等我國西北和北方地區音樂，以及廣東粵劇、潮劇、潮州音樂中的「重三六」和「活五調」，閩南泉州地區的南音等東南沿海樂（劇）種，都有變體燕樂音階的廣泛應用。〔註81〕對於這些地區變體燕樂音階的分佈原因，有學者從音樂文化下移和人口遷徙角度探討，認為唐代長安盛極一時的「燕樂大曲」下沉民間，成就了西北傳統音樂中的西域樂風；唐末以來中原漢族居民南遷，又將包括音樂在內的盛唐文化帶入東南沿海，造就了變體燕樂音階在閩南、廣州等地的分佈。

筆者認為，這種觀點從音樂的歷史、地理變遷，探討各地音樂形態的一

〔註81〕相關譜例，可參看馮文慈《漢族音階調式的歷史記載和當前實際——維護音階調式思維的傳統特點》（《中央音樂學院學報》1981 年第 3 期）和周吉《關於古絲路音樂研究工作的幾點思考》（《交響》1986 年第 2 期）等文，不再一一列出。

致性特徵,所論值得重視。但僅將變體燕樂音階視爲盛唐宮廷音樂下移的結果,忽略其它外來文化和交流渠道(如海上絲綢之路)對本土音樂的影響,則尚有可完善之處。鑒於變體燕樂音階和伊斯蘭音樂調式的「異質同構」特徵,我們有必要考察唐宋以來伊斯蘭文化在我國的傳播情況,及其與變體燕樂音階形成和地域分佈的關係。

伊斯蘭文化發祥地之一的阿拉伯(古稱大食),很早便通過宗教、政治、軍事、經濟等渠道與中原往來。據說,伊斯蘭教創始人穆罕默德早就指示教徒:「學問雖遠在中國,亦當求之。」明人何喬遠《閩書·方域志》記載,泉州東郊靈山「有默德那國二人葬焉,回回之主也。回回家言:默德那國有嗎喊叭德(筆者注:即穆罕默德)聖人……門徒有大賢四人,唐武德(618~626年)中來朝,遂傳教中國。一賢傳教廣州,二賢傳教揚州,三賢、四賢傳教泉州,卒葬此山。」〔註82〕公元 651 年 8 月,大食國使者首次來到長安。至798 年的一個半世紀中,進入長安的大食使節有 41 次之多。〔註83〕

安史之亂後,唐王朝徵調各方軍隊收復長安,其中就有不少大食人,他們隨後即在張掖、酒泉一帶定居。8 世紀以來阿拉伯與中國的商貿關係,主要依靠陸上絲綢之路和海運進行。伴隨沙漠綠洲的清脆駝鈴,一批批身帶珠寶香料的阿拉伯商人,經新疆到達甘陝一帶,甚至深入四川等內陸地區。海上航運則從波斯灣出發,沿印度西海岸,繞經馬來半島,到達中國東南沿海的交州〔註84〕、廣州、泉州,甚至北上揚州。這些地區的阿拉伯人至唐末已形成龐大群體,以致 879 年黃巢攻佔廣州時,喪生的伊斯蘭教、祆教、景教、猶太教教徒多達 12 萬人,其中以阿拉伯人和波斯人最多。〔註85〕唐代穆斯林群體在東南沿海的規模可見一斑。

兩宋時期,中國與伊斯蘭世界的交流繼續拓展。由於海上航運日益發達,廣州、泉州、明州(寧波)、揚州成爲阿拉伯商人頻繁往來的城市。爲方便西亞客商,許多城市設有「波斯館」和「清眞寺」。元代統治者重用色目

〔註82〕〔明〕何喬遠:《閩書·方域志》(第一冊)卷七,福州:福建人民出版社,1994 年,第 165~166 頁。

〔註83〕沈福偉:《中國與西亞非洲文化交流志》,上海:上海人民出版社,1998 年,第 245~248 頁。

〔註84〕交州,古地名,漢武帝元封五年(公元前 106 年)設郡,後經歷代變遷,至唐改爲安南都護府。

〔註85〕以上論述,詳見沈福偉《中西文化交流史》,上海:上海人民出版社,2006 年,第 125~127 頁。

人，視阿拉伯人爲文化指導者，伊斯蘭文化由此更大規模傳入內地。當時移居中國的波斯人和阿拉伯人數量龐大，均屬色目人，又被稱爲「回回」，其中不乏在朝廷擔任要職者。如任大都南北兩城兵馬都指揮使的亦速馬因，其子奕赫抵雅爾丁官至集賢大學士，精於本國字語並參與編修國史等。有元一代，西北天山（元代稱「陰山」）山脈周圍，是畏兀兒、哈剌魯等民族的聚居地區。這一地區各民族（元代等級劃分中稱爲「色目人」）的上層人物，在元朝政府中佔有十分重要的地位。例如，合剌火州偰氏、別失八里全氏、別失八里廉氏等家族，世代在朝廷擔任要職。哈剌魯族的哈剌歹、也罕的斤等，都是元朝的重要軍事將領。基層民眾方面，由於被簽發充當軍、匠等原因，天山地區各民族人民紛紛遷入內地。大都就有不少畏兀兒人，「十月……高昌家賽羊頭福」就是對這種情形的描畫。此外，如甘肅、關中、河南、雲南等地，也有天山地區各民族居住。這些民族的宗教信仰均以伊斯蘭教爲主，伊斯蘭文化經歷唐宋以來傳播發展，至元代在中國已擁有相當大的勢力。〔註86〕伊本·白圖泰在遊歷中國後說：「中國各城市中，都有伊斯蘭教徒居住區，築有清眞寺，作爲禮拜之所。」元朝時，新疆、甘肅、陝西、山西、河北以及雲南都有穆斯林僑民，東南沿海城市如廣州、泉州、杭州、寧波、揚州尤其集中。〔註87〕

在這一時代背景下，伊斯蘭世界的諸多文明成果陸續傳入中國，如回回炮、阿拉伯數字、阿拉伯曆法等，音樂方面則有見諸記載的興隆笙、火不思、胡琴等樂器，以及《伉裏》、《馬黑某當當》、《清泉當當》等「回回曲」。其中的《馬黑某當當》，據楊蔭瀏先生推測，可能和後來新疆流行的古典歌舞曲「十二木卡姆」存在淵源關係。〔註88〕這些史實，都展現出伊斯蘭音樂在樂器、樂曲乃至樂律方面，對宋元時代中國音樂的巨大影響。

阿拉伯的伍麥葉王朝和阿巴斯王朝，對應於我國的唐宋時代。期間的大音樂家紮爾紮爾，生活年代相當於唐開元（713～741 年）、天寶（742～756年）之後，法拉比時代則相當於唐末五代（907～960 年）時期。唐宋時代是

〔註86〕陳高華：《陳高華說元朝》，上海：上海科學技術文獻出版社，2009 年，第 85～88 頁。

〔註87〕詳細情況，參閱沈福偉《中西文化交流史》，上海：上海人民出版社，2006年，第 224～227 頁。

〔註88〕楊蔭瀏：《中國古代音樂史稿》（下冊），北京：人民音樂出版社，1981 年，第732 頁。

伊斯蘭音樂發展的黃金期，此時影響廣泛的伊斯蘭音樂風格，通過宗教、商貿、軍事、遷徙等多種途徑傳入中國，不排除其獨特的四分之三音和某些音階形態，滲入宋元本土音樂乃至立足的可能。事實上，從變體燕樂音階在當前傳統音樂中的分佈看，其地域與唐宋以來伊斯蘭文化在中國的傳播，尤其是與宋元時中國境內伊斯蘭僑民的聚居區存在很大程度的一致性，即均爲新疆、甘肅、寧夏、陝西、山西等西北一帶和廣州、泉州等東南沿海地區。某種風格傳統音樂的地理分佈，與歷史上特定族群的聚居特徵高度吻合，使我們不應輕易將二者視爲歷史的偶然與巧合，期間必然存在影響深遠的音樂文化傳播關係。

筆者認爲，中國音樂史上廣爲流行的「變體燕樂音階」，一方面繼承了隋唐燕樂音階的基本特質，另一方面又接受宋元時代伊斯蘭音樂的積極影響，將獨具特色的四分之三音納入其中，以中立三度音位（近似）賦予原來的變徵、清羽兩變音，最終定型爲以五正聲爲主體，以變徵、清羽二音級遊移爲特徵的音階形態。變體燕樂音階徵調式與伊斯蘭音樂的拉斯特（rāst）音階「異質同構」，也從另一側面顯現出二者形態間的密切關係。變體燕樂音階是傳統燕樂音階融合伊斯蘭音樂元素的結果，它在宋元以來的傳統音樂實踐中影響廣泛，成爲包括戲曲、器樂在內的各劇種、樂種塑造自身獨特風格的重要基礎，一直延續至今。

二、北方「清羽」音級遊移與伊斯蘭信仰分佈的關係

「變體燕樂音階」在宋元以來東流的伊斯蘭音律影響下逐漸定型，但音階中清羽和變徵的實際音高，卻並非絕對以四分之三音爲準則，而是因樂種不同分佈地域，呈現出不同的遊移狀態。筆者在梳理傳統音樂素材和相關伊斯蘭文化資料後發現，這種帶有中立音特點的音律遊移現象，與我國穆斯林群體及其信仰的分佈存在密切關係，從而爲探討伊斯蘭音樂在變體燕樂音階形成、發展過程中的影響提供了新的依據。現主要以我國北方音樂中「清羽」音級的遊移特性爲例，對這一現象略作考察。

1、北方「清羽」音級的遊移特性與地域特徵

黃翔鵬先生指出：「律制是對樂音體系各音間微觀關係的定量分析，音階形態則是對樂音體系宏觀結構的定性概括，二者間並無絕對、必然的聯繫。這就是說，即便同一個清商音階，其各音音高既可採用純律數值，亦可採用

復合律制，甚至帶中立音的律制。」〔註89〕音階和律制的這種對應關係，在變體燕樂音階「清羽」音級有具體體現。我國北方廣大地區採用的音階中，清羽（包括其它音級）的遊移幅度和音律特性存在較大差異，且分佈呈現出一定的規律性。

關於這一點，黃翔鵬先生在分析陝西傳統眉戶調《農業社四季調》的記譜問題時就曾指出：傳統清商音階中的 ♭si 音級，其在各地不同音樂中的偏高或偏低程度，是存在一定差異的。「如河南最多是高列的降 si，也常用基列的；陝西就不大用基列的，但第四級有時用基列的；維吾爾族音樂里中立音多，但有時也用一次高列的。同一地區，甚至同一曲子中，也有各種不同高度──因旋律走向而異。」「我們的民間音樂就是這樣，同樣一個微降 si，在河北省降得不多，越往西走降得越多。而降 si 則越向西越高，在維吾爾音樂中，幾乎達到中立音的高度。到阿拉伯世界，這兩個音幾乎沒有差別了。因為一個往下走，一個往上走，正好到了 50 音分，不折不扣在當中。」〔註90〕

以木卡姆為代表的新疆維吾爾族音樂，存在較多的四分中立音程。早在20 世紀 50 年代，萬桐書等老一輩音樂學家在《十二木卡姆》記譜時，就注意到某些樂音「比原音稍高約四分之一音，或稍低約四分之一音」〔註91〕。1998年 10 月，中國藝術研究院音樂研究所和新疆藝術研究所聯合召開「新疆維吾爾族音樂樂律與調式問題研討會」，黃翔鵬、趙宋光、韓寶強等音樂學家主持下的新疆傳統音樂（《十二木卡姆》及新疆各維吾爾族聚居區的傳統音樂）現場測音表明：各地區、各樂種維吾爾族傳統音樂中，確實有數量不少的四分音存在。〔註92〕以《刀郎木卡姆》為例，其音樂中存在著「非常規律制」音

〔註89〕黃翔鵬：《中國傳統音調的數理邏輯》，原載《中國音樂學》1996 年第 3 期；收入黃翔鵬《樂問》（音樂文集），北京：中央音樂學院學報社，2000 年；又見《黃翔鵬文存》（下卷），濟南：山東文藝出版社，2007 年，第 871 頁。

〔註90〕黃翔鵬：《中國傳統音調的數理邏輯》，原載《中國音樂學》1996 年第 3 期；收入黃翔鵬《樂問》（音樂文集），北京：中央音樂學院學報社，2000 年；又見《黃翔鵬文存》（下卷），濟南：山東文藝出版社，2007 年，第 871 頁，第872 頁。

〔註91〕新疆維吾爾自治區文化廳十二木卡姆整理工作組記譜整理：《十二木卡姆》，北京：音樂出版社、民族出版社，1960 年，第 59 頁。

〔註92〕中國藝術研究院音樂研究所、新疆藝術研究所：《「新疆維吾爾族音樂樂律和調式問題討論會」測音工作報告》，《新疆藝術》1986 年第 5 期，第 47～51頁。

高，特別在高唱聲部，有些音高具有明顯的四分之三音性質，個別樂曲的樂器定音甚至也出現四分之三音特徵。〔註 93〕在維吾爾木卡姆音樂數量不菲的中立音級中，不乏與變體燕樂音階「微升清羽」類似的音級。例如，《十二木卡姆》之「伊拉克木卡姆」，麥蓋提《刀郎木卡姆》之「拉克巴亞宛木卡姆」、「朱拉木卡姆」、「胡代克巴亞宛木卡姆」，《吐魯番木卡姆》之「潘吉尕木卡姆」等，都有類似 ♯♭si 的音級存在。〔註 94〕

　　這些中立音性質的音級，使新疆維吾爾木卡姆表現出多種音程關係。以《刀郎木卡姆》爲例，音樂學家周吉先生的研究表明，其中立音程達 7 種之多。處於大三度和小三度之間的中立三度，是《刀郎木卡姆》最常見、最重要的中立音程。除此之外，還有四分音窄二度（150 音分左右）、四分音寬二度（250 音分左右）、四分音窄三度（250 音分左右）、四分音窄四度（450 音分左右）、四分音寬四度（550 音分）和四分音寬五度（750 音分左右）等中立音程。〔註 95〕埃及音樂學家薩米・哈菲茲認爲，辨別伊斯蘭曲調的最顯著特徵，就是看音程中除全音、半音外，是否還有四分之三音。〔註 96〕在阿巴斯王朝諸多音樂家的努力下，以四分之三音和中立三度、中立六度爲特徵的伊斯蘭音律最終定型，經歷代音樂家傳承沿用至今，成爲伊斯蘭音樂區別於其它民族樂律的最顯著標誌。新疆維吾爾木卡姆中舉足輕重的中立音級，伊斯蘭音樂的影響毋庸置疑。

　　另一方面，如果我們將視線在「新疆地區維吾爾木卡姆地理分佈圖」（圖 5−9）上自西向東移動，可看到在「刀郎木卡姆——十二木卡姆——吐魯番木卡姆——哈密木卡姆」的序列分佈中，中立音特色音律的影響逐漸減弱。至新疆東大門的哈密地區，音樂更多呈現出河西走廊乃至中原文化影響，與曲風熾烈的刀郎木卡姆已有天淵之別了。

〔註93〕韓寶強：《維吾爾刀郎木卡姆音律研究》，原載全國藝術科學「九・五」規劃課題組編著《刀郎木卡姆的生態與形態研究》（北京：中央音樂學院出版社，2004 年），後收入韓寶強《音樂理論：請注明你的有效性》（音樂文集），上海：上海音樂學院出版社，2004 年，第 141 頁。

〔註94〕參閱周吉《中國新疆維吾爾木卡姆》，北京：中央音樂學院出版社，2008 年，第 82～90 頁。

〔註95〕周吉：《〈刀郎木卡姆〉的生態與形態研究》，載全國藝術科學「九・五」規劃課題組編著《刀郎木卡姆的生態與形態研究》，北京：中央音樂學院出版社，2004 年，第 57 頁。

〔註96〕〔埃及〕薩米・哈菲茲：《阿拉伯音樂史》，北京：人民音樂出版社，1980 年，第 113 頁。

圖 5－9：新疆地區維吾爾木卡姆地理分佈圖〔註97〕

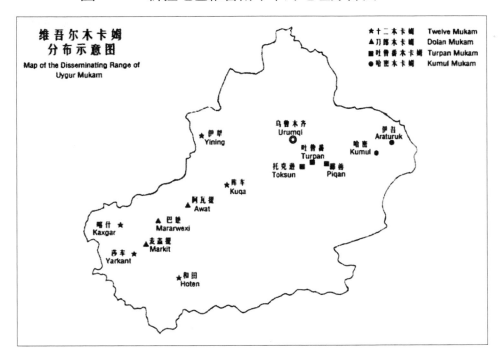

沿河西走廊繼續向東的陝甘寧，是變體燕樂音階在北方的主要流行地區。對於這一帶音樂中遊移音級（以秦腔「苦音」為代表）的特性，學界多有討論，有中立音說、純律說、純律與中立音兼用說等觀點。韓寶強先生通過對秦腔《火焰駒·花園悲怨》、眉戶《梁秋燕·軟月調》、弦板腔《紫金簪·哭簪》、秦腔《秦香蓮·闖宮》、民歌《農業社四季調》、碗碗腔《金碗釵·借水》等唱段的測音分析，得出如下結論：這些音樂片段中所有含 fa 和 ᵇsi 的音程，仍以三分損益律為主（占 60%），兼有純律音程（占 28%），少有中立音程（占 13%）；陝西傳統音樂使用的是一種以三分損益律為主、兼用純律的復合律制。〔註98〕

韓寶強先生通過大量測音數據比對分析，將陝西傳統音樂中偏高的 fa 和

〔註97〕圖片參見《中國新疆維吾爾木卡姆藝術樂器圖像音像集粹》編集委員會編《中國新疆維吾爾木卡姆藝術樂器圖像音像集粹》，北京：中央音樂學院出版社，2007 年，第 5 頁。

〔註98〕參見韓寶強《論陝西民間音樂的律制》，原載《音樂學習與研究》1985 年第 2 期，後收入作者音樂學文集《音樂理論：請注明你的有效性》，上海：上海音樂學院出版社，2004 年，第 193、199 頁。

^{b}si，定性爲純律音級屬性，這是符合音樂事實的論斷，與黃翔鵬先生「陝西傳統音樂不大用基列 ^{b}si，多用一次高列 ^{b}si」的判斷也相吻合。陝西地區變體燕樂音階的清羽音級，其遊移（微升）幅度與新疆維吾爾音樂明顯有別——木卡姆中的音級遊移爲四分之一音左右，表現出較明確的中立音屬性；陝西傳統音樂中的 ^{b}si，遊移（微升）幅度在普通音差左右，約合 1／9 全音。後者較小幅度的音高變化，形成原因又是什麼呢？我們或可嘗試從音律地域分佈角度，在陝西音樂與其它地區遊移音級的聯繫中探尋。

從新疆「喀什－莎車－麥蓋提－巴楚－庫車－吐魯番－哈密－伊吾」，再到河西走廊的「嘉峪關－張掖－武威－蘭州」以至寧夏、陝西，調式遊移音級無論從數量還是運動幅度等方面，總體上均呈現出減弱趨勢，逐漸遠離風格鮮明的中立音律，接近中原傳統音樂較多採用的五度相生律制。流行於陝西一帶的變體燕樂音階，正處在伊斯蘭音樂影響逐漸減弱過程中，因此其清羽音級雖然微升，卻往往達不到準確的四分之一音（占 28%），僅少量音程（占 13%）具有中立音特徵。西北地區變體燕樂音階的清羽，固然體現出「純律」、「復合律制」等特性，但更應視作自西亞東流的伊斯蘭音樂經新疆後在中原內地影響力減弱的體現。變體燕樂音階中的 $\sharp^{b}$si，本質是伊斯蘭中立音影響弱化的結果。繆天瑞先生《律學》一書，據上述韓寶強先生測音結果，將秦腔苦音調式規範爲中立音徵調式（即「變體燕樂音階徵調式」），〔註99〕或可從另一側面說明秦腔苦音背後隱含的伊斯蘭音樂影響。

陝西東部的山西、河南、河北等地，傳統音樂中清羽音級使用較少。筆者曾選擇民族器樂合奏《喜洋洋》和評劇《劉巧兒・巧兒我採桑葉》兩例，對樣本中的 ^{b}si 音級進行測量。〔註100〕《喜洋洋》係民樂演奏家劉明源先生據山西民歌改編而成，評劇是流行於華北、東北一帶的劇種，二者音樂中的「清羽」音高，可大致反映山西、河北一帶「燕樂音階」音級的某些特性。現將測音結果列舉如下（譜 5－3，譜 5－4）：

〔註99〕 參閱繆天瑞《律學》（第三次修訂版），北京：人民音樂出版社，1996 年，第237 頁。

〔註100〕 測音樣本之一：民族器樂合奏《喜洋洋》，劉明源曲，王力南配器，中國廣播民族樂團演奏，中國唱片 ISRN CN-A01-04-449-00/A.J6；CCD-1963；測音樣本之二：評劇《劉巧兒》（影片），新鳳霞主演，長春電影製片廠，1956 年攝製。本測音採用小提琴持續音模擬旋律瞬間音高，進而用通用音樂分析系統（GMAS）測量持續音的方法進行。

譜 5－3：民族器樂合奏《喜洋洋》（片段）

譜 5－4：評劇《劉巧兒·巧兒我採桑葉》（片段）

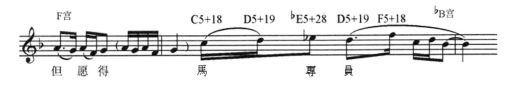

可以看出，《喜洋洋》中的清羽（F）和宮音（G）之間為 189 音分，較基列的清羽偏高 15 音分；《劉巧兒》中的清羽（♭E）距宮音（F）190 音分，較基列清羽偏高 14 音分。二者微升後均未達到高列音高，遊移程度與某些秦腔苦音唱腔相比，顯示出更為穩定的特徵。不僅如此，這類包含清羽的旋律中的其它音級，也少有遊移現象，與西北地區音樂相比穩定得多。這種情況和黃翔鵬先生描述的北方東部地區變音的音高特性完全一致。

從我國西端的新疆喀什、麥蓋提到東部的河北、河南、山東，各地傳統音樂音級的中立音性質及數量逐漸減弱。〔註 101〕這一有趣且耐人尋味的現象，折射出伊斯蘭音樂影響力自西向東遞減的事實。音樂的音律分佈特點與風格特徵，與音樂的創造者和承載者密切相關。清羽及其它音級遊移地域性分佈的深層原因，或可從伊斯蘭信仰在我國的傳播中探尋答案。

2、伊斯蘭信仰分佈對「清羽」地域性特徵的影響

伊斯蘭教的信仰者被稱為穆斯林（Moslem），即「順從者」之意。當前我國境內的穆斯林群體，一般指以伊斯蘭教為主要信仰的十個少數民族，即：回族、維吾爾族、哈薩克族、東鄉族、柯爾克孜族、撒拉族、塔吉克族、烏孜別克族、保安族、塔塔爾族。我國第五次人口普查（2000 年）數據顯示，這些民族除回族外，其餘九個民族 90%以上人口都分佈在新疆、甘肅、青海三省（自治區），表現出很強的聚居性特徵。回族人口分佈則帶有大散居、小

〔註101〕關於此點，可選擇我國北方各地代表樂種（劇種），對其中的音級遊移特性和數量、分佈等，作詳盡的測音統計分析，得出更為細化的規律性認識。時間精力所限，這裡僅作為問題提出，待另文探討。

聚居特點，幾乎在全國各省、自治區、直轄市都有分佈，相對集中的省份是寧夏、甘肅、河南、新疆、青海等省（自治區）。現據「第五次人口普查數據（2000 年）」之「省、自治區、直轄市分性別、民族的人口表」〔註 102〕，從中抽取伊斯蘭十大民族在我國北方 12 個省份的分佈數據，按各地區人口數量排序，得到如下表格（表 5－7）：

表 5－7：中國伊斯蘭十大民族人口地區（局部）分佈表（2000 年）

單位：人

地　區	合　計	回	維吾爾	哈薩克	東鄉族	柯爾克孜	撒　拉	塔吉克	烏孜別克	保　安	塔塔爾
新疆	10705521	839837	8345622	1245023	55841	158775	3762	39493	12096	571	4501
寧夏	1865084	1862474	312	69	2168	5	38	——	2	14	2
甘肅	1668916	1184930	2131	2963	451622	13	11784	99	18	15170	186
河南	958421	953531	4623	38	29	15	92	73	10	2	8
青海	844428	753378	431	407	2498	8	87043	15	1	635	12
河北	544578	542639	1785	29	37	15	30	35	2	——	6
山東	500194	497597	2386	49	28	16	21	81	4	3	9
北京	240006	235837	3129	400	101	45	413	22	23	7	29
內蒙古	211476	209850	1259	20	118	153	26	29	8	7	6
天津	173511	172357	974	34	51	13	32	30	7	1	12
陝西	140623	139232	1187	122	26	19	22	7	6	1	1
山西	62914	61690	1084	23	9	1	8	94	3	2	——

我國的穆斯林群體主要分佈在北方地區。從上表數據可以看出，其分佈由西向東呈逐級遞減趨勢。我們可將以上所列省（自治區、直轄市），劃分為西部（新疆）、中部（青海、甘肅、寧夏、內蒙古、陝西）、東部（山西、河南、河北、山東、北京、天津）三個區域。分別統計各區域的穆斯林人口數量，得到如下數據：

（1）第一區域（西部）：10705521 人；

（2）第二區域（中部）：4730527 人；

（3）第三區域（東部）：2479624 人。

〔註 102〕資料來源：http://www.stats.gov.cn/tjsj/ndsj/renkoupucha/2000pucha/html/t0106.htm，2014 年 2 月 19 日。

　　顯然，在我國北方廣大地區，穆斯林群體以新疆最爲集中，中部省份其次，東部地區最少。穆斯林人口自西向東遞減分佈，意味著伊斯蘭教及其文化影響，同樣存在自西向東漸趨減弱的態勢。孟航的《中國穆斯林人口分佈格局淺析》一文，給出了我國穆斯林人口分佈格局的總體狀況，如下表（表5－8）：〔註103〕

表5－8：中國穆斯林人口分佈總體格局

指　　　標	第一階梯	第二階梯	第三階梯	第四階梯
包括地區	新　疆	甘寧青	華北、雲貴、關中等	其它地區
包括省區數（個）	1	3	11	16
占全國穆斯林總人口的比例（％）	52.68	21.55	20.62	5.15
占當地總人口的比例（％）	＞50	5～35	0.4～2	＜0.4
清眞寺占全國總量的比例（％）	70.09	19.23	9.04	1.64
每5000穆斯林擁有的清眞寺的數量（座）	＞10	5.5～9	1.3～5	≤3.8

　　孟文特別注明，表格「第三階梯」包含的11個省區爲：河南、雲南、河北、山東、安徽、遼寧、北京、內蒙古、天津、貴州、陝西，這是出於考察全國穆斯林分佈總體情況而作的歸納。由於這裡旨在關注我國北部地區自西向東的穆斯林分佈，出於地理位置連續性考慮，特將陝西和內蒙古併入「中部地區」（即孟文表格的「第二階梯」），並剔除「第三階梯」中的南方和東北各省同時增加山西數據，得到北方穆斯林人口的階梯型分佈狀況。可以看出，無論單純從穆斯林人口數量考察，還是兼顧穆斯林人口所佔比例、清眞寺數量、人均清眞寺擁有量等指標，伊斯蘭文化在我國的影響力都呈現出自西向東逐漸減弱的態勢。有學者指出：「從當今中國伊斯蘭教的全國形勢來觀察，可以明顯地看出存在著一個信仰階梯，即中國穆斯林的信仰心態存在著由西向東漸次下降的階梯。」〔註104〕這一論斷是符合伊斯蘭文化在我國影響力的實際情況的。

〔註103〕參見孟航《中國穆斯林人口分佈格局淺析》，《西北民族研究》2004年第4期，第81頁。
〔註104〕秦惠彬主編：《中國伊斯蘭教基礎知識》，北京：宗教文化出版社，1999年，第9頁。

　　變體燕樂音階清羽遊移幅度自西向東逐漸減小，其它音階中帶中立音性質的音級數量逐漸減少，這些音樂形態方面的規律性地域分佈，與我國伊斯蘭文化傳播的「信仰階梯」驚人一致，讓我們難以否定變體燕樂音階及其它音級遊移特性與伊斯蘭文化分佈強度的關係。正是歷史上東流的伊斯蘭文化長期以來自西向東階梯分佈的事實，造就了伊斯蘭音樂在我國不同地域的不同影響力，及其與本土音樂結合後呈現出的不同音階形態——至少它是造成這種音樂形態分佈特徵的重要因素之一。我們可嘗試以七聲調式中的清羽、變宮兩音級爲例，將其在東西不同地域的遊移特性及與伊斯蘭信仰分佈強度的關係，概略圖示如下（圖 5－10）。其中的各音級音分數據，爲理論化後的標準值，以五度相生律、純律和十二平均律爲基準；各音級律高與地域間非嚴格對應，僅是對我國北方地區音級遊移特性的概略說明。

圖 5－10：中國北方地區清羽（變宮）遊移與伊斯蘭信仰分佈的關係

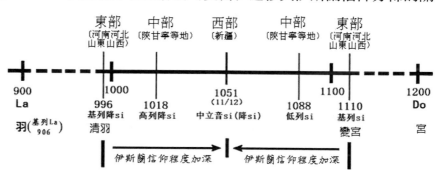

三、伊斯蘭音樂影響宋元以來音律形態與宮調結構的可能性探討

　　音樂學家王光祈先生早在 20 世紀 20 年代，曾對柏林學派的「世界三大樂系說」（希臘樂系、波斯－阿拉伯樂系、中國樂系），以歷史的、流動的眼光予以比較音樂史學角度補充論證，探討了三大樂系之間的傳播關係。他在1929 年出版的《東方民族之音樂》中指出：「『中國樂系』不但流入四鄰各國，並且南流爪哇，西涉南洋群島，以至於南美洲。……（波斯亞剌伯樂系的）主要標識爲『四分之三音』、『中立三階』及『中立六階』。此係自波斯、亞剌伯發源，東南一支流入印度、緬甸、暹羅（筆者按，即泰國）以至於爪哇，東北一支走入蒙古與中國。」〔註105〕從他繪製的「三大樂系流傳關係圖」（圖

〔註105〕王光祈：《東方民族之音樂》，載《王光祈文集》（音樂卷），成都：巴蜀書社，

5－11）可以看出，緬甸、暹羅、爪哇等東南亞地區的獨特音律，是阿拉伯和中國共同影響的結果；中國的西北一帶音樂，也明顯遺存有阿拉伯中立音律的影響。

圖 5－11：王光祈世界三大樂系流傳關係圖〔註 106〕

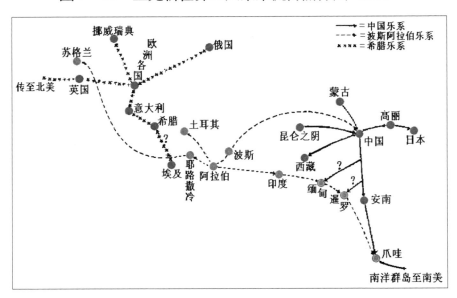

　　岸邊成雄在此基礎上，進一步分析伊斯蘭音樂對中國音樂的影響，認為這種影響「觸及近代以及現代中國音樂的根基」〔註 107〕。通觀岸邊先生著作不難發現，他所謂的「觸及近代以及現代中國音樂根基」的影響，主要是指元代音樂對伊斯蘭樂器的吸取，尤其是傳入的火不思和胡琴，以及在此基礎上發展而來的三弦，對元以後中國音樂具有決定性影響。「三弦和胡琴曾對清朝以後的中國音樂產生過極大的影響。特別是聲樂，由於模仿胡琴才獲得今日這般技巧，這樣說也不是言過其辭的。」〔註 108〕筆者認為，一種外來音樂對本土音樂發生實質影響，樂器交流僅為問題的一方面，更重要的是音樂形

　　　　　　1992 年，第 212～213 頁。
〔註 106〕王光祈：《東方民族之音樂》，載《王光祈文集》（音樂卷），成都：巴蜀書社，1992 年，第 211 頁。
〔註 107〕〔日〕岸邊成雄：《伊斯蘭音樂》，郎櫻譯，上海：上海文藝出版社，1983 年，第 90 頁。
〔註 108〕〔日〕岸邊成雄：《伊斯蘭音樂》，郎櫻譯，上海：上海文藝出版社，1983 年，第 93～94 頁。

態和審美觀念的變化。本節關注宋元以來伊斯蘭文化在我國的傳播，探討與之密切相關的「變體燕樂音階」對傳統音階形態的若干可能影響，初步得出如下結論：

(1) 變體燕樂音階商調式與紮爾紮爾音階、變體燕樂音階徵調式與拉斯特音階，兩組音階間存在明顯的「異質同構」關係，不同之處在於中立音級的遊移程度，以及音階的構成原則和旋法。

(2) 傳統音樂中變體燕樂音階的分佈，與唐宋以來伊斯蘭文化在我國的傳播區域大體一致。中國音樂史上廣為流行的變體燕樂音階，是繼承隋唐燕樂音階特質同時又接受伊斯蘭音樂影響的結果。宋元以來這種音階在實踐中廣泛應用，是中國傳統樂種塑造特性風格的重要基礎。

(3) 北方變體燕樂音階中清羽音級的遊移幅度，以及其它帶中立音性質的音級數量，均呈現出自西向東逐漸減小（少）的分佈態勢。這一規律性分佈與伊斯蘭文化在我國北方地區傳播中形成的「信仰階梯」密切相關。

(4) 歷史上東流的伊斯蘭文化，對宋元以來音樂風格形態變遷具有重要影響。

以上觀點能否成立，有待今後從不同角度、以更多新材料加以論證。但無論如何，宋元以來伊斯蘭文化大舉傳入和「變體燕樂音階」流行，則是中國文化史、音樂史中不可否認的事實。如果我們承認變體燕樂音階在歷史上的合法地位，承認傳統七聲音階（正聲音階、下徵音階、清商音階）中的二變音級，存在因外來伊斯蘭音樂影響而產生遊移，則宋元以來音樂實踐中的本體形態特徵，包括樂器音位、音律結構、宮調理論等諸多問題，就存在重新考量的可能。

以傳統彈撥樂器琵琶的音位變遷為例，明清以來琵琶音位中的舊七品、舊十一品，使這件樂器擁有明顯的中立音性質音位，為變體燕樂音階的呈現提供了物質基礎。這種變化出現於何時？形成原因何在？我們知道，唐代流行的琵琶多為四相形制，保存至今的敦煌琵琶譜二十譜字，就是對當時琵琶音位的記錄說明。史料顯示，多柱位琵琶大約出現在唐末五代時期。現藏倫敦大英博物館的敦煌藏經洞絹畫「熾盛光佛及五星圖」（絹本設色，高 80.4 釐米，寬 55.4 釐米）中，繪有「五星」追隨熾盛光佛的場面（圖 5－12）。絹畫下方的西方金星（太白星），被描繪為女子形象，身著白練衣，雞冠，手撫琵

琶，用捍撥彈奏（圖 5－13）。其所用琵琶爲梨形、四絃，面板上有鳳眼。值得注意的是，在這件琵琶的琴頸下方、面板上端處，有三個十分明顯的品，如下圖：

圖 5－12：唐代絹畫　　　　　　圖 5－13：「熾盛光佛及五星圖」局部
「熾盛光佛及五星圖」　　　　　之「西方金星彈琵琶形象」〔註109〕

此畫上方有楷書題記「乾寧四年正月八日熾盛光佛並五星，弟子張淮興畫表慶記」，現代畫家傅抱石先生據此認爲，此畫製作年代是很明確的，是唐昭宗乾寧四年（897 年）。〔註110〕如此則至遲到唐末五代時期，音樂史上已出現品柱多達七個的四絃曲項琵琶。然而，從五代顧閎中《韓熙載夜宴圖》所繪琵琶來看，當時宴飲中使用的曲項琵琶仍爲四相，似乎五代時期琵琶的主流形制仍以四相爲主，多柱琵琶雖已出現，但尚未普遍應用。

關於這種四相多柱琵琶的來源，日本學者林謙三將現藏於日本正倉院的唐制阮咸與近代曲項多柱琵琶兩件樂器的柱制比較後認爲：「近代中國的琵琶，據我想來，大約是於胡琵琶之身體上應用了秦漢子十二柱或阮咸而成的，

〔註109〕以上兩圖，參見 http://bbs.findart.com.cn/3144745.html，2016 年 9 月 8 日。
〔註110〕傅抱石：《中國繪畫變遷史綱》之「中國美術年表」，上海：上海古籍出版社，1998 年，第 204 頁。

不會是唐代以來的制度。」〔註111〕也就是說，多柱琵琶並非西域傳入的胡琵琶原型，而是唐末至宋以來人們在四相琵琶基礎上，融合阮咸品柱形制改良而成的新品種。林氏認爲中國近世的琵琶吸收阮咸品柱設置進而發展出多柱形制，是富於歷史洞察力的卓見。那麼，近代傳統琵琶上的中立音性質的舊七品、舊十一品品位，是否隨著唐末以來琵琶對阮咸柱位的吸收便得到確立呢？情況似乎並非這麼簡單。日本奈良東大寺正倉院保存有唐代阮咸遺物，據其柱位尺寸可算得各音位間的音程關係如下（表5−9）：〔註112〕

表5−9：正倉院北倉阮咸柱位音程關係推算表

柱位	距乘弦距離	有效弦長	與全弦比值	距空弦音分值	相鄰音分值	參考音高
乘弦	0.00	66.90	1.00	0.00	——	c
1柱	7.00	59.90	1.12	191.34	191.34	d
2柱	10.60	56.30	1.19	298.65	107.31	#d
3柱	13.70	53.20	1.26	396.70	98.05	e
4柱	16.75	50.15	1.33	498.91	102.21	f
5柱	22.50	44.40	1.51	709.74	210.83	g
6柱	24.85	42.05	1.59	803.88	94.14	#g
7柱	27.05	39.85	1.68	896.91	93.03	a
8柱	29.65	37.25	1.80	1013.72	116.81	#a
9柱	**33.10**	**33.80**	**1.98**	**1181.98**	**168.26**	**c¹**
10柱	37.20	29.70	2.25	1405.85	223.87	d¹
11柱	39.40	27.50	2.43	1539.09	133.24	e¹
12柱	41.20	25.70	2.60	1656.29	117.20	f¹
13柱	42.90	24.00	2.79	1774.77	118.48	#f¹
14柱	46.60	20.30	3.30	2064.63	289.87	g¹

〔註111〕 參見韓淑德、張之年《中國琵琶史稿》（增補本），上海：上海音樂學院出版社，2010年，第128頁。

〔註112〕 正倉院藏唐代阮咸的柱位尺寸數據，參見林謙三《正倉院樂器の研究》，東京：風間書房，1964年，第157頁。

從上表所列音柱間的音分值可以看出，阮咸空弦與九柱間應爲純八度關係。第九柱及其以上柱位由於音區較高，距與空弦音程較爲雜亂，但相鄰間音程關係基本接近全音、半音標準（誤差多在最大音差範圍內）。第九柱以下的各音位，相鄰音程均爲明確的全音、半音關係，並無近代中國傳統琵琶上所用帶有中立音性質的音位（第八、九柱間的音程爲 168.26 音分，係距空弦純八度關係的第九柱偏低所致，性質與特殊設定的中立音品柱不同）。若確如林謙三先生所言，早期多柱琵琶排品吸收了阮咸的柱位形制，則上述唐代阮咸的音柱標準，某種意義上可認作早期多柱位琵琶音位的縮影。也就是說，唐末至宋代以來出現的早期多柱琵琶，其借鑒阮咸音位而形成的品柱設置，總體音律仍傾向於傳統十二律的全音、半音標準，尚無明清時期琵琶廣爲應用的中立音性質音品。

明清琵琶品柱中帶有中立音性質的音位，到底何時出現，形成原因又是什麼呢？這就使我們不得不關注宋元時代伊斯蘭音樂傳播對中原音樂的影響。對比前文所述桼爾桼爾中指音位可知，近代傳統琵琶上的舊七品、舊十一品音位，與前者如出一轍，很可能是伊斯蘭音律對中原音樂長期影響與琵琶品柱由簡到繁發展的結果。王光祈先生早年在《中國音樂史》中敏銳指出，中國近代琵琶的音律形制是阿拉伯樂制改革持續影響的結果，〔註113〕的確是深有見地的識斷。

由此我們可進一步聯想到以下史實：元代以來，北宋陳暘《樂書》記載的九孔篳篥已「聲器浸殊」，背孔「勾」字逐漸廢棄並形成「以上代勾」，朝著八孔管演進，俗字譜「點勾用上」大行於世；從音階形態發展看，元以後獨尊下徵音階，且乙、凡二字不再詳分高、下，以致「變體燕樂音階」廣爲流行。將這些音階方面的變化與彈撥樂器、吹管樂器的音位變遷相聯繫，則由宋至元積久難辨的諸多音樂形態問題，到底是什麼因素促成？〔註114〕筆者認爲，宋元以來一系列傳統音樂形態的重大變革，均難排除包括阿拉伯獨特音律在內的外來音樂文化的影響。一種音樂形態與風格的轉變，除自身內部因素完善發展外，外來音樂文化融入是不容忽視的因素。尤其對於中國古代以自然經濟爲主體、以樂人群體性自然傳承爲主要生存方式的音樂文化而

〔註113〕 王光祈：《中國音樂史》，桂林：廣西師範大學出版社，2005 年，第 69～76 頁。

〔註114〕 以上問題，參見黃翔鵬《樂問》之「七十一、點勾用上，何分上下？」北京：中央音樂學院學報社，2000 年，第 88～89 頁。

言，外來音樂要素在形態演變中的影響與作用不容忽視。

宋元以來變體燕樂音階成為時代音樂風尚的表象背後，隱藏的是伊斯蘭音樂廣泛傳播的事實。如果我們充分估計伊斯蘭音樂的中立音特質對傳統音階「變聲」的影響，則上述眾多音樂史中的樂律難題，或有柳暗花明之感。例如管色樂器中「勾」字的廢棄，不僅與宋初隨「角調」失傳而引發的「八聲之樂」的消失有關，也與下徵音階形成穩定音階形態被廣泛使用有關，還與變體燕樂音階確立後變宮、變徵的遊移性決定上、勾二字不必詳分高下密切相關。就伊斯蘭音樂對中原傳統宮調理論的影響而言，這種不同於傳統十二律位的獨特音律系統，首先影響的就是傳統音階的構成形態。唐宋以來的俗樂二十八調系統，以正聲音階為其理論構建的音階基礎，但實際應用中的二十八調各「調」，卻能在遵循相同煞聲原則的前提下表現出三種不同的音階形態，這就是黃翔鵬先生著名的「同均三宮」理論。伊斯蘭音樂元素融入中原音樂後，為三種基本音階結構注入新的因素，使得以「均、宮」為統領、以不同音階各調為表現的宮調系統，獲得了更為廣闊的表現空間，極大地拓展了傳統宮調理論的應用範圍。另一方面，伊斯蘭音樂音律遊移性對中原傳統音階的影響，也很可能使元代俗樂宮調的煞聲功能進一步弱化、七均傳統得到突出加強。以往宮調理論中總結的「管色通七均」（陳暘《樂書》），元代以來在音律遊移、模糊的影響下，逐漸被民間更為實用的「七宮還原」技法取代。十二律位盡皆齊備、七均旋宮圓轉無礙的「工尺七調」系統，逐漸取代唐宋以來盛行的俗樂二十八調體系，成為明清時代傳統音樂宮調理論的主流形態之一。

值得注意的是，強調宋元以來伊斯蘭音樂對中國音樂的影響，並不意味著贊同後者完全被伊斯蘭化。誠如本節所論，這種影響是因伊斯蘭文化傳播地域及分佈強度的不同，而存在地域和民族間形態差異的。同時，中國本土音樂接受伊斯蘭音樂文化要素，也存在對傳入特性音律的選擇、取捨的過程，絕非全盤接受。例如，《元史·禮樂志》載：「興隆笙，……中統（1260～1263 年）間，回回國所進。以竹為簧，有聲而無律。玉宸樂院判官鄭秀乃考音律，分定清濁，增改如今制。」〔註115〕所謂「有聲而無律」，即阿拉伯管風琴音律與我國傳統音律不符，因此樂官鄭秀才有「考音律」、「定清濁」之舉，以符合當時「中國人的耳朵」。變體燕樂音階以傳統七聲音階為基礎，保

〔註115〕《元史·禮樂志》卷七十一，北京：中華書局，1976 年，第 1771 頁。

持五正聲的獨立地位，僅在變音上作中立音性質遊移，同樣是保持中原自身傳統對伊斯蘭音樂進行揚棄的體現。此外，強調宋元以來 ♯fa 和 ♯♭si 在傳統音階中的重要地位，也並不意味著承認我國各民族音樂廣泛存在的中立音現象，都是隋唐以來「阿拉伯－伊斯蘭音樂」影響的結果。各民族、地域音樂中的中立音級，不排除歷史進程中自主創用與選擇的可能。但問題的另一面是，摒棄以某文化爲絕對中心的傳播主義固然可貴，但對歷史上伊斯蘭音樂影響我國音樂的可能與程度不作充分估量甚至盲目否定，同樣是音樂史研究中應愼重對待的問題。

岸邊成雄先生談及治史心得時說：「研究唐代音樂，不瞭解印度、西亞、中亞的音樂是不行的。」「筆者是從研究中國音樂開始來研究東方音樂的，我所最關心的是把整個東方音樂進行比較，瞭解它們之間的聯繫，敘述一個統一的東方音樂史。」〔註 116〕這是一種關照中國音樂歷史的宏闊視野，也是對王光祈提出並踐行的比較音樂史學理念的繼承和發揚。筆者在《王光祈比較音樂史學思想對中國學界的影響》一文，曾提出當前我國學界展開比較音樂史學研究的若干資料基礎，包括：「①古代漢文典籍中有關中國音樂的記載；②古代漢文典籍中有關異域民族音樂的記載；〔註 117〕③以『民族民間文藝十大集成志書』爲代表的各民族音樂普查資料；④以「中國音樂文物大系」爲代表的各地區、民族音樂考古資料；⑤東西方學者整理出版的阿拉伯、印度、日本、朝鮮等地區的音樂典籍；⑥百年來東西方學者（主要是德、法、英、日、美等國）有關西亞、中亞、南亞、東南亞、東亞以及非洲、南北美洲、澳洲音樂的比較音樂學論文、專著及收集整理的唱片、影像資料；⑦國內學者已取得的相關研究成果；⑧研究者本人對國內各民族傳統音樂的實地考察；⑨研究者本人對域外各民族、地區音樂的實地考察。」〔註 118〕考察宋以來宮調理論的演變發展以及當代傳統音樂形態的歷史淵源，同樣需要立足這些基礎，在「統一的東方音樂史」中，探尋有關中國音樂歷史形態問題的更多答案。

〔註 116〕〔日〕岸邊成雄：《伊斯蘭音樂》，郎櫻譯，上海：上海文藝出版社，1983 年，第 6、3 頁。

〔註 117〕這裡所說的「古代漢文典籍」，既包括我國歷代流傳至今的文獻資料，也包括大量現存域外（如朝鮮、日本、越南）的漢文史料。王小盾先生多年來在域外漢文音樂史料方面用力頗勤，爲學界提供了一批重要成果。

〔註 118〕李宏鋒：《王光祈比較音樂史學思想對中國學界的影響——兼及比較音樂史學科方法論的幾個問題》，《音樂探索》2012 年第 2 期，第 47 頁。

第六章　明代工尺唱名與調名體系的應用特徵

　　明代以來，城市手工業和工商業繼續發展，大量人口源源不斷湧入城鎮，市民階層較之宋元時代更為壯大，以民歌、歌舞、彈詞、鼓詞、器樂、戲曲等為主要形式的市民音樂文化蓬勃發展，得到更為廣泛的傳播。傳統音樂中的五大門類（民歌、歌舞、器樂、說唱、戲曲）自此逐漸定型並表現出各自獨特的表演體制。在眾多的傳統音樂形式中，戲曲音樂承接宋元傳統繼續發展，當之無愧地成為此時期音樂藝術的主流。尤其經過明嘉靖、隆慶（1522～1572 年）年間魏良輔等人改革的崑山腔，在有明一代各類南曲聲腔中一躍而起，成為流傳最廣、影響最大、留存時間最長的聲腔系統。在這一聲腔表演體系中，曲笛作為音樂定調和唱腔伴奏的主導，在戲曲樂隊中居於核心地位。

　　器樂演奏方面，明代各地多種合奏形式興起。傳承至今的許多傳統器樂，如西安鼓樂、智化寺京音樂、山西八大套、冀中管樂、十番鑼鼓、十番鼓等，絕大多數都可追溯到明代。這些樂種多以笙、管子、笛、嗩吶等為主要旋律樂器，管色樂器在器樂曲的定調和宮調轉換方面，發揮著不可替代的作用。明代占主流地位的戲曲和器樂曲的表演實踐表明，管色樂器和基於此類樂器的調高、調名系統，是本時期宮調理論特徵的重要實踐基礎和表現形式。這種沿襲自唐宋管色實踐的宮調命名傳統，也是溝通明清與唐宋兩不同時期俗樂宮調系統的主體和基礎。

　　儘管宋至明的俗樂宮調實踐擁有一致的樂器基礎，但由於不同時代音樂

種類、藝術風格和審美風尚的變遷，各時期的流行音樂形態及宮調構成要素已存在差異。從歷史文獻反映出的管色樂器的記譜法、唱名法、調名法等方面情況看，明代工尺譜更多採用「上、尺、工、凡、六、五、乙」的正體字記寫，僅少數古老樂種如西安鼓樂、智化寺京音樂等保留了較爲古老的俗字譜形式。唱名法方面，宋代管色俗字譜所用與二十八調相對應的固定調唱名法，在明代諸多器樂記譜中依然廣泛應用，但明末清初服務於戲曲「依字行腔」記寫的工尺譜字，則出現首調唱名法的端倪。宮調理論體系方面，兩宋時代廣爲流行的俗樂二十八調系統，僅在宮廷詩樂等小範圍音樂實踐中得以保留，其在明代俗樂實踐中則進一步蛻變，調名煞聲內涵脫落，殘存調名僅存七均（宮）指示功能，甚至被更爲簡明的直接體現管色應指字法實質的「工尺七調」取代。

基於上述認識，本章擬從俗樂調名向工尺調名轉型角度切入，結合明代音樂圖譜文獻及相關傳統音樂和音樂文物遺存，從音樂實踐角度探討當時工尺譜唱名體系的應用特點。通過對相關樂器音位及雅樂與俗樂曲譜的分析梳理，論證明代以「合」與「尺」爲調首的工尺譜唱名特徵，和此時廣爲流行的以「正宮調（五字調）調名系統」爲基礎的工尺七調理論體系。在此基礎上，筆者還將結合傳世音樂文物「笛色譜字調定位尺」，進一步考證明代俗樂宮調理論的演變和實踐應用。針對明代工尺調名體系雖已確立，但唐宋俗樂宮調在音樂實踐中仍有使用的情況，本章將以較具代表性的明末文人詞樂《魏氏樂譜》爲例，對其歌曲所用俗樂調名逐一分析，闡明魏氏樂所用宮調的樂學含義和實際功能，更爲全面地認知唐宋俗樂二十八調的歷史變遷及其對後世宮調實踐的深遠影響。

第一節　明代音樂圖譜折射出的工尺唱名體系特徵

工尺譜是中國傳統音樂長期廣泛使用的一種記譜方式，若從見諸明確記載的北宋時期算起，迄今已有一千多年歷史。在漫長的音樂歷程中，由於歷史時期、流傳地域及樂種等的不同，工尺譜在字體、調首、唱名法及調名系統等方面，都表現出很大差異。對於工尺譜唱名體系而言，學界一般認爲其在明清時期（自明代以後開始），工尺譜字便不再固定對應律呂譜字，開始經歷從固定唱名到首調（可動）唱名的演變過程，形成以小工調爲核心的「工

尺七調」系統。也有學者從工尺七調與俗樂二十八調的繼替角度，關注工尺記譜系統從固定到可動的演變。〔註1〕這些探討對我們瞭解工尺譜的歷史演化，具有積極的參考意義。

　　然而，仔細推敲不難發現，學界將明清視爲工尺譜唱名發生首調轉化的時代，其說未免籠統、含混。近世戲曲、器樂譜中隨處可見的工尺首調唱名體系，到底能上溯到什麼時候？在明代近三百年時間裏，工尺唱名又是以怎樣的狀態應用於音樂實踐？人們對不同工尺譜唱名體系的選擇及其變遷，與音樂實踐之間存在著怎樣的依存關係？這些都是需要進一步思考的問題。本節即在前人研究基礎上，從音樂理論與實踐互動關係的角度，以明代相關音樂圖譜文獻及傳統音樂遺存爲基礎，通過對相關樂器音位及部份雅樂、俗樂曲譜等的分析梳理，探討此時期俗樂實踐中工尺唱名體系的應用特點。

一、宋代以「合」爲調首的固定工尺唱名在明代的遺存

　　所謂工尺譜固定唱名法，即以代表絕對音高的十二律呂爲基礎（歷代黃鍾音高變遷暫不考慮），工尺譜字與 12 個律呂名音高唯一對應的讀譜方法。從文獻記載看，這種唱名法很早便已出現，幾乎與工尺譜的產生同時。北宋沈括（1031～1095 年）《夢溪筆談》之《補筆談》部份的卷一「樂律」532 條，較早對這一唱名體系作了記載，其文曰：

> 　　今燕樂只以「合」字配黃鍾，下四字配大呂，高四字配太簇，下一字配夾鍾，高一字配姑洗，上字配中呂，勾字配蕤賓，尺字配林鍾，下工字配夷則，高工字配南呂，下凡字配無射，高凡字配應鍾，六字配黃鍾清，下五字配大呂清，高五字配太簇清，緊五字配夾鍾清。〔註2〕

　　有宋一代，黃鍾音高屢經變遷。爲便於下文討論，這裡設黃鍾爲宋高宗紹興中大樂律 d^1，〔註3〕將沈括所說工尺字與十二律呂對應關係，列表如下（表6-1）：

〔註1〕參見李玫《工尺譜記譜系統從固定到可動的演變》，《中國音樂學》2012 年第 1 期，第 101～112 頁。

〔註2〕中央民族學院藝術系文藝理論組：《〈夢溪筆談〉音樂部份注釋》，北京：人民音樂出版社，1979 年，第 64 頁。

〔註3〕參見楊蔭瀏《中國音樂史綱》之「歷代管律黃鍾音高比較表」，中國藝術研究院音樂研究所編《楊蔭瀏全集》（第 1 卷），南京：江蘇文藝出版社，2009 年，第 274～275 頁間插頁。

表6－1：《夢溪筆談・補筆談》工尺譜字與十二律呂對照表

十二律呂	黃鍾	大呂	太簇	夾鍾	姑洗	仲呂	蕤賓	林鍾	夷則	南呂	無射	應鍾	黃清	大清	太清	夾清
參考音高	D	$^\#$D	E	F	$^\#$F	G	$^\#$G	A	$^\#$A	B	C	$^\#$C	D	$^\#$D	E	F
工尺譜字	合	下四	高四	下一	高一	上	勾	尺	下工	高工	下凡	高凡	六	下五	高五	緊五

　　可以看出，整個體系以最低音「合」字配黃鍾爲基礎，衍生出各工尺字的固定唱名音高。「合」作爲綜合了調、器、律、譜關係的宮調系統的起點，成爲宋代雅樂體系的調首。〔註4〕爲實現與十二律呂唯一對應，個別工尺字還被冠以前綴詞「高」、「下」、「緊」，以便指稱更爲明確的音高譜字。

　　上述以「合」爲調首的固定工尺唱名系統，在宋代很多文獻中都有記載，如南宋蔡元定的《燕樂》一書（見《宋史・樂志》卷一四二引）、陳元靚《事林廣記》中的「樂星圖譜」及張炎《詞源》中的「管色應指字譜」等。那麼，這種定型於宋代的工尺譜固定唱名系統，進入明代又有怎樣的變化？是否如以往人們認爲的那樣「工尺譜字不再唯一對應律呂譜字，而經歷了從固定到首調（可動）唱名的演變過程」呢？我們可嘗試從如下幾方面考察。

1、明代雅樂曲譜採用的工尺唱名系統

　　明代宮廷雅樂已遠不能和宋代復古思潮下的「輝煌」盛況相比，無論所用樂器、樂律還是演出作品、規模等，都反映出其日薄西山的境地。明黃佐（1490～1566年）《南雍志・音樂考上》卷十三「今樂本末」條，介紹了當時雅樂的用律狀況，對雅樂日益衰微的現實表現出強烈擔憂：

　　　　凡十二律呂皆有字譜。……今太常樂所存者，黃鍾之合，太簇之四，仲呂之上，林鍾之尺，南呂之工，黃鍾清之六而已，自餘皆設而不用，如隋所謂啞鍾者。其所歌奏，實不出仲呂、黃鍾之二均，

〔註4〕關於「調首」含義，黃翔鵬認爲：「具體樂種的調首，就是綜合調、器、律、譜」四者關係的、該樂種的宮調系統的起點，因此，它也就是『正調』（或稱本調）的起點。」參見黃翔鵬《不同樂種的工尺譜調首辨別問題》，原載《民族民間音樂》1986年第2期，收於黃翔鵬《傳統是一條河流》（音樂文集），北京：人民音樂出版社，1990年，又見《黃翔鵬文存》（上卷），濟南：山東文藝出版社，2007年，第59頁。

豈國初太常卿陳昧、協律郎冷謙之所定與？不可得而知也。然歲久失傳，登獻之際，惟有歌舞而已。〔註5〕

單從樂譜方面看，由於「勾」字與「高」、「下」等變音譜字以及七聲音階「二變」的廢棄，明太常雅樂工尺譜字僅剩「合、四、上、尺、工、六」六個，旋宮能力也受到極大限制，僅有仲呂和黃鍾二均。值得注意的是，黃佐在介紹太常工尺譜字與律呂名關係時，依然以「合」字作爲最低音配黃鍾律，延續了宋代二者間確立的固定唱名對應模式。

《南雍志‧音樂上》卷十三還記載了洪武五年（1372 年）八月「欽頒樂章」的歌辭、樂器與樂曲。所附各樂器演奏譜中，有律呂名與工尺譜字的對照，均無一例外地採用了「合」字配黃鍾的形式。這裡以《洪武欽頒樂章》第一段「迎神」爲例，將工尺譜音高譯解如下（明代雅樂黃鍾音高爲 d¹〔註6〕，譜例 6－1）：

譜6－1：明代《洪武欽頒樂章》第一段「迎神」

上例中，由於樂曲爲仲呂宮，且仲呂固定對應「上」字，致使工尺唱名表現出固定調和首調的雙重性質（類似於 C 大調唱名），但這並不能掩蓋太常雅樂沿襲固定工尺唱名的事實。從《南雍志‧音樂下》卷十四我們可以看到，黃佐極爲推崇前代的詩樂作品，特據朱子《儀禮經傳通解》轉錄 12 首「詩樂譜」，並爲原譜中的律呂配寫了工尺譜字（朱子原書爲律呂譜，未注工尺）。現將《關雎》開始部份譯解如下，以示一斑（譜6－2）：

〔註5〕〔明〕黃佐：《南雍志‧音樂考上》卷十三，明代國子監專志，江蘇省立國學圖書館影印原本，1931 年。

〔註6〕參見楊蔭瀏《中國音樂史綱》之「歷代管律黃鍾音高比較表」，收入《楊蔭瀏全集》（第 1 卷），南京：江蘇文藝出版社，2009 年，第 274～275 頁間插頁。

譜6－2：《南雍志》轉錄詩樂譜《關雎》

此段樂譜，依俗樂調名爲「越調」，譯譜亦採用「越調」調號，但實爲「無射均・黃鍾宮・清商音階・黃鍾煞」。從工尺譜與五線譜的對照不難看出，樂曲開始處宮音明顯在黃鍾 D，但所配工尺譜字卻採用了嚴格與十二律呂對應的方式，即「合」字配黃鍾、「四」字配太簇、「高一」配姑洗等，屬固定調唱名體系。這一例證表明，宋代以「合」爲調首的固定工尺唱名在明代仍有遺存，至少是當時熱衷復興雅樂的士人的追求。

明代士人創作的雅樂曲譜，也採用固定工尺唱名形式記寫。以朱載堉（1536～約 1610 年）的編創樂曲爲例，《靈星小舞譜》中的《思文后稷譜章》（調寄金字經）和《古秋風辭譜章》（調寄青天歌），採用以「尺」爲宮的形式記寫；《立我丞民譜章》（調寄豆葉黃）和《古南風歌譜章》（調寄鼓孤桐），則以「上」字作爲宮音記譜，都屬於工尺譜固定唱名。《律呂精義》外篇卷二記載的「太常樂譜」以及外篇卷八記載的《堯謠》、《舜歌》、《夏訓》、《商頌》等，均以「合」字配黃鍾（曲調或爲黃鍾宮，或爲仲呂宮），也都是固定工尺譜唱名。篇幅所限，這裡僅以《思文后稷譜章》爲例，將原書工尺譜列舉如下，其它各曲讀者可自行參看（圖6－1）。〔註7〕

明代工尺譜固定唱名法的另一顯著例證，就是李文察（約 1493～1563年）爲附會「隔八相生」之法而編撰的《清宮樂章》。在這一曲譜中，他完全以「五度鏈旋法」譜曲，五字一句，句句旋宮，以求音樂「比隆於虞舜」。現將其譜開始部份示例如下（圖6－2）。〔註8〕

〔註7〕 以上樂譜，見朱載堉《靈星小舞譜》和《律呂精義》外篇卷二、卷八，東京：早稻田大學藏《樂律全書》明萬曆鄭藩刻本。

〔註8〕 參見〔明〕朱載堉《律呂精義》外篇卷三，東京：早稻田大學藏《樂律全書》明萬曆鄭藩刻本。

圖6－1：朱載堉《靈星小舞譜》中的《思文后稷譜章》（調寄金字經）

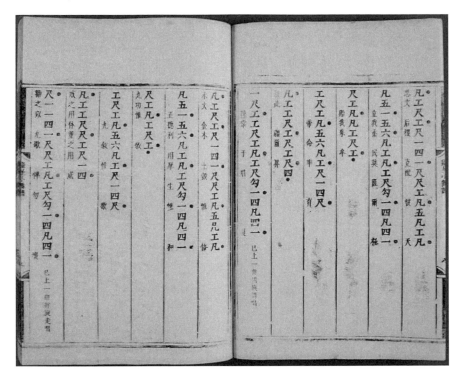

圖6－2：李文察《清宮樂章》開始部份

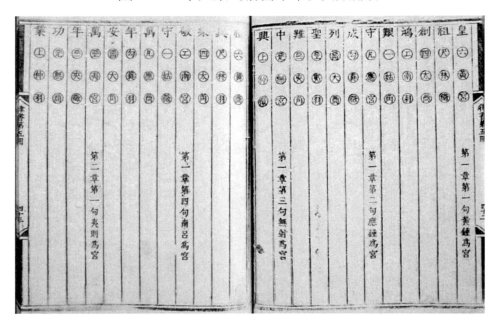

　　李文察的作曲方法自然不可取，但這種被朱載堉譏爲「鄙俚謬妄」之樂的記譜形式，卻給我們提供了觀察明代工尺譜唱名體系的極好範例。從上譜可以看出，樂曲每句以小二度關係旋宮，第一句爲黃鍾宮、第二句爲應鍾宮、第三句爲無射宮……餘此類推。雖然五聲階名隨著調高的轉換而移動位置，但工尺譜字卻始終以「六」配黃鍾爲基礎，與十二律呂嚴格對應，並未出現隨宮音改變而首調移位的情況。綜上所論，明代的雅樂工尺譜仍廣泛採用前代流行的固定唱名法，尚無向首調工尺唱名轉換的迹象。這種情況，誠如鄭榮達先生在《明清宮調之研究》所總結的：「明、清時期宮廷音樂中，工尺譜仍然是按固定唱名記敘法來記譜和讀譜的。」〔註9〕

2、明代樂器音位標注中體現出的工尺唱名系統

　　明代雅樂曲譜中使用固定工尺唱名的情況已如前述。與此相配合，太常雅樂所用樂器的音位，也體現出以「合」爲調首配黃鍾的特點。例如，《南雍志・音樂考上》卷十三，在記載明初洪武五年八月「欽頒樂章」所用樂器及樂譜時，對笛、簫音位亦有說明：

　　　　（簫）空下一孔則爲四、爲「大」，按後一孔則爲工、爲「哉」，按上二孔則爲尺、爲「宣」，空下三孔則爲上、爲「聖」。餘仿此。

　　　　笛面六孔，按譜吹之，自與簫合。按上五孔得四，空下五孔得工，按上二孔得（上）［尺］，（按）［空］下三孔得（六）［上］〔註10〕，上下具按得合。餘仿此。〔註11〕

　　從譜中「大哉宣（孔）聖」配「太簇、南呂、林鍾、仲呂」來看，簫、笛孔音位同樣採用了「合」爲筒音應黃鍾律的形式。朱載堉在《律呂精義》外篇卷四也記載說：「今太常笛六孔全閉爲『合』，擬黃鍾之正律；六孔全開爲『凡』，擬應鍾之正律。」〔註12〕所言情況與《南雍志》完全一致。現將《南雍志・音樂考上》中的笛簫音位圖列舉如下，以茲參考（圖6－3）：

〔註9〕 鄭榮達：《明清宮調之研究》，《中國音樂》2007年第4期，第56頁。

〔註10〕 此處對笛孔音位的敘述有誤，特據實際演奏指法和前文「自與簫合」之言校改。（　）內爲原文文字，〔　〕內爲筆者校改文字。

〔註11〕 〔明〕黃佐：《南雍志・音樂考上》卷十三，江蘇省立國學圖書館影印原本，1931年。下文所引該書圖片，亦出自此版本。

〔註12〕 〔明〕朱載堉：《律呂精義》外篇卷四，馮文慈點注，北京：人民音樂出版社，2006年，第930頁。

圖6-3：《南雍志·音樂考上》卷十三「簫笛音位圖」

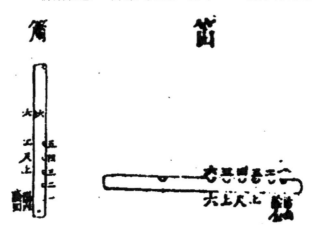

　　明代中期倪復撰寫的《鍾律通考》〔註13〕卷六「管色圖」條說：「管色者，即頭管也。頭管之制，有十字：五、凡、工、尺、上、一、四、六、勾、合。十字或作一聲，或作二聲，或作三聲，通十六聲。其制具見於圖。」該卷還對工尺字與律呂的對應關係，以及各律孔位與數度作了詳盡解說。〔註14〕從中不難看出，倪復的工尺唱名觀念完全繼承了宋人理念，固定工尺唱名體系在明代士人中，擁有不可動搖的正統地位。該書所錄篳篥音位圖如下。（圖6-4）

　　通過以上對明代雅樂曲譜及相關樂器音位記寫的分析可知，定型於宋代的工尺固定唱名系統，進入明代後並未被人們放棄。在諸多雅樂施用場合，工尺譜字記寫及其與十二律呂固定搭配等內容，始終是明代士人追求復古的重要體現。在這種固定唱名體系中，工尺譜「合」字對應黃鍾音高 d^1，作為簫、笛、管等吹奏樂器按孔全閉時的筒音。從明人用工尺譜轉錄《風雅十二詩譜》及其它雅樂創制看，當時雅樂的調名思維仍以宋代俗樂調系統為

〔註13〕該書卷首有張邦奇《序》曰：「倪子名復，字汝新，以嘉靖丙戌（1526年）秋七月書成。」可知成書時間應為1526年。中國藝術研究院音樂研究所資料室編纂的《中國音樂書譜志》（增訂本），認為其書成或出版年代為1501年，不知何據。（北京：人民音樂出版社，1994年，第5頁。）另，《欽定續文獻通考·經籍考》卷一百五十八曰：「復字汝新，上元人，正統（1435～1450年）舉人，累官知南安府事，學通經史，尤邃於鍾律。」從倪復生平可知，《鍾律通考》確為明代中期著作。

〔註14〕詳見倪復《鍾律通考》卷六，《文淵閣四庫全書》（電子版），上海人民出版社、迪志文化出版有限公司出版，標準書號：ISBN 7-980014-91-X/Z52。

圖6－4：《鍾律通考》卷六「篳篥音位圖」

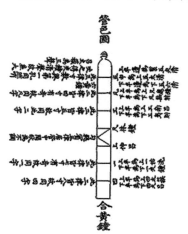

本。只不過由於雅樂式微，太常所奏「實不出仲呂、黃鍾之二均」〔註15〕，原有俗樂二十八調調名多廢而不用罷了。工尺譜字在明代雅樂曲譜及樂器音位標注中，並未顯現出向首調唱名轉化的迹象。

二、明代以「尺」爲調首的固定工尺唱名傳統

明代的工尺唱名系統，除了以「合」爲調首配黃鍾的情況外，還存在一種以「尺」爲調首配林鍾的固定唱名體系。這一體系雖然沒有像以「合」爲調首的固定唱名那樣明確見諸記載，但當時一些樂器的音律結構與俗樂曲譜，也較完整地傳達出相關信息。

1、以「尺」爲調首的固定唱名系統的歷史淵源

朱載堉在《律呂精義》外篇卷四中，記載了當時太常笙和民間六孔笛的音位，爲我們鉤沈明代以「尺」爲調首的工尺唱名體系提供了重要信息，其文曰：

> 今太常笙，「尺」字簧長，「合」字簧短，此所謂林鍾爲調首也。……林鍾爲調首者，古稱「下徵」是也。
>
> 今民間笛六孔全閉低吹爲「尺」，即下徵也。徵下於宮，故曰下徵，即林鍾倍律聲也。
>
> 從尾放開一孔低吹爲「工」，即下羽也。羽下於宮，故曰下羽，即南呂倍律聲也。

〔註15〕〔明〕黃佐：《南雍志·音樂考上》卷十三「今樂本末」條，江蘇省立國學圖書館影印原本，1931年。

　　放開二孔低吹爲「凡」，即應鍾倍律聲。

　　開三孔低吹爲「合」，即黃鍾正律聲。

　　放開四孔低吹爲「四」，即太簇正律聲。

　　放開五孔低吹爲「一」，即姑洗正律聲。

　　六孔全開低吹爲「勾」，即蕤賓正律聲。

　　此黃鍾之均七聲也。

　　其林鍾、南呂、應鍾正律之聲，及黃鍾、太簇、姑洗半律之聲，

開閉同前，但高吹耳。〔註16〕

　　朱載堉明確指出，當時太常所用笙的調首最低音並非「合」（黃鍾），而是「尺」字對應的林鍾律高。民間流行的六孔笛，筒音同樣爲「尺」（林鍾），而不是雅樂觀念中的「合」。朱載堉還詳細記載了民間六孔笛的各孔位工尺字及所應律呂，從中不難看出，以筒音「尺」爲調首的固定唱名系統，在明代音樂實踐中有著相當廣泛的應用。值得一提的是，朱載堉所說的這種民間六孔笛，在明人徐會瀛輯錄的《文林聚寶萬卷星羅》一書中，有形象的圖像說明，可以讓我們更全面、直觀地瞭解明代笛上工尺的應用情況。（圖6-5）

圖6-5：《文林聚寶萬卷星羅》記載的「橫笛音位圖」〔註17〕

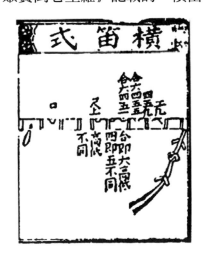

〔註16〕參見〔明〕朱載堉《律呂精義》外篇卷四，馮文慈點注，北京：人民音樂出版社，2006年，第929~930頁。

〔註17〕〔明〕徐會瀛輯：《新鍥燕臺校正天下通行文林聚寶萬卷星羅》，北京圖書館古籍出版編輯組編《北京圖書館古籍珍本叢刊》（76），北京：書目文獻出版社，據明萬曆樹林余獻可刻本影印，1995年。

　　圖中靠近笛身的若干工尺字，係對笛孔音位的標注。其它一些說明性文字及工尺譜字，可能旨在幫助人們瞭解工尺譜，並非對橫笛音位的直接說明。從最左側按孔標注「尺」、「上」兩音，和最右側按孔標注「工」字看，此笛正調即以筒音「尺」爲調首的音列結構，與朱載堉所記民間六孔笛音位相同。這種唱名系統在明代廣泛流行，絕非一朝一夕之事，應有其深厚的歷史淵源。

　　難能可貴的是，朱載堉並未滿足於僅向後人介紹當時笙、笛的音位情況，而是追本溯源，深入探討了「尺」爲調首固定唱名體系的成因。〔註18〕他首先援引《隋書・音樂志》中鄭譯的論說：

　　　　案今樂府黃鍾，乃以林鍾爲調首，失君臣之義；清樂黃鍾宮，
　　以小呂爲變徵，乖相生之道。今請雅樂黃鍾宮，以黃鍾爲調首，清
　　樂去小呂，還用蕤賓爲變徵。眾皆從之。

進而，朱載堉對鄭譯所言「失君臣之義」、「乖相生之道」作出解釋：

　　　　臣謹按：今太常笙，「尺」字簧長，「合」字簧短，此所謂林鍾
　　爲調首也。譜有「上」字而無「勾」字，此所謂小呂爲變徵也。自
　　隋以前如此，非始於近代也，蓋亦有說焉。林鍾爲調首者，古稱「下
　　徵」是也。今民間笛六孔全閉低吹爲「尺」，即下徵也。徵下於宮，
　　故曰下徵，即林鍾倍律聲也。……臣謂民間之笛，蓋古人遺法也。
　　其宮商有清濁，而徵羽有上下。

　　朱載堉認爲，太常笙及民間笛最低音爲「尺」，正是鄭譯所說隋代樂府「以林鍾爲調首」的情況。明代「尺」爲調首的工尺記譜系統乃「古人遺法」，其廣泛流行正反映出「下徵音階」的悠久歷史和深遠影響。隋代清樂「以小呂爲變徵」的情況，對應以「上」代「勾」（變正聲音階第四級蕤賓爲仲呂），傳達出的同樣是下徵音階占主流的事實。

　　不僅如此，朱載堉還將這種下徵音階長期存在的傳統，追溯至《管子・地員篇》時代，其文曰：

　　　　「下徵」二字見《晉書》、《宋書》「志」及《文選》注。夫一調
　　內下有倍律濁聲，上有半律清聲，則黃鍾爲中聲明矣。管仲所謂徵
　　數一百八，羽數九十六，宮數八十一，商數七十二，角數六十四，

〔註18〕下文所引朱載堉之論，均見《律呂精義》外篇卷四，馮文慈點注，北京：人民音樂出版社，2006年，第929～930頁。

徵羽之數多，宮商角之數少，即此理也。近世律家不明此理，往往
強作解事，指黃鍾爲最濁，似是而實非也。

近年來，有關新、舊音階（即「下徵音階」和「正聲音階」，「舊音階」
又有「古音階」之名）在中國音樂歷史中的地位和影響，許多學者均作出有
益探討，基本結論就是「我國應用新音階，已經很久。在新音階流行的時候，
舊音階還繼續存在」〔註19〕，所謂「新音階不新，古音階不古」〔註20〕。明
世子朱載堉在四百多年前，對「下徵音階」由明代俗樂到《隋書》再至《管
子》的溯源和深邃見解，不能不令我們折服！

下徵音階（新音階）在音樂實踐中的長期主流地位，必然導致以林鍾爲
調首的律調命名方式，進而產生以「尺」（配林鍾）爲調首的固定工尺唱名系
統。明代諸多音樂圖譜及現今傳統音樂遺存，都表明這種唱名體系的久遠歷
史。其存在，與宋代以來「合」爲調首的固定唱名，是並行不悖的。

2、以「尺」為調首的固定唱名系統在明代俗樂曲譜中的應用

以「尺」爲調首的固定工尺唱名，在明代俗樂曲譜中有較爲廣泛的應用。
以《文林聚寶萬卷星羅》記載的「笛簫譜式」爲例，前文已引該書橫笛音位
圖，現將書中所附《清江引》工尺譜音高譯解如下（譜6－3）：〔註21〕

譜6－3：《文林聚寶萬卷星羅》中的《清江引》（橫笛音高譜）

"尺"字配林鍾，黃鍾＝D，笛筒音＝尺＝A

〔註19〕 楊蔭瀏：《中國音樂史上新舊音階的相互影響》，收入《楊蔭瀏全集》（第 5
卷），南京：江蘇文藝出版社，2009 年，第 280 頁。

〔註20〕 黃翔鵬：《中國古代音樂史——分期研究及有關新材料、新問題》，臺北：漢
唐樂府，1997 年，第 71 頁。

〔註21〕 《清江引》工尺字樂譜，見〔明〕徐會瀛輯《新鍥燕臺校正天下通行文林聚
寶萬卷星羅》，北京圖書館古籍出版編輯組編《北京圖書館古籍珍本叢刊》
（76），北京：書目文獻出版社，據明萬曆樹林余獻可刻本影印，1995 年。

明代雅樂黃鍾音高爲 d^1，橫笛筒音「尺」字對應林鍾倍律 a，也就是楊蔭瀏所說「明太常笛新音階主調音 a^1」〔註 22〕的低八度音。樂譜採用以「尺」作調首的固定工尺唱名記寫，實際調高是以「尺」爲宮的乙字調。譜中每個工尺字音高有定，且與橫笛孔位一一對應，正如徐上瀛所言「學者依此字眼起指，吹之自然成調」，〔註 23〕反映出固定工尺唱名在笛簫（管色）演奏中的極大便利。

存留至今的許多古老樂種，也都保留了明代以「尺」作調首的固定唱名體系。以始於明正統十一年（1446 年）的智化寺京音樂爲例，其正調十七簧笙的最低音與橫笛筒音均爲「尺」〔註 24〕，一般使用「正調、背調、皆止調、月調」四種調高。智化寺京音樂保存至今的最早樂譜，是永乾抄寫於清康熙三十三年（1694 年）的《音樂腔譜》管樂譜 48 曲。樂譜爲簡化的工尺譜字形式，以「尺＝C＝徵」作爲調首，採用固定唱名體系記寫。現將《音樂腔譜》最後一曲《望江南》譯解如下（譜 6－4）：〔註 25〕

譜 6－4：智化寺京音樂《音樂腔譜》之《望江南》

〔註 22〕參見楊蔭瀏《中國音樂史綱》之「歷代管律黃鍾音高比較表」，收入《楊蔭瀏全集》（第 1 卷），南京：江蘇文藝出版社，2009 年，第 274～275 頁間插頁。
〔註 23〕〔明〕徐會瀛輯：《新鍥燕臺校正天下通行文林聚寶萬卷星羅》，北京圖書館古籍出版編輯組編《北京圖書館古籍珍本叢刊》（76），北京：書目文獻出版社，據明萬曆樹林余獻可刻本影印，1995 年。
〔註 24〕楊蔭瀏：《智化寺京音樂》（一），1953 年 1 月 1～4 日採訪，收入《楊蔭瀏全集》（第 6 卷），南京：江蘇文藝出版社，2009 年，第 191、195 頁。另，智化寺京音樂的「尺」字絕對音高爲 c^1，比明代林鍾倍律高小三度。筆者推測，此律高可能受到清康熙所定「黃鍾＝f^1」的影響，詳細情況，擬另文探討。
〔註 25〕樂譜見中國藝術研究院音樂研究所編《北京智化寺京音樂腔譜及成壽寺舊譜》，濟南：山東文藝出版社，1999 年影印，第 64 頁。

　　《音樂腔譜》中的樂曲一般不標調名，但從樂曲使用的五聲骨幹音，不難判斷其調高及宮音位置所在。從上譜可以看出，《望江南》全曲共使用五個工尺譜字，爲 F 宮五聲音階羽煞，其音高對應關係爲：

譜字	𠂇	𠃌	厶	𡿨	●
音高	C	D	F	G	A
音階	徵	羽	宮	商	角

　　樂曲以「尺」字爲徵，對照智化寺京音樂所用樂器音位可知其爲「正調」（即近代流行的「小工調」指法），依照智化寺黃鍾「合」字爲 f¹ 的歷史傳統，正調調高爲 1＝F。由此類推，智化寺京音樂的背調譜「尺」字爲商，調高爲 1＝ᵇB；皆止調譜「尺」字爲羽，調高爲 1＝ᵇE；月調譜「尺」字爲宮，調高爲 1＝C。《音樂腔譜》所有樂曲几乎無一例外，均採用以「尺」爲調首的固定唱名工尺譜字記錄。楊蔭瀏先生曾指出，智化寺京音樂譜是「位於宋代與近代工尺譜之間的又一記譜法」〔註 26〕。楊先生所指宋代以「合」爲調首的工尺譜和近代以小工調爲基礎的工尺譜之間的這種記譜法，就是智化寺京音樂等明代音樂遺存所承載的以「尺」爲調首的固定工尺唱名系統。

　　另據《中國音樂詞典》釋文，「京音樂」在晚清由藝僧妙申改用固定名記譜法以前，原以首調唱名的工尺譜記寫四調樂曲。〔註 27〕但從以上譯譜及《音樂腔譜》中的其它樂曲看，並不能證實《中國音樂詞典》之說。例如，《錦堂月》、《水晶宮》、《錦翠屏》等曲，係以「凡」字爲宮的皆止調；《千秋歲》、《小回回》等曲，則爲「尺」字作宮的月調，等等。查有關藝僧妙申改譜之說，最早見於《智化寺京音樂》（採訪記錄之三），楊蔭瀏先生所記原文爲：

　　　　據法廣説，「【風韻】一曲，原來是轉正、背、皆、月四調的，
　　　原來是用多調的形式記寫的。後來天仙庵的京音樂能手妙申和尚，
　　　爲了便利學者，曾在清末時期把它們一律改編成了正調的形式。」
　　〔註 28〕

〔註 26〕楊蔭瀏：《中國古代音樂史稿》（下冊），北京：人民音樂出版社，1981 年，第990 頁。

〔註 27〕中國藝術研究院音樂研究所《中國音樂詞典》編輯部編：《中國音樂詞典》「智化寺京音樂四調」條，北京：人民音樂出版社，1985 年，第 506 頁。

〔註 28〕楊蔭瀏：《智化寺京音樂》（三），1953 年 3 月至 4 月採訪，收入《楊蔭瀏全集》

　　問題一目了然，原來妙申用固定唱名改寫的，只是【風韻】一曲中的轉調部份，而並未言及對全部智化寺京音樂譜的改寫。《中國音樂詞典》的釋文尚可進一步探討。

　　除智化寺京音樂外，五臺山佛教音樂的記譜，形式與京音樂大同小異，同樣以「林鍾＝尺＝徵」爲調首，採用工尺字固定唱名記譜。以五臺山佛樂宣統二年（1910年）工尺譜中的《大八寶》和《小八寶》（即「八板」）爲例，兩者均爲《八板》旋律，但前者在「上」字作宮的G調出現，後者則在「合」字作宮的D調呈現，所用以「尺」爲調首的固定工尺譜字一覽無餘（見譜6－5）。〔註29〕

譜6－5：五臺山佛樂《大八寶》、《小八寶》開始部份對比

＊「伬」字原譜如此，應爲「尺」。

　　以上對相關傳統音樂記譜法的梳理表明，明代在繼承宋代以「合」爲調首的固定工尺唱名體系的同時，還存在一種以「尺＝林鍾」爲調首、以下徵音階爲基礎的固定唱名系統。這種唱名系統多應用於俗樂之中，記譜時往往不標調名，依靠五聲音階骨幹音確定宮音位置。它在民間傳統音樂中長期存在並延續至今。李民雄先生曾指出：

>　　我國各地流行的固定唱名法是以該地區樂種最爲常用的調爲基
>調。如山西八大套以本調（尺字調：1＝E）爲基調，西安鼓樂以六
>調（1＝C）爲基調，福建南曲以五腔四伬管（1＝C）爲基調，潮州
>弦詩以輕六調（1＝F）爲基調，琵琶以小工調（1＝D）爲基調。它
>們都以這些基調的譜字唱名爲準，其它調的樂曲都根據基調移調記

（第6卷），南京：江蘇文藝出版社，2009年，第239頁。

〔註29〕原譜參見韓軍《五臺山佛教音樂》，上海：上海音樂出版社，2004年，第207頁。五臺山佛樂所用樂器的音律結構，該書亦有介紹，可參看。

寫，並照固定唱名唱譜。由於各樂種的常用調不多，所以這種固定
唱名法只局限在以基調爲中心的上下五度關係的三四個調。……我
們可以把這種唱名法叫做「基調固定唱名法」，以區別於世界上普遍
採用的固定唱名法。「基調」即指這種唱名法守住各樂種的基調唱名
不變。〔註30〕

　　李先生提出的「基調固定唱名法」，是基於傳統器樂唱名法實踐的科學總
結，可以幫助我們更好地理解明代以來工尺譜所用的固定唱名傳統。例如，
保存至今的明代琵琶譜《高和江東》（1528 年抄本），採用用工尺譜字記寫，
錄有《清音串》、《平韻串》和《月兒高》三首琵琶套曲（《月兒高》尾末已殘
缺）。〔註31〕其記譜同樣採用了「基調固定唱名」的方法，爲固定調工尺譜形
式（圖 6－6）。研究表明，這些套曲在 1528 年以前已經抄寫爲工尺譜在民間
流傳，《高和江東》以固定調爲特徵的工尺譜字記錄，是明代琵琶音樂較普遍
使用的記譜形式。

圖 6－6：明代琵琶譜《高和江東・清音串》

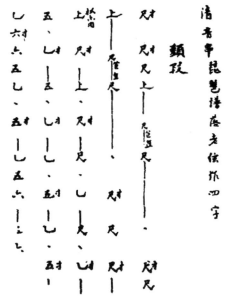

〔註30〕李民雄：《我國民間應用的基調固定唱名法》，《交響》1984 年第 4 期，第 17
　　　　～18 頁。
〔註31〕相關介紹與樂譜圖片，參見林石城·《一份珍貴的琵琶古譜高和江東》，《中央
　　　　音樂學院學報》1981 年第 4 期。

　　楊蔭瀏先生在《中國古代音樂史稿》第二十九章之「小曲中的調性變化和移調記譜法」一節中指出，明代一些小曲如《山門六喜》、《三陽開泰》，「都包含著幾個不同的調性，前後有著轉調關係。但民間現存的小曲工尺譜抄本中，對這種小曲，都用移調記譜法，記作一個調性。這種記譜法，是從實踐的經驗中產生，極便於唱奏者之用。對這樣的記譜法，民間雖然沒有為之另立專門名稱，但其本身已是現代固定唱名法的實際運用。民間的小曲唱奏者，一般都是知道自己是在轉調的。在記譜法上，這可以說，是一種進步。」〔註32〕楊先生論及的明代樂曲工尺譜記寫特徵，與上述「基調固定唱名法」內涵完全一致，可見固定唱名工尺體系在明代傳統音樂實踐中深遠影響。

　　固定調工尺唱名系統在明代廣泛運用，不僅有雅、俗樂曲譜為證，還有來自音樂實踐的切實需要。我們知道，有明一代盛行的戲曲形式中，笛、簫等管色是重要伴奏樂器。而「工尺譜、俗字譜作為一種管樂器的專用譜式，……每個譜字是和管樂器上的孔位相對應而固定不變的，故用固定唱名法」。〔註33〕由於七個基本工尺字與音孔位置（注意，不是按孔音高）基本一一對應，演奏者只需記住該樂器最常用的一種音位指法（正調），便能夠以不變應萬變，通過調整指法和口風等，靈活演奏其它調高的樂曲。使用固定唱名工尺譜形式，將使音樂實踐操作更為便捷。

　　另一方面，由於工尺七調在轉換中必然用全十二律，為確保翻調後音階關係準確，某些音孔需要作半音調整而擔負兩種音高（參見表 6-3「俗樂二十八調與明清工尺七調音位關係表」），這就需要首調音階觀念介入，作為固定調讀譜演奏時調整音高的指導。笛簫各個音孔的半音調整，就明代音樂實踐而言，是有相應樂器形制和演奏法作為支撐的。

　　首先，明代笛、簫的按孔基本為勻孔形制，各按孔音高和常規音階相比略顯遊移，但同時卻方便了音孔間音程關係的調整，便於演奏不同調高音階。其二，明代笛簫演奏法，也給予音孔半音調整以有力保障。北宋陳暘《樂書》所載管樂半孔按法〔註34〕，由於太過繁難，至明代已很少採用。其被廢

〔註32〕楊蔭瀏：《中國古代音樂史稿》（下冊），北京：人民音樂出版社，1981年，第792頁。

〔註33〕陳應時：《中國傳統音樂基本理論概要》，載陳應時音樂文集《中國樂律學探微》，上海：上海音樂學院出版社，2004年，第44頁。

〔註34〕見〔宋〕陳暘《樂書》卷一二二「篪」條原注，清光緒丙子春（1876年）刊本。

棄之因，誠如《樂學軌範》（1493 年編）卷一所言：「俗樂則音節疾速緩急無常，大笒、篳篥難用半竅，故以低吹、平吹、力吹爲清濁之聲而用之。」〔註35〕取而代之的主要方法，是依靠吹奏角度和口風的調整實現半音變化，也就是《魏氏樂器圖》所說的「凡吹笛法，全在口唇之俯仰，吹氣之緩急。唇仰則清一律，唇俯則濁一律」〔註36〕。這種演奏法在現今崑曲曲笛演奏中依然沿用，笛師稱之爲「撇進撇出」。〔註37〕優秀的演奏者正是憑籍良好的首調音準感，巧妙運用笛簫叉口指法和吹奏技術，在匀孔笛簫上實現不同調高音階的準確呈現。

　　那麼，工尺譜首調唱名在實踐中廣泛使用，又開始於什麼時候呢？這同樣與音樂實踐的演進和主流樂種變遷相關，筆者初步推測其始於明末清代初期時代。

　　首先，明清朝代更迭及相應政治、經濟制度的變化，使戲曲傳承機制發生重大變遷。有研究表明，明代戲曲的主要傳承群體是家樂戲班，上至諸侯世家、下至豪門貴族，豢養戲班幾成一時風尚。家樂戲班在唱腔訓練方面，首先學習「正音」，即以「吳音」作爲學唱崑腔的基礎，之後是分配角色、背誦戲詞腳本等內容。曲師教授曲子過程中很少用到樂譜，學習者在教師口傳心授指導下依字行腔，便可基本掌握崑曲唱腔。〔註38〕這種情況，誠如王季烈《螾廬曲談》所言：

　　　　曲譜之作，由來已久；而宮譜之刊行，則始於康、乾之際。《南詞定律》成於康熙末年，《九宮大成》、《納書楹》、《吟香堂》，皆成於乾隆年間，前此未之見也。所以然者，古時崑曲盛行，士大夫多明音律，而梨園中人，亦能通曉文義，與文人相接近。其於製譜一事，士人正其音義，樂工協其宮商，二者交資，初不視爲難事。是以新詞甫就，只須點明板式，即可被之管絃，幾不必有宮譜。〔註39〕

〔註35〕〔朝〕成俔等：《樂學軌範》卷一，京城帝國大學藏本，京城：古典刊行會，1933 年（昭和八年）發行。

〔註36〕〔日〕筒井郁景周編：《魏氏樂器圖》，日本奎文館刊本傳抄，觀瀾亭藏板，1780 年（安永九年）。

〔註37〕2012 年 2 月 17 日，江蘇崑劇院笛師王建農先生，在接受南京藝術學院王瑋副教授與筆者的採訪時所言。

〔註38〕參閱張發穎《中國家樂戲班》，北京：學苑出版社，2002 年，第 9～10、87～90 頁。

〔註39〕王季烈：《螾廬曲談》卷三「論譜曲」，見《集成曲譜・玉集》卷一，上海：

　　音樂學界的相關研究，也進一步證實此觀點。有學者即指出：「現存明代的〔戲曲〕曲譜（包括各種散曲、戲曲集）、劇本（包括各種刊本、抄本）均不曾記載工尺譜字。戲曲工尺譜的產生是在入清以後才出現。」〔註 40〕當然，明代家班中的曲師，很多是器樂演奏能手，如善三弦的張野塘、善簫管的陳夢萱等，他們也可能使用樂器配合教曲。但這其中即便有樂譜使用，恐怕也是當時特定的樂器音位譜（如三弦譜，可參見《文林聚寶萬卷星羅》記載的「三弦譜式」）或俗樂固定唱名工尺譜等。

　　入清以來，家樂戲班式微，帶來崑曲衰微。「作傳奇者，不能自歌，遂多不合律之套數。而梨園子弟，識字者日少，其於四聲陰陽之別，更無從知。於是非有宮譜，不能歌唱矣。」〔註 41〕在這種情況下，工尺譜便自然成為演員度曲必不可少的內容，擁有與戲詞相比肩的地位。而對於歌者視譜來說，首調唱名顯然比固定調唱名擁有更多優勢，進而成為確立工尺譜首調唱名以及以小工調為基礎的「工尺七調」系統的強大現實需要。

　　其次，從主流樂種變遷方面看，明末梆子腔開始流傳。尤其清康熙以來，河北、河南、山東、安徽等地，逐步形成了眾多地方梆子劇種。梆子腔劇種的主要伴奏樂器並非笛、簫，而是弓絃樂器，如同州梆子的二弦、上黨梆子的鋸琴、河南梆子的「皮嗡」（後用板胡）等等。〔註 42〕這些弓絃樂器與笛、簫相比，在音高掌控方面的最大不同，就是沒有相對明確、固定的音位，弦上音高難於和工尺譜字一一對應。正因如此，首調工尺唱名體系便理所當然地被弓絃樂器接納，用於戲曲表演之中。隨著「花部」戲曲及弓弦類樂器不斷壯大，首調工尺譜唱名系統逐漸確立並流行，成為清中期以來使用最廣泛的記譜形式。關於入清以來工尺譜唱名與調名體系特徵和實踐應用，及其與明清兩代戲曲傳承機制變遷之間的關係，筆者將在本著第七章作進一步闡述。

　　　商務印書館，1925 年，第 6 頁。按：王季烈所謂的「曲譜」，即「釐正句讀，
　　　分別正襯、附點板式，示作曲家以準繩者」；所謂「宮譜」，即「旁注工尺板
　　　眼，使度曲家奉為圭臬者」。
〔註 40〕吳志武：《南北曲音階體制與〈九宮大成〉的音階形態研究》，《交響》2009
　　　年第 4 期，第 33 頁。
〔註 41〕王季烈：《螾廬曲談》卷三「論譜曲」，見《集成曲譜‧玉集》卷一，上海：
　　　商務印書館，1925 年，第 6 頁。
〔註 42〕孫繼南、周樹銓主編：《中國音樂通史簡編》，濟南：山東教育出版社，1993
　　　年，第 167、169 頁。

第二節 正宮調工尺調名系統及其在明代音樂實踐中的應用

從上文對明代工尺譜唱名特徵的論述可知,當時音樂實踐中廣為流行的以「尺」為調首的固定唱名法,其工尺譜字與調高的調名體系歸屬,實際就是以「正宮調(五字調)為基礎的工尺七調」系統。明清時期諸多文獻記載以及相關音樂文物均表明,至遲到明代末期,以「尺」為調首的工尺七調體系,逐漸為學者關注並獲得理論化總結。

一、關於正宮調(五字調)翻調系統的理論總結

明末學者方以智(1611~1671年)的《通雅》,初稿完成於1639年〔註43〕。書中較早完整記載了當時流行的「笛上七調」翻調系統,其文曰:

> 以笛列七,則「尺、上、乙、五、六、凡、工」也。尺生六,六生上,上生凡,凡生乙,乙生工,工生五,五生尺。輕之重之,如十六鍾[如](加)清聲,謂之寄聲、半聲,此則可高可低。六字即有合字,五字即有四字。每一調則閉二字,如:
>
> 閉凡、上二字,則為平調;閉凡、乙二字,則為正調;閉五、尺二字,則為梅花調;閉六、尺二字,則為絃索調;閉五、工,則為淒涼調;閉乙、工,則為背工調;閉上、六,則為子母調。
>
> 北調則微犯之,名曰犯。此凡吹人皆能言之。〔註44〕

楊蔭瀏《中國音樂史綱》指出,《通雅》所論「笛上七調」起於「尺生六」,乃六孔全閉為「尺」字,作為生聲之本。〔註45〕這與前文所引朱載堉《律呂精義》外篇卷四介紹的明代「民間笛六孔全閉低吹為尺」的情況一致。《通雅》以五聲音階中「閉某某」二字說明各調音位,可知其論述乃以固定工尺唱名為依據,這和當時的笛簫記譜實踐是相一致的。

比方以智稍晚的清初學者毛奇齡(1623~1716年),在《竟山樂錄》(1680

〔註43〕李葆嘉:《方以智撰刊〈通雅〉年代考述》,《辭書研究》1991年第4期,第121~126頁。另,楊蔭瀏《中國音樂史綱》,將《通雅》作者誤作「方苞」,見《楊蔭瀏全集》(第1卷),南京:江蘇文藝出版社,2009年,第259頁。

〔註44〕〔明〕方以智:《通雅》卷三十,《文淵閣四庫全書》(電子版),上海人民出版社、迪志文化出版有限公司出版,標準書號:ISBN 7-980014-91-X/Z52。

〔註45〕楊蔭瀏:《中國音樂史綱》,收入《楊蔭瀏全集》(第1卷),南京:江蘇文藝出版社,2009年,第259頁。

年成書）中對「工尺七調」有進一步說明，並明確給出了每調音列：

正宮調即四字調（放三四五六〔註46〕，乙、凡不用）：仜、伬、
仩、四、六、工、尺、上、四（遞上九聲）；

乙字調（放二三四五六，上、六不用）：伲、仜、伬、亿、四、
凡、工、尺、乙；

上字調俗名梅花調（放一四，尺、五不用）：伔、伲、仜、仩、
乙、六、凡、工、上；

背四調即背宮調（放一，工、乙不用）：㑇、伔、伲、伬、上、
四、六、凡、尺；

平調又名西涼調，即子母調，俗名調宮調，又名低宮調（放六，
凡、上不用）：（伬）[㐊]、亿、（㑇）[㐀]〔註47〕、㐈、㐉、伬、亿、
㑇、伔、仜、尺、乙、四、六、工（遞上十五聲）；

凡字調（放五六，六、尺不用）：仩、亿、㑇、伲、工、上、乙、
四、凡；

六字調俗名絃索調（放四五六，五、工不用）：伬、上[仩]、亿、
伔、凡、尺、上、乙、六。〔註48〕

此外，問學於毛奇齡的李塨（1659～1733 年）所作《李氏學樂錄》卷一
載有「時下七調譜」，所用記譜方式也是固定工尺譜字，其文曰：

附時下七調譜：

四字調：四上尺工六五上尺工工尺上四合工六尺六工工尺上四合
工合四；

乙字調：乙尺工凡四乙尺工凡凡工尺乙四凡四工四凡凡工尺乙四
凡四乙；

上字調：上工凡六乙上工凡六六凡工上乙六乙凡乙六六凡工上乙
六乙上；

〔註46〕 此處數字代表笛簫音孔位置，最靠近吹口處按孔標爲「一」，餘此類推，笛尾
端最末按孔爲第六孔。「放某某孔」所得爲該調羽音。各段括號中的内容爲
毛奇齡原注，下同。

〔註47〕 此兩音爲筆者校改。

〔註48〕 〔清〕毛奇齡：《竟山樂錄》卷二「笛色七調譜」條，《文淵閣四庫全書》（電
子版），上海人民出版社、迪志文化出版有限公司出版，標準書號：ISBN
7-980014-91-X/Z52。

尺字調：尺凡六五上尺凡六五五六凡尺上五上六上五五六凡尺上
　　　　五上尺；

工字調：工六四乙尺工六四乙乙四六工尺乙尺四尺乙乙四六工尺
　　　　乙尺工；

凡字調：凡四乙上工凡五乙上上乙五凡工上工乙工上上乙五凡工
　　　　上工凡；

六字調：六乙上尺凡六乙上尺尺上乙六凡尺凡上凡尺尺上乙六凡
　　　　尺凡六。〔註49〕

　　可見，採用「工尺七調」命名體系，與實際記譜中採用「首調可動唱名法」，二者間沒有必然聯繫。同一工尺調名之下，對於首調記譜而言，演奏者需將每一譜字移動到合適的孔位；對於固定調記譜而言，則只需按譜尋聲，同時用「四」字孔位提示的首調樂感，校正其它按孔音高即可。固定調工尺唱名體系，不僅在明代音樂實踐中廣泛應用，在學者的理論探討中亦有其一席之地。

　　值得注意的是，《竟山樂錄》所列各調固定唱名音列，最後都結束在該調「羽」音，並以此音的固定唱名（「尺」爲調首）也就是新調「羽」音對應的正宮調音名命名該調；每種調名之後的注文「放某某孔」，指示的也是新調音階的「羽」音（此處數字代表笛簫音孔位置，最靠近吹口處按孔標爲「一」，依此類推，笛尾端最末按孔爲第六孔）。這種情況說明，毛奇齡所述雖然個別調名與《通雅》有出入，但二者整體結構實爲同一體系，即以正宮調（五字調、四字調）爲基礎的「工尺七調」系統。在這個系統中，新調「羽」音（即首調唱名「五」、「四」字）對應的正宮調音列譜字，被作爲命名新調的基本依據。

　　筆者認爲，這種將新調「羽」音（而非「宮」音）位置作爲調名命名依據的做法非出偶然，很可能與唐俗樂二十八調的某些傳統有關。清人秦蕙田（1702～1764年）《五禮通考》（1761年完成）卷七十三論「工尺七調」時說：

　　　　案，近代皆以「合」字爲黃鍾宮聲，則當以某字當「合」爲某
　　　宮。今不取起「合」而取起「四」，則是以「四」字爲主，而非以「合」
　　　字爲主矣。且不曰「某宮」而曰「某調」，則是以「四」字名「調」，

〔註49〕〔清〕李塨：《李氏學樂錄》卷一所附「時下七調譜」，《文淵閣四庫全書》（電子版），上海人民出版社、迪志文化出版有限公司出版，標準書號：ISBN 7-980014-91-X/Z52。

而非以「四」字爲「宮」矣。〔註50〕

秦蕙田還特別提到「以『四』字當羽位爲起調處」，反映出「羽」在新調確立過程中的重要地位。這種「以四字爲主」和「不曰某宮而曰某調」的正宮調翻調系統，與唐俗樂二十八調將「平聲羽七調」列於首位以及「宮逐羽音」的傳統極爲相類。晚唐段安節《樂府雜錄》「別樂儀識五音輪二十八調圖」條記載的「宮逐羽音」傳統〔註51〕，可能直接引發出以正宮調爲基礎、以新調「羽」音指示調高的做法。從這種意義上講，明代的正宮調工尺七調系統比近代廣泛流傳的小工調工尺七調系統更爲古老，是唐宋二十八調七均傳統向工尺調名演化的最初階段。

本著前述各章對唐宋以來管色樂器定律、譜字、指法以及正調與中管調特徵的分析已經表明，唐宋俗樂二十八調的應律樂器實爲管色，宮調體系基本結構爲七宮（均）四調，即建立在管色「翻七調」所構成的七個不同調高音列基礎上的宮調系統。二十八調的這一管色實踐基礎和七均結構特徵，使其必然和明代盛行的以正宮調（五字調）爲基礎、以管色筒音「尺」字爲調首的工尺調名系統密切相關。明代以來音樂實踐中廣泛應用的正宮調工尺七調體系，是對唐宋二十八調七均特徵的直接繼承。如單純從「管色筒音」所當音名角度考察，以上工尺七調與唐宋二十八調「七均」間的對應關係，可列表如下（表6-2）：

表6-2：工尺七調與二十八調七均管色筒音對照表

管色筒音＝尺	宮	變宮	羽	徵	清角	角	商
通雅七調	子母調	梅花調	背工調	平　調	絃索調	凄涼調	正　調
竟山樂錄七調	乙字調	上字調 梅花調	背四調 背宮調	平　調 西涼調 子母調	凡字調	六字調 絃索調	正宮調 四字調
二十八調七均	正　宮	高　宮	中呂宮	道　宮	南呂宮	仙呂宮	黃鍾宮

〔註50〕〔清〕秦蕙田：《五禮通考》卷七十三論「工尺七調」，《文淵閣四庫全書》（電子版），上海人民出版社、迪志文化出版有限公司出版，標準書號：ISBN 7-980014-91-X/Z52。

〔註51〕參見〔唐〕段安節《樂府雜錄》「別樂儀識五音輪二十八調圖」條，中國戲曲研究院編《中國古典戲曲論著集成》（一），北京：中國戲劇出版社，1959年，第62～64頁。

　　工尺七調與二十八調七均的對應關係，給出了二者管色筒音定調的聯繫，說明各調在調高（均主）位置確定方面的一致性。另一方面，唐宋二十八調與工尺七調理論採用的基礎音階形式卻有所不同。以《樂府雜錄》、《夢溪筆談》、《詞源》等為代表的樂律文獻表明，唐宋二十八調理論闡釋的音階基礎是正聲音階，即加入變徵和變宮的七聲音階，管色筒音規定與「合」字相應，九孔篳篥的下方背二孔「勾」字對應正宮均變徵音位。〔註52〕然而至遲明代，這種情況在宮調理論闡述中已有變化，作為工尺調名轉換基礎的管色筒音由「合」改變為「尺」，即調首音從宋大晟律黃鍾（D）變為林鍾（A），基礎音階形式（正調）變為「尺、工、凡、六、五、乙、上」，成為以林鍾徵音為調首、加入變宮（蕤賓）與清角（黃鍾）的「下徵音階」。明代朱載堉《律呂精義》外篇卷四所載太常笙和民間六孔笛音位，就是當時管色調名以「尺」為調首、以「下徵音階」為基礎的宮調理論模式的反映。〔註53〕

　　儘管管色樂器筒音為「徵」的傳統自先秦便顯端倪，但以下徵音階而非正聲音階為基礎建構宮調理論的做法，則至明代才被朱載堉明確提出，工尺七調系統就是實踐這一新的管色音階基礎的突出代表。唐宋二十八調七均與正宮調工尺調名二者筒音相合，但各自依據的基礎音階形式卻不盡相同，這是唐宋以來宮調理論由宮廷演繹走向民間實踐的重要體現。唐宋二十八調與明清工尺七調理論建構中基礎音階形式的變化，一方面是雅樂理論與俗樂實踐矛盾的體現，另一方面也是唐宋以來音樂風格變遷在宮調理論中的集中反映。近古音樂形態變遷中的諸多問題，如「以上代勾」、二十八調煞聲與調名蛻變、新舊音階關係乃至各時代音樂風格演變等，均可從各時代宮調理論體系的變遷中尋到答案。二十八調與正宮調工尺調名系統間淵源有自的承繼關係，古代音樂形態研究應予充分重視。

　　需要說明的是，明清學者以固定工尺唱名說明各調音列，並不意味著當時人放棄了「首調音位」的觀念。由於笛上七調所代表的調名體系中，工尺譜字不再有高、下之分，不能和十二律呂一一固定對應，因此在調高轉換時，必然出現某些音孔承擔兩種音高的情況，以確保不同調高中音階結構的穩定、一致。方以智《物理小識》卷一「五音七調」條方中通（1634～1698

〔註52〕詳細論述，可參見李宏鋒《從敦煌樂譜及其它唐樂古譜譯解看唐俗樂調的若干問題》，《交響》2013年第4期。
〔註53〕引文見本章第一節，載於〔明〕朱載堉《律呂精義》外篇卷四，馮文慈點注，北京：人民音樂出版社，2006年，第929～930頁。

年）注曰：「正宮之『四』即乙調之『合』，乙調之『四』即梅花之『合』，本一字，而因孔之陞降分高下者，此直高下也。」〔註 54〕其中明確提到笛上旋宮時，「因孔之陞降分高下」的情況，說明當時人對笛上工尺以簡馭繁、大而化之的特點有明確認識。

正因如此，爲了更好地控制各孔音高，確保翻調時各調音階結構準確，便有必要採用與音階模式相統一的首調觀念，掌控音準。在傳統音樂理論與實踐中，首調音高觀念的最直接體現，就是「宮、商、角、徵、羽」五個音名，對應首調工尺唱名的「上、尺、工、六（合）、五（四）」。方以智之子方中通所撰《數度衍》中，附有「簫笛七調」音位的首調工尺譜字，反映出人們在運用「工尺七調」時，用首調音階觀念調整各孔音準的做法（圖 6-7）。相關論述，在清代江永（1681～1762 年）《律呂新論》（約 1740 年成書）卷下「論樂調・辨黃鍾全律起調畢曲之非」條和秦蕙田（1702～1764 年）《五禮通考》（1761 年完成）卷七十三等著作中都能看到。

圖 6-7：《數度衍》記載的「簫笛七調陞降圖」〔註 55〕

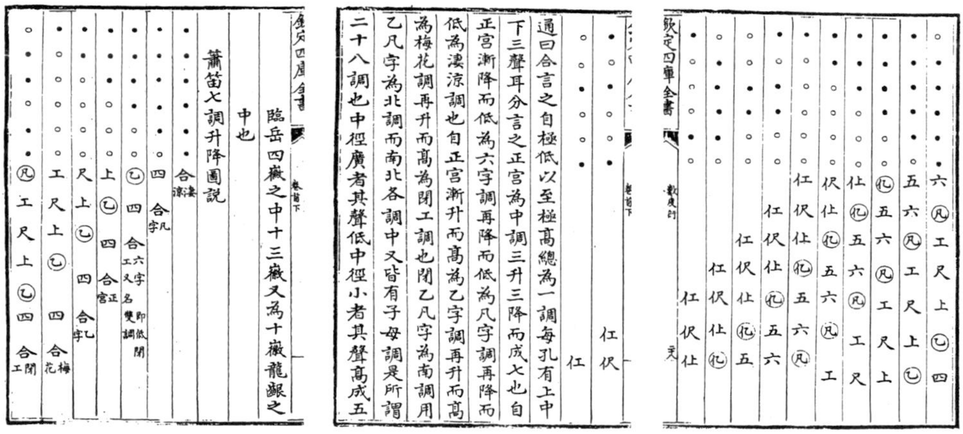

首調音階觀念，是人們頭腦中固有音樂感覺的體現，是確定工尺七調音位的重要依據，對於控制笛、簫音準是大有幫助的。然而，首調音階觀念的

〔註 54〕〔明〕方以智：《物理小識》卷一，《文淵閣四庫全書》（電子版），上海人民出版社、迪志文化出版有限公司出版，標準書號：ISBN 7-980014-91-X/Z52。

〔註 55〕〔清〕方中通：《數度衍》卷首下「簫笛七調陞降圖說」條，見《文淵閣四庫全書》（電子版），上海人民出版社、迪志文化出版有限公司出版，標準書號：ISBN 7-980014-91-X/Z52。

存在及其音準參照意義，並不意味著實踐中採用的一定就是首調唱名體系，二者間沒有必然的因果聯繫（如果真是這樣，那麼我們同樣可依據宋人的首調音階觀念，判斷當時流行的俗字譜為首調工尺譜，這顯然與史實不符）。《通雅》、《竟山樂錄》、《李氏學樂錄》等典籍所載「正宮調乙凡不用、乙字調上六不用、上字調尺五不用……」的情況，說明當時的笛、簫等管色演奏中，無論是記譜還是識譜，採用的主要是固定工尺唱名系統。明代的固定樂器音位標記以及諸多俗樂曲譜只記工尺字而不標調名的情況，也能從另一側面印證這一判斷。

綜上所述，明代音樂實踐中所用工尺譜，無論是樂器音位的標識還雅樂、俗樂曲譜的記錄，都是以固定工尺唱名法為主體的。明清之際學者的相關理論總結，以「尺」為調首的固定唱名為基礎，將調名系統化為「以正宮調為基礎的工尺七調體系」。明末清初，傳統戲曲的傳承機制發生重大變遷，樂譜在戲曲傳承中的地位逐漸凸現。據《新定九宮大成南北詞宮譜・北詞凡例》記載，為適應戲曲演唱需要，當時的工尺記譜法更加注重首調唱名運用；同時，為適應戲曲聲樂表演的定調之需，人們開始改用高低適中的「小工調」為正調，從而確立了以小工調為基礎、以「合」字為調首（筒音）的工尺調名系統。〔註 56〕也就是說，唐宋二十八調的七均傳統，經歷正宮調調名系統的轉化之後，在近代廣為流行的小工調調名系統中也得到了繼承。

現將方以智《通雅》、毛奇齡《竟山樂錄》、方中通《數度衍》、秦蕙田《五禮通考》、戴長庚《律話》中記載的工尺七調及俗樂調名稱，及其與唐宋二十八調的對應關系列表整理如下（表 6-3），從中可見唐宋俗樂二十八調與正宮調工尺調名系統、小工調工尺調名系統一脈相承的關係，以及二十八調樂學理論立足管色樂器實踐的鮮明特色。需要說明的是，二十八調體系的理論建構基礎為正聲音階，即表中「以中代清」（「中」為朱載堉對變徵音位的稱呼）的音階，而非明清工尺七調所用的下徵音階。

〔註 56〕關於明清戲曲傳承機制的差異、工尺譜在其中的地位和作用，以及工尺唱名的首調確立和宮調體系標準等問題，詳見本著第七章第一節論述。另可參見李宏鋒《明清戲曲傳承中工尺譜的作用及首調唱名法的確立》，《星海音樂學院學報》2014 年第 1 期。

表6-3：「俗樂二十八調」與「明清工尺七調」音位關係表

六孔笛位（近吹口為一）				（八）	（七）	（六）	（五）	（四）	（三）	（二）	（一）	（一）
南末雅樂律呂（黃鐘為合）				林鐘/尺	夷/下工/高工	南/工	無/下凡/高凡	黃鐘/合	大/下五/高五	夾/下乙/姑/高乙	仲/上	蕤/勾
管色音孔譜I（尺為調首）				尺	工	工	凡	合	五	乙	上	上
管色音孔譜II（合為調首）				合	四	四	一	上	尺	工	仲	凡
通雅	竟山樂錄	五禮通考	律（話）數度衍五度衍									
子母	乙字	乙字	正宮	正黃鐘宮（註57）		商 大石調		角	變	徵	清	變 大石角
梅花	上字	上字	高宮	變 大石角	高 高宮		商 高大石調	變角	角	[中]	徵	般涉調 / 高般涉調
背工	尺字	尺字	中呂	徵	清	變 雙角	宮 中呂宮	清	商 小石調	徵	清	[中]
平調	工字	工字	道宮	清	宮 高宮	角	宮 道宮	商 南呂調	宮 南呂宮	角	清	角
絃索	凡字	凡字	南呂	角	商 大石調	變角	小石角	變角	宮 南呂宮	商 歇指調	商 歇指調	[中]
淒涼	六字	六字	仙呂	[中]	徵	歇指角	宮 仙呂宮	宮 仙呂宮	變 南角	商 小石角	清	商 商調
正調	正宮	正宮	黃鐘	商 越調	清	正平調	宮 仙呂宮	徵	黃鐘羽	變 越角	宮 黃鐘宮	宮 黃鐘宮

說明：表頭「音孔譜」欄分「尺為調首」與「合為調首」兩種情況。前者為明代流行俗樂用，後者即宋明以來流行的小工調系統基礎音。表格左側諸調，是《過稱》、《竟山樂錄》、《數度衍》、《五禮通考》和《律話》中記載的工尺調與俗樂調名。其中，戴長庚《律話》指示出「俗樂二十八調」七均與「笛色七調」的調源關係，是戴氏五傳統之調理論方面的卓見。表中二十八調名稱據張炎《詞源》補入，其宮調理論基礎據為正聲音階，而非用工尺七調所用的下徵音階。現一併列出，以備對照參考。

（註57）南宋時管色簡音為「合＝黃鐘」。此處所列二十八調名稱，較南宋二十八調絕對音高約高純五度。明清工尺七調只借用了唐宋二十八調對音高高純五度。明清工尺七調則以簡音「尺＝A」為基礎。表中所列二十八調調名即這一情況的反映。

　　「俗樂二十八調」與「明清工尺七調」音位的密切關係，充分說明這兩種歷史上表現形式不同的宮調系統，在樂學內涵上具有高度的一致性。不僅如此，宋人在二十八調基礎上總結出的「八十四調旋宮系統」，同樣可在明清工尺七調中獲得呈現，其樂學理論支撐就是我國樂律實踐中源遠流長的「陰陽旋宮」傳統。〔註 58〕清人胡彥昇在《樂律表微》中，對唐宋時期「正律」與「中管律」相配合的八十四調實踐，曾以黃鍾笛、大呂笛旋宮之法予以說明，特列有「黃鍾笛七調」、「大呂笛七調」音位表（見圖 2-7），並著重指出：「以上兩笛，共十四調。除大呂笛林鍾、黃鍾兩調復出不用，共十二調。此十二調，五聲各自為調，若加商、角、徵、羽之名，即成六十調。更加二變之名，即成八十四調。」〔註 59〕這段論述表明，儘管自宋代之後俗樂宮調理論經歷了調名脫落、原樂學內涵蛻變，以及工尺唱名與調名體系變遷，但「陰陽旋宮」這一技法形式仍在音樂實踐得以延續，並未中斷。

　　例如，近世管樂演奏中的「管子大小哨」和「雌雄笛簫」傳統，就是「陰陽旋宮」理念的生動體現。對於管子演奏而言，民間藝人在同一樂器上通過大、小哨變換，實現多種調高轉換的做法非常普遍。這一傳統在《清朝續文獻通考·樂八》卷一九五「頭管、中管」條被記錄為：

　　　　管上端有蘆哨，可陞降字音二度，名「掣音」。〔註 60〕

　　上述記載表明，管樂實踐中解決宮調轉換的辦法，並非僅憑藉相距一定音程的同形制樂器一條途徑。除了利用筒音相差一律的頭管、中管旋宮外，還存在借助大哨、小哨並配合嘴上的「吞吐」技術（即含哨深淺、口風大小、氣息壓力等），實現方便、靈活的「掣音」（即宮調與音高轉換）的方法。《清朝禮器圖式》中詳細記載了大頭管和小頭管的尺寸。李元慶先生的整理計算

〔註58〕　詳細論證，參見本文第二章「唐宋俗樂二十八調及八十四調旋宮結構的歷史淵源」，另見秦序、李宏鋒《中國古代樂律實踐中的智慧閃光——「陰陽旋宮法」實踐與理論初探》，《音樂研究》2012 年第 4 期；李宏鋒《曾侯乙墓出土應律樂器的音列組合特徵——兼談上層鈕鍾編列及其與中下層甬鍾音列的關係》，英文版載於 *Studien zur Musikarchäologie* IX，Verlag Marie Leidorf GmbH Rahden/Westf., 2014；中文譯本收入中國藝術研究院音樂研究所編《薪傳代繼——中國藝術研究院音樂研究所學術文集》，北京：文化藝術出版社，2014 年。

〔註59〕　參見胡彥昇《樂律表微》卷六，《文淵閣四庫全書》（電子版），上海人民出版社、迪志文化出版有限公司出版，標準書號：ISBN 7-980014-91-X/Z52。

〔註60〕　《清朝續文獻通考·樂八》卷一九五，萬有文庫本，第二冊，上海：商務印書館，1955 年，第 9422 頁。

結果表明：「大頭管約長 181 釐米，小頭管約長 176 釐米。大小兩種，相差 5 釐米，發聲相差不足一個半音。和冀中吹歌會的小管子尺寸相近。估計清大頭管筒子音（最低音）是中央 C 上的降 A 音，小頭管是 A 音。」〔註61〕《清朝續文獻通考・樂八》卷一九五「頭管、中管」條記載：「頭管比中管低一律，皆前七孔，後一孔。頭管爲中音部樂器，中管爲中高二部樂器。」〔註62〕可見，通過筒音相差小二度的雙管配合使用，以解決演奏實踐中旋宮問題的辦法已成定制，應用十分普遍。清代《皇朝禮器圖式》中記載的其它樂器，如「朝會中和韶樂」所用的姑洗簫與仲呂簫、姑洗笛與仲呂笛、姑洗篪與仲呂篪、黃鍾塤與大呂塤等，〔註63〕儘管因其用於雅樂場合而被附會他種含義（如陽月用律、陰月用呂等），但這種同類型樂器相差一律的組合模式，自有其堅實的傳統音樂實踐基礎。

當前，北京智化寺京音樂的主奏樂器管子，使用中就有大哨和小哨之分，以適應不同宮調的樂曲表現。如演奏《中堂曲》時用大哨，晚間放焰口演奏《料峭》時用小哨，音高提高大二度。〔註64〕河北霸州勝芳古鎮的「北樂會」樂師，同樣能通過管子的大、小哨轉換，實現諸多樂曲的轉七調演奏，即「用大哨吹奏可轉五調，換小哨再轉兩調，七調完成」。〔註65〕值得注意的是，這種大、小哨相互配合使用的做法，相當於改變了原有管子的筒音高度，其實質就是相距一定音程的兩支管子的組合運用。只不過大、小哨轉換雖使管身長短髮生變化，但相應的指孔音位卻並未隨之改變，可歸結爲雌雄雙管旋宮音律組合的簡便形式。〔註66〕

〔註61〕 李元慶：《管子研究》，載李元慶文集《民族音樂問題的探索》，北京：人民音樂出版社，1983 年，第 25 頁。

〔註62〕 《清朝續文獻通考・樂八》卷一九五，萬有文庫本，第二冊，上海：商務印書館，1955 年，第 9422 頁。

〔註63〕 參見《皇朝禮器圖式》卷八，影印文淵閣四庫全書本，臺灣：商務印書館，1983 年，第 466～468 頁。

〔註64〕 胡志厚：《論管子研究》，北京：人民音樂出版社，1996 年，第 13 頁。

〔註65〕 項陽：《富裕了，傳統就丟掉了嗎？——以河北霸州勝芳古鎮爲例》，中國音樂學院主辦「傳統遭遇現代」高端論壇文稿，2009 年 10 月 12 日。參見項陽博客 http://blog.sina.com.cn/s/blog_4a0e34690100fe46.html，2012 年 2 月 10 日。

〔註66〕 李元慶《管子研究》指出：「據吹歌會（引者按，指定縣子位村吹歌會）的人講，爲了使音調降低，可使用較長的哨子，這無異將管身加長，因而發音較低。不過管身雖加長，指孔卻沒有隨之改變地位，不能加哨子加得太長。」（見《民族音樂問題的探索》，北京：人民音樂出版社，1983 年，第 26 頁。）因

　　笛簫演奏方面，明代以來陰陽旋宮手法在音樂實踐中得到普遍運用。尤其明清崑曲盛行之際，爲適合不同角色行當要求和音樂情緒變化形成的「雌雄笛」伴奏形式，成爲陰陽旋宮思維的突出代表。清初李斗所著《揚州畫舫錄‧虹船錄下》中有關於雌笛的逸事，其文曰：

　　　　清唱以外淨老生爲大喉嚨，生旦詞曲爲小喉嚨，丑末詞曲爲大小喉嚨。揚州劉魯瞻工小喉嚨，爲劉派，兼工吹笛。嘗遊虎丘買笛，搜索殆盡。笛人云：「有一竹須待劉魯瞻來。」魯瞻以實告，遂出竹，吹之曰：「此雌笛也。」復出一竹，魯瞻以指捵之，相易而吹，聲入空際，指笛相謂曰：「此竹不換吹。」則不待曲終而笛裂矣。笛人舉一竹以贈。其唱口小喉嚨，揚州唯此一人。〔註67〕

　　同書卷五《新城北錄下》「後場」條亦載：「笛子之人在下鬼門，例用雌雄二笛。故古者笛床二枕，笛托二柱。若備用之笛，多係椅屏上。」〔註68〕可知雌雄笛的組合應用，已成爲清初江南地區戲曲伴奏的普遍形式。楊蔭瀏先生在《寫給學習吹奏簫笛的同志們》一文中，對近世傳統的雌雄笛簫組合情況有較詳盡介紹，其文曰：

　　　　民間吹奏樂器，每是一雌一雄，成爲一對，雌者高半音，雄者低半音。雌雄各翻七調，合成十四調；其中有兩調重複，十二調有了雌雄兩個樂器而完全。因爲近關係調，常在一個樂器之上，所以即使臨時轉調，大都時候，可以不必另換樂器。簫笛的種類有：

　　　　1、雌雄曲笛　我們所最常見的笛，統名曲笛；六孔全按，雄笛約合 $^{\flat}$A 音，雌笛約合 A 音。

　　　　2、雌雄梆笛　梆笛比曲笛短小，而音高上，比曲笛搞一個四度音程；六孔全按，雄笛約合 $^{\flat}$d 音，雌笛約合 d 音。

　　　　3、雌雄洞簫　洞簫比曲笛低一個五度音程；比梆笛低一個八度音程；六孔全按，雄笛約合 $^{\flat}$D 音，雌笛約合 D 音。〔註69〕

此本文將通過大、小哨轉換調高的做法，視爲筒音相差半音的兩支管子音律組合的簡便形式。

〔註67〕〔清〕李斗：《揚州畫舫錄‧虹船錄下》卷十一「揚州清唱」條，北京：中華書局，2007 年，第 170～171 頁。

〔註68〕〔清〕李斗：《揚州畫舫錄‧新城北錄下》卷五「後場」條，北京：中華書局，2007 年，第 74 頁。

〔註69〕楊蔭瀏：《寫給學習吹奏簫笛的同志們》，載《楊蔭瀏音樂論文選集》，上海：上海文藝出版社，1986 年，第 188～189 頁。

楊先生還進一步給出笛簫翻七調的詳盡指法，以及雌雄笛配合所得的諸調門。〔註70〕現據楊先生所述，以雌雄曲笛為例，按各調在民間流行和學習的難易程度，將雌雄笛所翻工尺七調及其與筒音、調高的對應關係，列表整理如下（表6-4）：

表6-4：雌雄笛七調音高對照表

難易程度	（1）	（2）	（3）	（4）	（5）	（6）	（7）
筒音音名	sol	re	do	la	fa	si	mi
工尺七調名	小工調	正工調	乙字調	尺字調	凡字調	上字調	六字調
雌曲笛調高	D	G	A	C	E	B	$^{\#}$F
雄曲笛調高	$^{\#}$C	$^{\#}$F	$^{\#}$G	B	$^{\#}$D	$^{\#}$A	F

兩支雌雄曲笛，每笛可翻七調，除去重複的 B 和$^{\#}$F 兩調高，共可得 12 個不同的調高，完全能滿足十二律旋宮的需要。這種雌雄笛配合使用的方法，與北宋陳暘《樂書》以及清人胡彥昇《樂律表微》所論兩笛的音律情形如出一轍，都是唐宋八十四調理論在明代以來工尺調名體系中的傳承表現形式。

二、工尺字調定位尺──正宮調工尺調名體系實踐應用的物證

在《中國音樂文物大系·北京卷》收錄的眾多音樂文物中，有一件著錄為清代傳世品的「笛色譜字調定位尺」。該文物現藏中國歷史博物館（今中國國家博物館），由紫檀木製的一塊木板和一個木條拼合而成。木板中間開有凹槽，木條嵌於木板槽內，可左右拉動。中間木條未移動時，定位尺從正面看分上、中、下三行，譜字從右至左讀，第一行為「四、乙、上、尺、工、凡、六」七字；第二行字同第一行，但譜字為兩個八度共 14 字；第三行正對第一行「四」字下面為「字調」二字，正對「乙」和「凡」二字下面為「出調」二字。使用時，通過移動中間木條改變兩行工尺譜字對應關係，實現笛色工尺調名的迅速定位，方便定調與轉調的音樂實踐之需。該「笛色譜字調定位尺」的外形如下（圖6-8、圖6-9）：〔註71〕

〔註70〕楊陰瀏：《寫給學習吹奏簫笛的同志們》，載《楊陰瀏音樂論文選集》，上海：上海文藝出版社，1986 年，第 192～196 頁。

〔註71〕以上有關「笛色譜字調定位尺」的圖片與文字說明，參見《中國音樂文物大系》總編輯部編《中國音樂文物大系》（北京卷），鄭州：大象出版社，1996年，第 163 頁。

圖6-8：笛色譜字調定位尺（未動狀）

圖6-9：笛色譜字調定位尺（移動狀）

　　翻檢《中國音樂文物大系》已出版各卷不難發現，目前著錄的全國各地音樂文物，主要爲樂器、圖像、雕塑等，像「笛色譜字調定位尺」這類與傳統音樂理論推演相關的文物並不多見。工尺譜是明清以來器樂、戲曲、曲藝等常用的樂譜形式，對傳統音樂的傳承、發展具有舉足輕重的作用。以往關於工尺譜調名的記述，或見諸文字或訴諸曲譜，雖然知曉工尺調名與笛色音位、指法的密切關係，但由於笛類樂器各孔並無明確、詳盡的音位標記，相關調名轉換技法和理論總結只能靠藝人口耳相傳。國家博物館保存的這件「笛色譜字調定位尺」，以直觀方式將工尺譜字調名及其轉化關係，簡潔、明晰地標識在一件「定位尺」之中，爲後人瞭解工尺譜調名結構和傳統宮調理論的發展衍變，提供了極其重要的實物依據。

　　另一方面，《中國音樂文物大系·北京卷》的相關內容，僅概略描述了該「笛色譜字調定位尺」的形制、構造，對其設計原理、使用方法等均未詳述。有鑒於此，筆者擬結合傳統音樂工尺譜調名體系的應用特點以及明末相關宮調理論的演變情況，考察「笛色譜字調定位尺」的「字調」、「出調」名詞含義，探討該定位尺的設計原理、使用方法和樂學內涵，揭示這一宮調物質形態背後隱含的工尺調名體系變遷及其與音樂實踐的互動關係。爲方便研究，筆者曾據《中國音樂文物大系》（北京卷）描述，複製一件「笛色譜字調定位尺」，如下圖所示（圖6-10）：

圖6－10：笛色譜字調定位尺（筆者複製品）

1、定位尺之「字調」考

「笛色譜字調定位尺」上的文字標記共分三行，上面兩行為對應工尺譜字，是以「四」字為首的音列；最下面一行刻有「字調」、「出調」文字，是該定位尺使用時重要的調名音位標記。筆者認為，要想瞭解字調定位尺的設計原理，必須從「字調」、「出調」兩詞的特定內涵著手。為使論證明晰，現將字調定位尺未動狀態下的基本結構，圖示如下（圖6－11）：

圖6－11：笛色譜字調定位尺（示意圖）

							六	凡	工	尺	上	乙	四
六	凡	工	尺	上	乙	四	六	凡	工	尺	上	乙	四
								出調				出調	字調

定位尺第二行刻有14個工尺譜字的小木條可向右抽出移動，其譜字可與「字調」分別組合，形成「四字調」、「乙字調」、「上字調」、「尺字調」、「工字調」、「凡字調」、「六字調」七種調名。這七個調名正是明清以來傳統音樂廣泛使用的「工尺七調」名稱，其中「四字調」又稱「五字調」、「正宮調」，「工字調」又稱「小工調」。傳統工尺七調命名的基本原理是：（1）選定「某調」作為基礎調，將其音列作為其它各調命名的基本依據；（2）以新調「某音」作為轉調關鍵音，以其對應的基礎調音列譜字命名新調。其中的新調「某音」，即新調音列宮、商、角、徵、羽五音之一，對應的首調唱名工尺譜字為上、尺、工、六（合）、五（四）。也就是說，無論調高怎樣轉換，新調音階均以形式不變的首調唱名音位為準，選擇其中「某字」對應原基礎調音列，以原調的固定唱名譜字作為新調命名的依據。

據此工尺七調命名原理觀察「笛色譜字調定位尺」，第一行固定不動的

「四、乙、上、尺、工、凡、六」，代表的應是新調的首調唱名音列，對應音名爲「羽、變宮、宮、商、角、清角、徵」。第二行可移動的工尺譜字，代表著被選定爲基礎調的「某調」音列，其 14 譜字是其它各調命名的重要參照。由於「笛色字調定位尺」未動狀態下，右端「字調」二字所示爲「四字調」，可知這件定位尺所代表的調名系統，以「四字調」（五字調）音列爲基礎。它以第一行最右端的首調唱名「四」作爲調高命名標準，即新調「四」字（羽音）對應第二行「四字調」音列某字，就稱該新調爲「某字調」。第二行譜字代表的「四字調」由於作爲基礎調，又被稱爲「正調」或「正宮調」。以上分析充分說明，這件「笛色譜字調定位尺」的基本設計原理，恰是以「正宮調」爲基準的工尺七調翻調系統。

關於「正宮調」翻調系統中各調調高及其與正調音列的對應關係，《中國音樂詞典》「民間工尺七調」條有較系統說明，其文曰：

【民間工尺七調】民間流傳在笛上翻七調的宮調系統。即明、清以來，民間音樂中用以表示調高標準的七調（七均）。一般根據曲笛孔序所示各調工尺字音位的相互關係以定調名，而以「正調」（正宮調）或「小工調」爲基準。七調調名與工尺字音位比較表如下（引者按，圖 6－12）：

圖 6－12：民間工尺七調結構圖

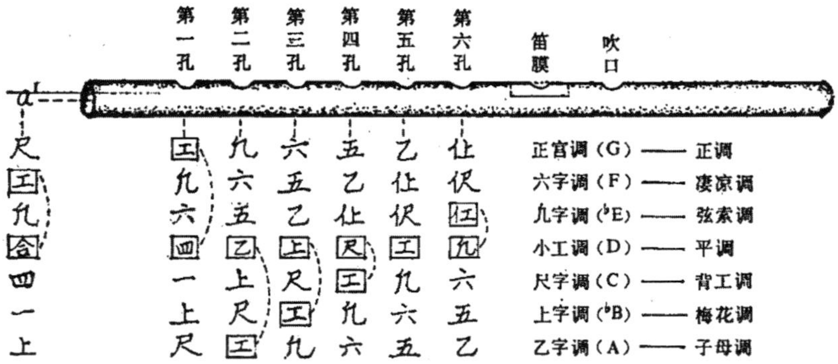

上列七調音位比較表，明示了民間以「工」音爲關鍵的翻調系統。方法是以「小工調」爲基礎調。翻調時，即以「小工調」的某一字爲新調的「工」字，作爲新調的調名（如虛點弧線所示）。另一種方法以「正宮調」爲基礎調，翻調時，即以「正宮調」的某一字當

道易惟器——宋以來宮調理論變遷及與音樂實踐關係研究

新調的「五字」並作爲新調調名，其結果與前者完全相同。〔註72〕

《中國音樂詞典》釋文明確指出，工尺七調命名方法除小工調系統外，還存在另一種以「正宮調」爲基礎調的方法，即以「正宮調」某字當新調「五」字並作爲新調調名。由於「五」字爲「四」字高八度音，故《中國音樂詞典》所說新調「五」字，就是「笛色譜字調定位尺」第一行右端的「四」字；字調定位尺第二行的「四字調」音列，對應上面「笛色工尺七調圖」中筒音爲「尺」的「正宮調（G，正調）」一行。現將正宮調工尺調名系統各調音列，及其與六孔笛簫和「笛色譜字調定位尺」各調位置的對應關係，列表整理如下（表6-5）：

表6-5：「正宮調工尺調名系統」與「笛色譜字調定位尺」各調關係
一覽表

六孔笛簫 近筒音爲一	筒	一	二	三	四	五	六	定位譜字	笛色譜字調定位尺各調音位
正宮調 四字調	尺	工	凡	六	五	乙	上	中行	六凡工尺上乙四 / 六凡工尺上乙四六凡工尺上乙四 / 出調 出字調
乙字調	上宮	尺商	工角	凡清	六徵	五羽	乙變	上行	六凡工尺上乙四 / 六凡工尺上乙四六凡工尺上乙四 / 出調 出字調
上字調	一變	上宮	尺商	工角	凡清	六徵	五羽	上行	六凡工尺上乙四 / 六凡工尺上乙四六凡工尺上乙四 / 出調 出字調
尺字調	四羽	一變	上宮	尺商	工角	凡清	六徵	上行	六凡工尺上乙四 / 六凡工尺上乙四六凡工尺上乙四 / 出調 出字調
工字調 小工調	合徵	四羽	一變	上宮	尺商	工角	凡清	上行	六凡工尺上乙四 / 六凡工尺上乙四六凡工尺上乙四 / 出調 出字調
凡字調	凡清	六徵	五羽	乙變	仕宮	伬商	仜角	上行	六凡工尺上乙四 / 六凡工尺上乙四六凡工尺上乙四 / 出調 出字調

〔註72〕中國藝術研究院音樂研究所、《中國音樂詞典》編輯部編：《中國音樂詞典》，北京：人民音樂出版社，1984年，《中國音樂詞典》，第269～270頁。

六孔笛簫近筒音爲一	筒	一	二	三	四	五	六	定位譜字	笛色譜字調定位尺各調音位
六字調	工角	凡清	六徵	五羽	乙變	仩宫	伬商	上行	六凡工尺上乙四／六凡工尺上乙四六凡工尺上乙四　出調　出字調
正宮調	尺商	工角	凡清	六徵	五羽	乙變	仩宫	上行	六凡工尺上乙四／六凡工尺上乙四六凡工尺上乙四　出調　出字調

　　上表中譜字六、五、仩、伬、仜，分別是合、四、上、尺、工的高八度譜字；「定位譜字」一欄標記的「中行」、「上行」，分別對應「笛色譜字調定位尺」的第二行和第一行音列。將表中左半部份所列調名、音階和右側定位尺各調音位相對照，可清晰展示出定位尺第二行譜字移動後，產生出的各新調音列及其與原調（四字調、正宮調）的對應關係。其中第一行最右側「四」字爲轉調關鍵音（新調「羽」音），第二行「尺」字爲笛色筒音，其所指示的第一行譜字音位，即該新調演奏時的笛色筒音首調唱名。例如，定位尺移動至「乙字調」位置時，第二行「尺」字對應第一行「上」字，其樂學涵義爲：笛色樂器演奏乙字調時，筒音應爲首調唱名「上」（宮），即筒音作 do；定位尺移動至「上字調」位置時，第二行「尺」字對應第一行「乙」字，其樂學涵義爲：笛色樂器演奏上字調時，筒音應爲首調唱名「乙」（變宮），即筒音作 si。其餘各調情況，依此類推。

2、定位尺之「出調」考

　　笛色譜字調定位尺的最下面一行，除「字調」二字外，還有兩處標有「出調」字樣，對應第一行新調首調唱名的「乙」、「凡」二字。由此可知，所謂「出調」指示的就是七聲音階「變宮」、「清角」兩變音位置，即如果將二音從七聲音階中分離出來（笛色樂器上閉孔不吹），便可得到該調的五聲音階進而確立新調，這就是「出調」二字表達的「得出新調」之意。我們可據表一所列「笛色譜字調定位尺」第二行各調固定音位，將工尺七調各調的七聲音列羅列如下（括號內譜字爲該調二變之聲，去之即得該調五聲音階）：

五正聲：羽　變宮　宮商角　清角　徵

四字調：四　（乙）　上尺工　（凡）　六：（正宮調、五字調）

乙字調：乙　（上）　尺工凡　（六）　四：

上字調：上　（尺）　工凡六　（四）　乙；

尺字調：尺　（工）　凡六四　（乙）　上；

工字調：工　（凡）　六四乙　（上）　尺；（小工調）

凡字調：凡　（六）　四乙上　（尺）　工；

六字調：六　（四）　乙上尺　（工）　凡；

「出調」二字作用在於明確標記某調的五聲音列位置，明確五正聲在確立新調中的重要地位。這種通過區分「二變聲」與「五正聲」進而明確調高的做法，在明末清初即引起學者注意，並將其作爲工尺七調的重要轉換方法予以系統總結。明末學者方以智（1611～1671 年）的著作《通雅》，較早記載了正宮調（五字調）爲基礎的「笛上七調」系統。《通雅》對各調名的解說，正是以閉正宮調音列某某二譜字爲據，與上文據「笛色譜字調定位尺」列出的各調所閉譜字（帶括號之音）完全一致。〔註 73〕《通雅》以「尺」作爲管色筒音，將閉凡、乙兩音所得之調視爲正調，也就是將筒音作商（re）視爲正調（或稱本調）的正宮調調名系統，其它調名均據新調「五」（羽）音在正調音列中的位置而定。《通雅》所論「笛上七調」起於「尺生六」，旨在說明將六孔笛全閉得到的「尺」字，作爲「生聲」即各調轉換的根本依據之一。〔註 74〕

　　清初學者毛奇齡（1623～1716 年）的《竟山樂錄》所載「工尺七調」，採用「放某某孔」、「某某不用」方式記述，不用之音恰恰是新調的變宮（乙）和清角（凡），與笛色譜字調定位尺「出調」指示的譜字完全相同。〔註 75〕值得注意的是，毛奇齡所列各調音階，均以新調「羽音」作爲音列結束音（煞聲），反映出首調唱名「四」字（羽音）在新調確立過程中的重要地位。這與字調定位尺第一行以「四」字開始的音列設計異曲同工。「笛色譜字調定位尺」所示爲正宮調（五字調、四字調）「工尺七調」系統，在這個系統中新調「羽」音（即首調唱名「五」、「四」字）對應的正宮調音列譜字，被作爲命

〔註 73〕　〔明〕方以智：《通雅》卷三十，《文淵閣四庫全書》（電子版），上海人民出版社、迪志文化出版有限公司出版，標準書號：ISBN 7-980014-91-X/Z52。《通雅》原文見本章第二節，此處從略。

〔註 74〕　楊蔭瀏：《中國音樂史綱》，收入《楊蔭瀏全集》（第 1 卷），南京：江蘇文藝出版社，2009 年，第 259 頁。

〔註 75〕　〔清〕毛奇齡：《竟山樂錄》卷二「笛色七調譜」條，《文淵閣四庫全書》（電子版），上海人民出版社、迪志文化出版有限公司出版，標準書號：ISBN 7-980014-91-X/Z52。《竟山樂錄》原文見本章第二節，此處從略。

名新調的基本依據。也就是說，這件字調定位尺以「四字調」爲基礎的設計理念，與明末清初流行的正宮調工尺調名系統正相吻合。

　　《通雅》、《竟山樂錄》所載工尺七調音列及其與笛色譜字調定位尺「出調」音位的對應關係，如下表所示（表6−6）：

表6−6：工尺七調與笛色音位和字調定位尺「出調」對應關係表

六勻孔笛孔位（近吹口孔爲一）			筒		六	五		四			三	二		一	
正宮調譜字（尺爲筒音＝A）			尺		工	凡		六			五	乙		上	
傳統調名	通雅	竟山樂錄	A	♭B	B	C	#C	D	#D	♭E	E	F	#F	G	#G
乙字調	子母調	乙字調	宮上		商尺		角工	清凡			徵六		羽四		變乙
上字調	梅花調	上字調	變乙	宮上		商尺		角工		清凡		徵六		羽四	
尺字調	背工調	背四調	羽四		變乙	宮上		商尺			角工	清凡		徵六	
小工調 工字調	平調	平調	徵六		羽四		變乙	宮上			商尺		角工	清凡	
凡字調	絃索調	凡字調	清凡		徵六		羽四		變乙		宮上		商尺		角工
六字調	淒涼調	六字調	角工	清凡		徵六		羽四			變乙	宮上		商尺	
五字調 正宮調	正調	正宮調	商尺		角工	清凡		徵六			羽四		變乙	宮上	

　　表中第一行「六勻孔笛孔位」據《竟山樂錄》習慣，將靠近筒音的按孔標記爲「六」、將靠近吹孔的按孔標記爲「一」；正宮調譜字（尺爲筒音）一行，爲正宮調（四字調）基礎音列，相當於「笛色譜字調定位尺」的第二行活動譜字；筒音＝尺＝A，係據宋大晟律黃鍾（合）爲 d^1，明代笛色以林鍾（尺）爲筒音（調首）而設；表中譜字以工尺字與宮商字對應列出，黑體字羽（四）音爲轉調關鍵音，相當於字調定位尺的右側首音，可據《竟山樂錄》所言「放某某孔」方式奏出；清角（凡）、變宮（乙）爲各調二「變聲」音級，閉此二音便可確立新調五聲音階的「出調」音級。

3、工尺字調定位尺之樂學內涵

以上對笛色譜字調定位尺「定調」、「出調」與音列關係的考證表明，該定位尺採用的是以正宮調（四字調）為基礎的工尺調名體系，正宮調工尺調名系統是其樂學內涵的核心構成。我們可據明清乃至唐宋以來的宮調理論變遷背景，結合正宮調工尺調名體系的承續演變和歷史地位，進一步探討此字調定位尺的意義與價值。

「笛色譜字調定位尺」以第一行譜字最右端「四」字作為調高命名標準，稱新調為「某字調」，此首調唱名「四」就是新調音階的「羽」音。這就是說，在字調定位尺的結構設計中，是以新調「羽」音作為調高命名基本依據的。新調不以宮音位置（新調「上」字）標記調高，卻以「四」（羽）音位置命名，將調關係的關鍵音定位於「羽」而非「宮」，折射出羽音和羽調音階在宮調系統命名中的重要地位。以段安節《樂府雜錄》為代表的唐俗樂調的宮調思維方式，與笛色譜字調定位尺第一行以「四」為首，第二行以起於羽音的「四字調」為基礎的設計理念，在很大程度上是有內在一致性，〔註 76〕其具體表現就是物化於此字調定位尺的工尺調命名形式。此外，笛色譜字調定位尺的工尺七調命名，還傳達出明清以來傳統音樂普遍採用的「七調」結構，這與唐俗樂二十八調的「七均」結構同樣一脈相承，都擁有堅實的管色樂器實踐基礎。笛色譜字調定位尺折射出的唐俗樂二十八調的某些傳統，為研究歷史上的宮調特徵及其變遷發展提供了鮮活例證。

工尺譜是我國傳統音樂廣泛採用的音樂記錄形式。當今現存各樂種、曲種所用的工尺調名，並非都以正宮調工尺調名體系為主，而是更多採用小工調系統工尺七調，即以小工調為基礎調高、以新調「工」字（「角」音）作為轉調關鍵音標記調名。兩種調名體系相比較，可知前者歷史較之後者應更久遠。《中國音樂詞典》「調門」詞條釋文，提到小工調系統之外還有幾種不常用的調門分類方法和調名系統，其中之一就是以「正工調」（筆者按，即正宮調）為基準的翻調系統。〔註 77〕從前引《中國音樂詞典》所論兩種工尺七調系統各調名與調高、笛色筒音的一致性可知，正是由於正宮調翻調系統早於小工調系統，在後世發展中逐漸被以小工調為基礎的調名系統取代，才使正

〔註 76〕 〔唐〕段安節：《樂府雜錄》，中國戲曲研究院編《中國古典戲曲論著集成》（一），北京：中國戲劇出版社，1959 年，第 62～64 頁。參見本章第二節論述。
〔註 77〕 參見中國藝術研究院音樂研究所、《中國音樂詞典》編輯部編《中國音樂詞典》，北京：人民音樂出版社，1984 年，第 80～81 頁。

宮調系統成為「不常用的調門分類方法和調名系統」。

　　清代初年戲曲工尺譜為適應唱腔定調要求，調名逐漸由「正宮調」向「小工調」轉變，並進一步引發工尺調名系統的變遷。〔註 78〕這一史實可在一定程度上說明「笛色譜字調定位尺」的所屬年代。該定位尺以「四」字為核心、以正宮調（四字調）為基礎調的設計理念，與明末清初學者對工尺七調的理論記載相契合，似為當時應轉調實踐之需而製作的輔助工具。其製作與使用應在正宮調系統工尺調名盛行之時，至遲為明末清初之物。由於乾隆年間（1711～1799 年）後戲曲工尺譜廣為盛行，正宮調工尺調名系統逐步被小工調系統取代，若將此「笛色譜字調定位尺」確定為清中期或後期之物，實難於想像。〔註 79〕

　　通過對國家博物館藏「笛色譜字調定位尺」的「字調」、「出調」含義和音列結構邏輯的初步考察，該字調定位尺的設計原理、使用方法和樂學內涵已為我們認識：這是一件採用正宮調（四字調）調名系統定位工尺七調的計算尺，通過移動第二行「四字調」固定工尺譜字，展示以四字調為基礎的工尺七調關係。從傳統音樂工尺調名體系應用特點和宮調理論的演變情況看，該定位尺折射出明清工尺調名體系和唐俗樂二十八調傳統間的某些關係，其代表的正宮調工尺調名體系早於近代流行的小工調調名體系，並存在正宮調系統向小工調系統的轉化過程。由此推論，笛色譜字調定位尺的製作和應用年代，應在明末清初正宮調調名系統盛行之際。這是明清工尺七調調名確立的第一階段——以四字調為基礎以「尺」字為調首的工尺七調命名體系，也是唐宋俗樂二十八調「七均」傳統向工尺調名演化的最初階段。

〔註 78〕有關小工調工尺調名體系確立情況的詳細論述，參見本文第七章第一節。另見李宏鋒《明清戲曲傳承中工尺譜的作用及首調唱名法的確立》，《星海音樂學院學報》2014 年第 1 期。

〔註 79〕可以想見，小工調工尺調名系統盛行時代如有「笛色譜字調定位尺」，應以新調「工」字（角）為轉調關鍵音，以小工調為各調基礎音列，「出調」位置則對應新調（第一行）的「凡」、「一」二字。其基本結構可圖示如下（移動狀）：

							尺	上	一	四	合	凡	工
尺	上	一	四	合	凡	工	尺	上	一	四	合	凡	工
							出調				出調	字調	

　　工尺譜（包括其前身俗字譜）是唐宋以來基於管色音位標記發展而成的記譜系統，其譜字與管色音位的自然對應關係毋庸置疑。在後世發展中，工尺譜因其簡潔、清晰的記譜特點，廣泛應用於笛、簫等管色之外的其它樂器和樂種，如吹奏樂器笙、彈撥樂器琵琶、弓絃樂器胡琴甚至聲樂曲牌的記譜等。工尺記譜使用的七調名稱，也從笛色調高專稱轉變爲各類樂器通用的「調門」標記。明清時代工尺譜的廣泛應用，使「笛色譜字調定位尺」並不局限於爲笛色樂器定調。雖然「工尺譜」在實踐中有「笛色譜」之稱，但爲突出這件定位尺在傳統音樂定調方面的廣泛應用，筆者認爲，似應更名爲「工尺字調定位尺」或「正宮調系統字調定位尺」更爲恰當。

　　考古學常識告訴我們，古代社會生活遺留下來的實物，並非是單獨的、孤立的、偶然的存在，它們都是歷史變遷的產物，凝聚著社會文化的方方面面特徵，集中反映著社會共同的生產技術水平和文化傳統。因此，即使面對單件相對孤立的考古器物，我們也應從大處著眼、小處著手，將其置於大的時代文化背景，揭示其承載的縱橫交錯的文化信息和歷史價值。誠如「考古學通論」所指出：「研究人類古代社會歷史，需要從橫的和縱的方面，擴大其研究範圍。因此，在研究古代人類遺留下來的遺跡、遺物等物質文化時，就必須注意同一時期，各個地區人類社會之間的相互聯繫、相互影響和傳播的關係，還要注意人類社會文化在不同時期的繼承、演變和發展的過程。這些橫的聯繫和縱的進程，正反映在大量的遺跡和遺物中，需要在研究中作全面的分析和說明。」〔註80〕

　　這些理念同樣適用於音樂文物研究。面對古代遺留的音樂文物，我們不應將研究視野僅限於針對器物自身的餖飣考證，或僅從器型外貌對音樂文物作分型分式研究，而是應在充分學習、借鑒考古學研究方法與成果的基礎上，將研究重點指向「文物背後的音樂」，指向文物所屬時代的整體音樂文化，力求在歷史變遷大背景中闡明文物承載的音樂形態和風格特徵，爲構建中國音樂風格史提供更多資料支持。當然我們也應看到，目前的音樂考古研究，在借鑒地層學、年代學以及文物分型分式研究等方面，與普通考古學相比還存在較大差距。我們應不斷完善音樂考古學學科建設，充分發揮其在古代音樂研究中的獨特優勢，爲探索古代音樂文化和形態風格方面的更多奧秘

〔註80〕孫英民、李友謀主編：《中國考古學通論》，開封：河南大學出版社，1990年，第4頁。

不懈努力。

第三節　唐宋俗樂宮調在《魏氏樂譜》中的遺留與運用

　　前文在探討元雜劇宮調實踐應用情況時曾指出，唐宋俗樂二十八調調名傳至元代，在調高方面依然保留著管色七均的含義，是指示音樂調高的重要形式。明代以來，由於戲曲音樂風格與傳承機制轉變，加之俗樂宮調實踐的「刪繁就簡」，唐宋俗樂調名的七均內涵標記功能，逐漸被更爲直觀形象的「工尺七調」取代，形成以管色爲基礎、以工尺譜字爲形式的七種調高標誌。二十八調調名隨著工尺七調在明代的確立與廣泛應用，逐漸退出歷史舞臺；其原有的「調高」與「煞聲」內涵，也逐漸與調名本身剝離。明代傳統音樂的宮調形態，表現出由俗樂調名向工尺調名、由固定唱名到首調唱名漸趨過渡的特徵。

　　然而，幾乎任何事物的變化發展都存在例外。儘管明代以戲曲爲主流的傳統音樂，呈現出工尺七調日益廣泛應用的趨勢，但曾經作爲強大理論存在的唐宋俗樂二十八調系統，卻並未立即在音樂歷史中消失，與原有俗樂調名內涵相符的宮調構成模式，也不可能被全新的音樂語言全部替換。誠如黃翔鵬先生論證二十八調中一些宮調音樂的風格與傳承時所言：「不可想像人民在音樂生活中竟會約好了專門選擇某種調式不去唱、奏，而眞實的情況應是由於理解的歪曲，迫使某些樂調喪失原有的調名。其中應有許多貨眞價實的東西仍然存在於人民的音樂實踐之中，雖然也會有所失傳，但卻仍有流傳的。」〔註81〕在黃先生所謂的這許多「貨眞價實」、「仍有流傳」的東西中，明代流傳至今的《魏氏樂譜》就是唐宋俗樂調存留於世的絕好例證。探討《魏氏樂譜》中各曲宮調名的應用與內涵，不僅是古譜翻譯的重要理論基礎，也是考察唐宋以來宮調理論變遷的重要材料，對全面認知唐宋俗樂宮調在明代的遺存與應用，具有積極的理論與現實意義。筆者以下便從譜字形式、樂器基礎、宮調結構和記譜形式等方面，對唐宋俗樂宮調在明末《魏氏樂譜》中的遺留

〔註81〕以上引述，參見黃翔鵬《唐燕樂四宮問題的實踐意義——楊蔭瀏〈中國古代音樂史稿〉學習札記》，原載《中央音樂學院學報》1982 年第 2 期；收入黃翔鵬《溯流探源——中國傳統音樂研究》（音樂文集），北京：人民音樂出版社，1993 年；又見《黃翔鵬文存》（上冊），濟南：山東文藝出版社，2007 年，第347 頁。

和應用情況作初步探討。

一、《魏氏樂譜》的譜字形式與樂器基礎

　　《魏氏樂譜》是由明末魏之琰及其後人傳承，在日本得以保存並流傳的詞樂曲譜集。魏之琰（？～1689 年），字雙侯，曾任明朝宮廷樂師。〔註82〕明末農民起義和清軍入關之際，他爲避戰亂離職經商海外，並於 1672 年歸化日本，取姓鉅鹿，定居長崎。魏之琰精通音樂，赴日時帶去二百餘首家傳古代歌曲或擬古歌曲，在長崎和京都宮廷廣爲教授，所傳播的音樂在日本被稱爲「明樂」或「魏氏樂」。其後，魏雙侯的四世孫魏皓（？～1774 年，字子明，號君山，日本名鉅鹿富五郎）繼續在京都表演、傳授祖傳歌曲，並選出所傳「明樂」五十首，經其學生平信好師古考訂編成《魏氏樂譜》，於明和五年（1768 年）正月由書林芸香堂出版。魏皓去世後，其門人筒井郁又撰寫了《魏氏樂器圖》，圖解明樂所用樂器。經過魏氏家族及其門生的傳播、推廣，「明樂」或「魏氏樂」在日本社會廣爲流行，風尚一直延續到日本江戶時代末期。〔註83〕

　　《魏氏樂譜》的存世版本，大致有明和五年（1768 年）芸香堂版（收曲 50 首）、明治十年（1887 年）凌雲閣六卷版（收曲 244 首），以及林謙三提到的明治初年（1867 年後）長原春田輯錄的《樂譜》和無名氏所輯的《明樂譜》寫本。據漆明鏡統計，除卻這些刊本中相互重複的樂曲外，經魏氏家族及其弟子保存下來的「明樂」共計 243 首。〔註84〕《魏氏樂譜》的歌詞，大部份是漢魏以來的樂府詩和唐宋詩詞，包括宮廷所用的郊廟歌、應製詞（應皇帝之命所作的詩詞），以及描寫貴族生活的宮詞、賀詞等。關於該樂譜集所錄是否爲歷代之樂這一問題，音樂學界尚存在不同意見。錢仁康先生指出，這些歌曲無論從歌詞、宮調、曲式，還是節奏、句法、起訖音等方面看，均可證明《魏氏樂譜》的五十曲都是前朝舊曲，不是明朝新撰的樂曲。日本人士稱之爲「明樂」的《魏氏樂譜》，實際與明代民間音樂、戲曲音樂毫無關聯，它

〔註82〕楊蔭瀏：《中國古代音樂史稿》（下冊），北京：人民音樂出版社，1981 年，第 806 頁。

〔註83〕以上情況，海西宮奇所撰《書〈魏氏樂譜〉後》一文（刊於芸香堂版《魏氏樂譜》卷首）有相關說明。另參見錢仁康《〈魏氏樂譜〉考析》，原載《音樂藝術》1989 年第 4 期，收入錢亦平編《錢仁康音樂文選》，上海：上海音樂出版社，1997 年，第 133～134 頁。

〔註84〕漆明鏡：《〈魏氏樂譜〉若干問題之我見》，《文化藝術研究》2009 年第 2 期。

們是南宋以前宮廷音樂代代相傳的歷史遺留。〔註85〕儘管《魏氏樂譜》歌曲的準確產生年代尚難定論，但各曲前標記的唐宋俗樂宮調，則至少說明俗樂二十八調並未隨著明代工尺調名的確立而退出歷史舞臺，依然在明代宮廷詞樂實踐中應用，在辨識樂曲工尺譜字調高調式、約定所用音列等方面，發揮著一定的作用。

1、《魏氏樂譜》的工尺譜字形式

　　關於《魏氏樂譜》所用宮調名稱和工尺譜字的來源等信息，海西宮奇所撰《書〈魏氏樂譜〉後》曰：「其所傳二百有餘曲，今撰出五十，刻而藏家，以授學者，欲使學者附記其所學之譜字於其側，蓋以省謄寫之煩也。」〔註86〕從這段記述可知，《魏氏樂譜》出版時僅刊載了樂曲的曲名、每列8格的方格譜、按節奏分佈於方格譜內的歌詞、歌詞的唐音標注（平信好師古所謂「以國字附華音」〔註87〕者）等內容，樂曲中並無宮調名和工尺譜字標注，其目的是方便學生親自記錄旋律，鞏固所學。也就是說，保存至今日的《魏氏樂譜》中的宮調名與工尺譜字，都是當時學習者自行記錄的結果，所謂「附記其所學之譜字於其側」。正因如此，不同版本《魏氏樂譜》的同名曲子間的旋律或宮調名稱略有差異，也就是很自然的事情了。

　　《魏氏樂譜》使用的工尺譜字形式，與明清時期流行的工尺譜一致，均以上、尺、工、凡、六、五、乙等漢字記錄音高，僅個別譜字的書寫和含義有所區別。其中，「合」字（**仝**）為「上」字上方純五度音，「合」的低八度音記作「**人**」；「五」字寫作「**玊**」，低八度譜字記作「四」；上、尺、工的高八度譜字末筆劃上挑，寫作**上、尺、工**。筒井郁景周編撰的《魏氏樂器圖》中，載有龍笛、長簫的吹奏方法與所用譜字情況，與《魏氏樂譜》的工尺譜字完全一致，其文曰：

　　　　凡吹笛法，全在口唇之俯仰、吹氣之緩急。唇仰則清一律，唇俯則濁一律。

　　　　合為黃鍾，五為太簇清，四為太簇濁，乙為姑洗清，一為姑洗

〔註85〕錢仁康：《〈魏氏樂譜〉考析》，原載《音樂藝術》1989年第4期，收入錢亦平編《錢仁康音樂文選》，上海：上海音樂出版社，1997年，第153～154頁。

〔註86〕〔日〕海西宮奇：《書〈魏氏樂譜〉後》，載魏子明氏輯《魏氏樂譜》卷首，日本芸香堂刊本，1768年。

〔註87〕〔日〕平信好師古：《〈魏氏樂譜〉跋》，載魏子明氏輯《魏氏樂譜》卷首，日本芸香堂刊本，1768年。

濁，上爲仲呂，尺爲林鍾，工爲南呂，凡爲應鍾，六爲應鍾清。

　　弄笛法：一指彈孔謂之彈，舉指不離謂之蓋，指撫孔謂之窺，指放二、三、四、六四孔謂之放，按二、三、四、五、六五孔謂之箚。〔註88〕

　　以上記載中，第一段文字講解了笛子同一孔位陞降半音的演奏方法，中段記述了笛、簫所用工尺譜字及其與十二律呂的對應關係，第三段講解笛子演奏的各種指法組合。從第二段所記譜字與律呂的對應關係來看，魏氏樂所用龍笛與長簫的最常用、最容易演奏的音階，是以「上」字作宮、兼有變徵和變宮的正聲音階。在《魏氏樂器圖》記載的笛、簫十個譜字中，「六」字音高較爲特殊——「六爲應鍾清」。按，明清時期流行的工尺譜中，「六」字常指代「合」字高八度音，若「上」字爲仲呂，則「六」字應爲黃鍾清。此處筒井郁景周將「六」字與應鍾清對應，與傳統記譜習慣有別。有學者認爲，這裡的「六」爲應鍾清的說法，係與笛子指法相混；「六」不能理解爲傳統意義上的工尺譜字「六」，而是笛子「開六孔」之意，其音律正與應鍾清相對應，《魏氏樂器圖》中的這句記載是有問題的，「六」字的實際音高應爲「黃鍾清」的高八度音。〔註89〕此論可備一說。

　　翻檢《魏氏樂器圖》和《魏氏樂譜》不難發現，明確記載工尺譜字「六」爲「凡」字高八度應鍾清的文字，並非前者笛簫譜字一處。在芸香堂版《魏氏樂譜》卷末所錄譜字中，也保留著形式不同的十個工尺譜字及其對應關係（圖6－13）。從後者記載可知，「合」與「厶」爲上下對應的八度關係，「五」與「四」爲上下對應的八度關係，「凡」與「六」亦爲八度對應關係。其中的「凡——六」八度關係，與《魏氏樂器圖·龍笛長簫圖》所言「凡爲應鍾，六爲應鍾清」可相互印證，說明《魏氏樂譜》中的「六」，與明清流行的傳統工尺譜中的「六」字確有不同，其含義可能並非「合」字（黃鍾）高八度音，而是「凡」（應鍾）字的高八度「應鍾清」。兩書記載相較，可知《魏氏樂器圖》所言「六爲應鍾清」似非筆誤，同樣應爲笛、簫的工尺音位符號。

〔註88〕〔明〕魏雙侯傳、〔日〕筒井郁景周編：《魏氏樂器圖》，觀瀾亭藏版，1780年。

〔註89〕參見漆明鏡《〈魏氏樂譜〉若干問題之我見》，《文化藝術研究》2009年第2期，第91頁。

圖6-13：《魏氏樂譜》（芸香堂版）卷末所載工尺譜字及八度對應關係

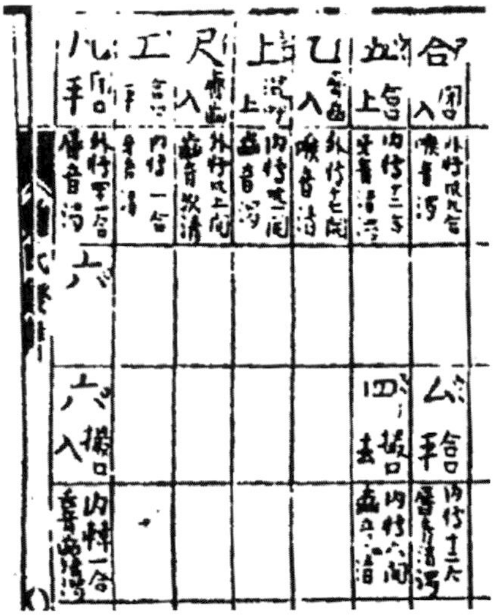

　　據筆者統計，芸香堂版《魏氏樂譜》收錄的50首樂曲中，使用「六」字的樂曲只有4首，分別為：第2曲《壽陽樂》、第8曲《沐浴子》、第33曲《龍池篇》和第41曲《水龍吟》。按照以上譜字分析，這些樂曲中的「六」字似乎均應譯作應鍾清（此為笛簫音位，歌唱旋律亦可視進行邏輯，譯作低八度的應鍾），不譯作「合」字「黃鍾清」的高八度音。然而，若按這種原則譯譜，則第8曲《沐浴子》結束於「六」字應鍾（越調之應聲），與樂曲所屬「越調」（結音為「合」）完全不合。林謙三、楊蔭瀏對《魏氏樂譜》的解譯中，亦均將譜中「六」字處理為「合」字高八度音。這裡姑且從前人之論，將聲樂旋律中的「六」作「合」字高八度譯譜。〔註90〕或許笛簫譜中的「六」字指代特殊音位或奏法，可形成某種特殊伴奏效果，因而與聲樂演唱同一譜字時音高有別。具體情況如何，尚待進一步探討。

　　此外，芸香堂版《魏氏樂譜》最後一頁，還載有學習者記寫的日本十二律名及其與工尺譜字對應關係。（圖6-14）其中「六」字下方文字為「黃涉之カン」，似指代「黃鍾、般涉之間」（鸞鏡），與前文「六」為黃鍾清或應鍾清之說均不合。由此觀之，《魏氏樂譜》中的「六」字似乎含義頗為豐富，音高指向應鍾、清黃鍾、清大呂都有可能。其確切含義尚難定論，今將相關資料與思考記錄於此，以備查考。

〔註90〕詳細譯譜，可參見本著附錄五「《魏氏樂譜》譯解」。

圖6-14：《魏氏樂譜》（芸香堂版）卷末所載工尺譜字與十二律名

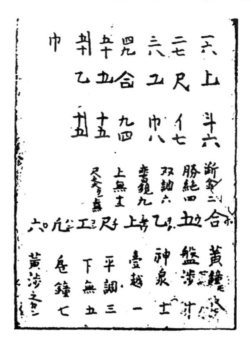

2、《魏氏樂譜》的固定調記譜與樂器音位基礎

　　關於《魏氏樂譜》工尺譜字的讀法，學界基本有兩種意見。一是以林謙三、錢仁康等人為代表的「固定調記譜」說，認為魏氏樂所用「工尺譜和宋代俗字譜（管色應指字譜）一脈相承，工尺代表律呂，不代表宮商，所以是一種固定唱名法，與工尺代表宮商、屬於首調唱名法體系的近代工尺譜不同」〔註91〕。另一種觀點以黃翔鵬先生為代表，認為《魏氏樂譜》的工尺譜字屬於首調唱名系統。黃先生認為，《魏氏樂譜》歌曲的調高處理並不十分嚴格，「因為《魏氏樂譜》基本上把工尺字作流動唱名讀譜，但又常用移調記寫」〔註92〕。辨別工尺譜是否為固定調記譜的關鍵，在於譜字原位及其高下形式是否與十二律呂唯一對應。關於這一點，《魏氏樂譜》中並無明確說明。加之魏氏所傳歌曲多數以仲呂均為主，而仲呂均的基本音階形式為「上、尺、工、

〔註91〕錢仁康：《〈魏氏樂譜〉考析》，《音樂藝術》1989年第4期，收入錢亦平編《錢仁康音樂文選》，上海：上海音樂出版社，1997年，第143頁。
〔註92〕參見黃翔鵬《明末清樂歌曲八首》，《黃鐘》1987年第4期。收入黃翔鵬《中國人的音樂和音樂學》（音樂文集），濟南：山東文藝出版社，1997年；又見《黃翔鵬文存》（上冊），濟南：山東文藝出版社，2007年，第554頁。

凡、合、四、一」七個譜字的本位音，與清代以來流行的首調工尺譜字完全一致，因此將魏氏樂工尺譜判定爲首調唱名似在情理之中。

　　然而，結合《魏氏樂器圖》所載各類樂器音位譜字及其與十二律呂的對應關係，可知《魏氏樂譜》所附工尺譜乃是龍笛、長簫的演奏譜，每個譜字都與特定的律呂音高相對應，即：「合爲黃鍾，五爲太簇清，四爲太簇濁，乙爲姑洗清，一爲姑洗濁，上爲仲呂，尺爲林鍾，工爲南呂，凡爲應鍾，六爲應鍾清。」《魏氏樂器圖・附言》記載說：「聲律用古譜，附記歌詩，如凡、工、尺、上、乙、五、合是也。圖上錄以律本名，使人易解耳。」〔註93〕將律呂固定音高與工尺譜字並錄，目的是爲了讓人們更易理解工尺字含義。由此可知，《魏氏樂譜》的工尺記譜，採用的依然是與宋代俗字譜內涵一致的固定唱名體系，只不過在譜字書寫上未使用簡化的俗字形式而已。爲使說明更爲清晰，筒井郁景周在編撰魏氏樂所用樂器音位時，更多採用了直接記錄律呂音高的形式，這些音位都是與笛、簫孔位固定工尺譜字相對應的。

　　海西宮奇《書〈魏氏樂譜〉後》曰：「其竹則笙、笛、橫簫、篳篥，其絲則小瑟、琵琶、月琴，而考擊則大小鼓、雲鑼、檀板也。」〔註94〕《魏氏樂器圖・附言》亦曰：「魏氏樂器，竹則巢笙、龍笛、長簫、篳篥，絲則琵琶、月琴、十四絃之瑟，考擊則小鼓、大鼓、雲鑼、檀板。」〔註95〕所言樂器種類與海西宮奇所述一致。在魏氏樂使用的十一種件奏樂器中，龍笛、長簫、巢笙、篳篥、雲鑼五種旋律樂器，《魏氏樂器圖》均給出了各自音位的固定音高。龍笛與長簫的音位工尺、律呂已見上述，現將其它三種樂器的相關記載羅列如下。〔註96〕

　　（1）17管巢笙音位：魏氏樂所用笙爲巢笙，共計17管，《魏氏樂器圖・巢笙圖》記載各笙苗音律如下：

　　　　施管十七：一爲南呂清，二爲中，三爲南呂，四爲林鍾，五爲
　　　　丁，六爲應鍾，七爲太簇濁，八爲林鍾清，九不施簧，十爲丁，十

〔註93〕〔明〕魏雙侯傳、〔日〕筒井郁景周編：《魏氏樂器圖・附言》，觀瀾亭藏版，1780年。

〔註94〕〔日〕海西宮奇：《書〈魏氏樂譜〉後》，載魏子明氏輯《魏氏樂譜》卷首，日本芸香堂刊本，1768年。

〔註95〕〔明〕魏雙侯傳、〔日〕筒井郁景周編：《魏氏樂器圖・附言》，觀瀾亭藏版，1780年。

〔註96〕以下引文均出自《魏氏樂器圖》，不另注。參見〔明〕魏雙侯傳、〔日〕筒井郁景周編《魏氏樂器圖》，觀瀾亭藏版，1780年。

一為太簇清，十二為行，十三為仲呂清，十四為仲呂，十五為黃鍾，
十六不施簧，十七為姑洗。

其中「中」、「丁」、「行」的音高，林謙三認為：「中」相當於無射，「丁」
相當於姑洗、「行」相當於黃鍾。〔註97〕將上述笙苗音位與今北京智化寺京音
樂所用十七簧笙相比較，可知第十二管「行」應為「黃鍾清」，第十管的「丁」
應為「姑洗清」，第五管的「丁」對應「姑洗」。十七管音位中除十六管和九
管外，僅第十七管、六管、一管音高與智化寺十七簧笙不同。這也從另一側
面證明現今智化寺京音樂所用十七簧笙，較好地保存了明代宮廷音樂所用笙
的音位排列標準。（圖6-15）〔註98〕

圖6-15：智化寺京音樂十七簧笙管序、譜字和音位圖〔註99〕

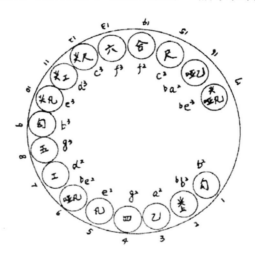

（2）八孔篳篥音位：魏氏樂所用篳篥為八孔形制，前七孔，背一孔。《魏
氏樂器圖·篳篥圖》記載篳篥各孔音位如下（由吹口而下依次排序）：

第一孔為南呂清，二為仲呂清，又為姑洗清，三為太簇，四為

〔註97〕〔日〕林謙三：《明樂八調研究》，張虔譯，上海：上海音樂出版社，1957年，
第14頁。

〔註98〕參見楊蔭瀏《智化寺京音樂》（一），載中國藝術研究院音樂研究所編《楊蔭
瀏全集》（第6卷），南京：江蘇文藝出版社，2009年，第190頁。又見袁靜
芳《中國漢傳佛教音樂文化》，北京：中央民族大學出版社，2003年，第95
頁。

〔註99〕袁靜芳：《中國漢傳佛教音樂文化》，北京：中央民族大學出版社，2003年，
第95頁。

黃鍾，五爲應鍾，六爲南呂濁，七爲林鍾濁，背孔爲林鍾清，八孔
悉按爲仲呂濁。

（3）十面雲鑼音位：魏氏樂的伴奏樂器雲鑼，共由十片小鑼組成，《魏
氏樂器圖・雲鑼圖》記載其音位如下：

右一爲南呂，二爲仲呂，三爲黃鍾濁；中一爲姑洗，二爲黃鍾
清，三爲中，四爲太簇濁；左一爲應鍾，二爲林鍾，三爲太簇清。

中間第三個小鑼的音高「中」，含義與笙第二管「中」相同，爲無射律。

關於魏氏樂諸樂器所應律呂的絕對音高，海西宮奇《書〈魏氏樂譜〉後》
曰：

魏君所傳凡八調，其黃鍾當此方之林鍾。近世講古律者，唯惕
齊仲氏極爲精詳，而謂古之黃鍾，即今之仲呂也。據其說，則此樂
之聲，於古律爲不遠矣。〔註100〕

海西宮奇所謂的「此方之林鍾」，即指代日本十二律中「壹越」上方的純
五度律高。據繆天瑞先生《律學》「日本的民族樂制」一節的論述，近代日本
民族律制中把壹越的絕對音高定爲十二平均律的 d^1（低 6 音分），據此則日本
黃鍾律比今日標準音 a^1（頻率 440Hz）低 1 音分。〔註101〕言魏氏樂之「黃鍾
當此方之林鍾」，可知魏氏樂器的黃鍾「合」字與日本壹越律的上方純五度律
「黃鍾」對應，音高爲小字一組 a^1。海西宮奇又說「古之黃鍾，即今之仲呂」，
這裡的「古之黃鍾」，應指南宋大晟律高延續下來的古律傳統，爲 d^1；「今之
仲呂」，則是魏氏樂所用之仲呂，音高爲 d^2（或低八度的 d^1），二者音高正好
相合。正因如此，海西宮奇才會發出「此樂之聲，於古律爲不遠矣」的感歎。
另據楊蔭瀏先生《中國音樂史綱》之「歷代管律黃鍾音高比較表」，可知明代
太常笛新音階主調音爲 a^1。〔註102〕此即明代俗樂律標準音高，與《魏氏樂譜》
「合」字黃鍾音高完全一致，可從另一側面驗證魏氏樂黃鍾爲 a^1 的眞實性。
明確了魏氏樂黃鍾高度，其它律呂音位隨之確定，這是翻譯《魏氏樂譜》的
重要前提之一。

〔註100〕〔日〕海西宮奇：《書〈魏氏樂譜〉後》，載魏子明氏輯《魏氏樂譜》卷首，
　　　　日本芸香堂刊本，1768 年。

〔註101〕繆天瑞：《律學》（第三次修訂版），北京：人民音樂出版社，1996 年，第 242
　　　　頁。

〔註102〕參見楊蔭瀏《中國音樂史綱》，載中國藝術研究院音樂研究所編《楊蔭瀏全
　　　　集》（第 1 卷），南京：江蘇文藝出版社，2009 年，第 274〜275 間插頁。

現綜合以上論述，將魏氏樂伴奏所用管色與雲鑼等樂器的音位與相應律呂、工尺譜字，列表對照如下（表6-7）：

表6-7：魏氏樂管色、雲鑼音位與工尺譜字對照表

參考音高	a^1	b^1	$\#c^2$	d^2	e^2	$\#f^2$	g^2	$\#g^2$	a^2	b^2	$\#c^3$	d^3	e^3	$\#f^3$	$\#g^3$
十二律呂	黃鍾濁	太簇濁	姑洗濁	仲呂濁	林鍾濁	南呂濁	無射濁	應鍾濁	黃鍾清	太簇清	姑洗清	仲呂清	林鍾清	南呂清	應鍾清
日本律名	黃鍾	盤涉	上無	壹越	平調	下無	雙調	鳧鍾	黃鍾	盤涉	上無	壹越	平調	下無	鳧鍾
魏氏譜字	人	四		上	尺	工		凡	仒	五	乙	上	尺	工	六
笛簫譜字 巢笙譜字	合	四	一	上	尺	工	中	凡 / 行	五	乙 / 丁					六
篳篥音位				筒音	七孔	六孔		五孔	四孔	三孔	二孔	二孔	背孔	一孔	
雲鑼音位	右三	中四	中一	右二	左二	右一	中三	左一	中二	左三					
巢笙管序	十五	七	十七	十四	四	三	二	六	十二	十一	五十	十三	八	一	

需要說明的是，芸香堂版《魏氏樂譜》卷尾，載有學習者記寫的若干工尺譜字及其與日本律呂名的對應關係，其中將「乙」字對應第十一律「神泉」（圖6-14）。筆者認為，此處「神泉」或為「神仙」之訛，因中國十二律呂中的姑洗律與日本律名「上無」對應，說「乙」字對應「神泉」（中國律夾鍾），似與《魏氏樂器圖》笛簫譜字中「乙為姑洗清」的記載不符。但考慮到古代笛簫類樂器的勻孔形制，平吹時奏出的第二按孔音往往偏低（介於姑洗和夾鍾之間），因此《魏氏樂譜》將「乙」與神泉相對應，似也無可厚非。

二、《魏氏樂譜》的宮調應用與借調記譜

從「魏氏樂管色、雲鑼音位與工尺譜字對照表」（表6-7）可知，《魏氏樂譜》共使用了13個工尺符號，每個譜字都與一定的律呂音高對應。在固定調讀譜系統中，不同宮調中的同一譜字，存在高低半音的高、下之別，以滿足不同調高的音階形式。不同宮調中工尺譜字的高低半音變化，需要特定的宮調名稱來指示，這就是肇始自唐宋的俗樂二十八調系統。《魏氏樂器圖·附

言》曰：「魏樂所傳凡八調，皆徵之瑟弦，蓋唐八十四調之遺也。」〔註103〕
查考《魏氏樂譜》可知，這部詩樂歌曲集使用的宮調共八種，均為唐宋俗樂
二十八調內調名，又有「明樂八調」之稱。八種宮調分屬四種不同的「均」，
分別為：

　　夾鍾均——雙調、雙角；

　　仲呂均——道宮、小石調、正平調；

　　夷則均——仙呂調；

　　無射均——越調、黃鍾羽。

　　以上八種宮調內涵及其與《魏氏樂譜》工尺譜字的關係，是解讀該樂譜
音樂信息的重要前提。這一問題學界早有關注，日本音樂學家林謙三於20世
紀40年代曾撰《明樂八調研究》探討，我國學者楊蔭瀏、黃翔鵬、錢仁康、
張前、徐元勇、漆明鏡等人在各自著述中對此亦有涉及，但總體而言在曲譜
性質、宮調結構和譜字釋讀等方面尚未達成廣泛共識。〔註104〕筆者在學習前
人研究成果基礎上，以宋以來宮調理論變遷背景為依託，擬對魏氏樂八調的
性質、結構與應用，以及由此引發的借調記譜、音階形態和古譜翻譯等問題
略作說明，希望為深入研討《魏氏樂譜》宮調問題提供參考。

1、《魏氏樂譜》的宮調性質與邏輯結構

　　關於《魏氏樂譜》所用八種俗樂調名的性質，林謙三先生認為其直接繼
承了南宋張炎《詞源》所載調名傳統：「其調名與南宋《詞源》等所傳者實相
等。毋庸贅言，此乃淵源於唐之俗樂調，……宋代在比唐代古律約高二均的
教坊律上，將它傳承下來並且加以擴充而傳至南宋。其原調高度與俗稱雖然
是無甚差別地世世承傳著，而在雅稱上唐與北宋、南宋二代都多有不合者。
例如正平調唐稱為林鍾羽，北宋稱為太簇羽，南宋稱為仲呂羽。根據這一點

〔註103〕〔明〕魏雙侯傳、〔日〕筒井郁景周編：《魏氏樂器圖・附言》，觀瀾亭藏版，
　　　　1780 年。

〔註104〕相關論著，可參見：〔日〕林謙三《明樂八調研究》，張虔譯，上海：上海音
　　　　樂出版社，1957 年；楊蔭瀏《中國古代音樂史稿》（下冊）第二十九章，北
　　　　京：人民音樂出版社，1981 年，第 806～811 頁；黃翔鵬《唐燕樂四宮問題
　　　　的實踐意義——楊蔭瀏〈中國古代音樂史稿〉學習札記》，《中央音樂學院學
　　　　報》1982 年第 2 期；錢仁康《〈魏氏樂譜〉考析》，《音樂藝術》1989 年第 4
　　　　期；張前《〈魏氏樂譜〉與明代的中日音樂交流》，《中央音樂學院學報》1998
　　　　年第 1 期；徐元勇《〈魏氏樂譜〉研究》，《中國音樂學》2001 年第 1 期；漆
　　　　明鏡《魏氏樂譜解析》，上海：上海音樂學院出版社，2011 年。

可知明樂八調是南宋風的。」並進一步指出，從八調的音律關係看，「可知其非唐、宋直傳，恐怕是在明代組織成的」。〔註105〕

楊蔭瀏先生在《中國古代音樂史稿》（下冊）第二十九章，專闢一節探討魏氏樂譜宮調性質問題。楊先生首先肯定了魏氏樂八種宮調在結構上，與南宋俗樂二十八調的聯繫，進而據明代笛音高開列出八調的音高和調性表，作爲樂譜翻譯的基礎。然而，楊先生又指出：「（《魏氏樂譜》）音調大多數比較平淡，缺乏藝術表現力，不能符合歌詞內容的要求。……就音調與字調的關係而言，其音調的陞降，既不符合古代平仄的要求，也不符合宋元以來陰陽上去的要求，看來是與古來民間聲樂相當符合字調的傳統不大有關係的。但全書所有的歌曲，一律嚴格遵守著『起調畢曲』的雅樂宮調理論。」基於以上認識，楊先生判斷《魏氏樂譜》的音樂來源與其歌詞所代表的時代和生活內容毫無關係，「它們並不是漢、唐等時代流傳下來的音樂。很可能，是南宋以來僞造《詩樂》風氣的延續」。〔註106〕

錢仁康先生的觀點則與楊蔭瀏先生相左。他認爲，《魏氏樂譜》的五十曲雖然只用到八種調名，但有些曲子顯然超出了八調範圍，個別曲子甚至超出了唐宋二十八調的範圍，顯示了更爲古老的調式結構。此外，五十曲的旋律與明代民間音樂和戲曲音樂風格不相爲侔，很多樂曲的旋律可能都不是南北曲，而是古色古香的前朝舊曲。《魏氏樂譜》儘管被日本人稱之爲「明樂」，但它和明代戲曲音樂毫無關聯，是南宋以前代代相傳的古老宮廷音樂的歷史遺留。〔註107〕《魏氏樂譜》的旋律結構及詞曲組合關係與明代南北曲風格迥異，楊蔭瀏先生認爲它是明代士人沿襲南宋僞造詩樂傳統造出的「假古董」，錢仁康先生則認爲這是「古色古香的前朝舊曲」的遺存，正是《魏氏樂譜》歷史價值的體現。儘管學者們在魏氏樂音樂性質的認定方面存在分歧，但在魏氏八調宮調結構與南宋八十四調乃至唐代俗樂二十八調調淵源關係這一點上，以上諸家觀點則可基本達成一致。

也有學者對魏氏樂宮調與唐宋俗樂調的聯繫持否定態度，認爲前者僅名

〔註105〕〔日〕林謙三：《明樂八調研究》，張虔譯，上海：上海音樂出版社，1957年，第12、31頁。

〔註106〕楊蔭瀏：《中國古代音樂史稿》（下冊），北京：人民音樂出版社，1981年，第806～811頁。

〔註107〕參見錢仁康《〈魏氏樂譜〉考析》，《音樂藝術》1989年第4期，收入錢亦平編《錢仁康音樂文選》，上海：上海音樂出版社，1997年，第153～154頁。

稱上保留了歷史調名的形式，調名的樂學內涵卻與唐宋時代相去甚遠，八種調名結構及相互關係並不能完全納入南宋張炎《詞源》之二十八調體系。例如，黃翔鵬先生就認爲，《魏氏樂譜》歌曲基本上把工尺譜字作流動唱名讀譜，但又常用移調記寫；同時，由於該譜是音樂世家歷代積纍下來的曲譜集，必然包含歷代不同的調高標準，認爲林謙三把它當做同一標準、嚴格有序的調關係來看，犯了「刻舟求劍」之忌；最後黃先生指出：「調關係中唯一統一使用的是二十八調調名，但據此也同樣得不出調高的依據。因爲唐宋元明以來不但有四宮、七宮的不同理解之別，歷代黃鍾律音高標準也是不斷變化的。明代以來所謂『九宮』各調，其實都無有定的調高，只能另注『笛色』，便已充分說明了其中的問題。」〔註108〕儘管對《魏氏樂譜》宮調歷史內涵的理解有異，但黃先生也認爲此譜是歷代樂人傳承積纍的結果：「我們如果深入研究一下《魏氏樂譜》，甚至還可能得出明末的音樂世家仍然保存有少量宋以前古代歌曲的結論。」〔註109〕

　　近年來，亦有學者對《魏氏樂譜》的宮調問題予以專題探討。例如，漆明鏡通過對明治十年版凌雲閣六卷本《魏氏樂譜》宮調與音階的全面分析，認爲魏氏樂所用無射、夾鍾、夷則三均的調名是「空有其名」，「尤其在越調、雙角調、黃鍾羽、雙調和仙呂調中，竟沒有一首調名與樂曲所用者相符。而另外半數實際用調與所標明的調相符合的樂曲，顯然只可能出現在標明爲道宮、小石調和正平調的樂曲中，然而此三調中也仍有不相符的情形」，由此推論《魏氏樂譜》原來標注的調名「與實際用調間缺乏規律性……並非是樂曲本身的『調名』」，「『八調』的概念不是『宮調』的概念，而是瑟的八種調弦法」。〔註110〕這些觀點對於魏氏樂宮調乃至俗樂調歷史內涵等問題的深入研討，都有著積極的參考價值。

　　筆者認爲，對《魏氏樂譜》各曲宮調性質與含義的探討，應結合魏氏樂

〔註108〕參見黃翔鵬《明末清樂歌曲八首》，《黃鍾》1987 年第 4 期。收入黃翔鵬《中國人的音樂和音樂學》（音樂文集），濟南：山東文藝出版社，1997 年；又見《黃翔鵬文存》（上冊），濟南：山東文藝出版社，2007 年，第 554 頁。

〔註109〕黃翔鵬：《論中國傳統音樂的保存和發展》，《中國音樂學》1987 年第 4 期。後題爲《論中國古代音樂的傳承關係——音樂史論之一》，收入黃翔鵬《傳統是一條河流》（音樂文集），北京：人民音樂出版社，1990 年；又見《黃翔鵬文存》（上冊），濟南：山東文藝出版社，2007 年，第 98～99 頁。

〔註110〕參見漆明鏡《〈魏氏樂譜〉若干問題之我見》，《文化藝術研究》2009 年第 2 期，第 98～100 頁。

伴奏樂器及所用工尺譜字的性質展開。前文分析表明,《魏氏樂譜》所用工尺爲笛、簫音位譜字,它們均與一定的律呂音高相對應,保留著宋代俗字譜對應固定律呂名的傳統。從《夢溪筆談》、《詞源》及《白石道人歌曲》等宋代樂律文獻對音列和旋律的記錄可知,與固定唱名工尺譜字相配合使用的,必然是具有指示調高與音列含義的俗樂調名。從這種意義上講,《魏氏樂譜》採用的八個俗樂調名,應該與唐宋二十八調傳統一脈相承,是歷史上俗樂宮調體系在明代詩詞音樂中的具體應用。各調樂學含義可從唐宋俗樂宮調體系中覓得淵源,擁有約定各曲工尺譜字音高、明確旋律調高與煞聲的功能。

據前文所引《魏氏樂器圖》記述的笛簫音位譜字──「合爲黃鍾,五爲太簇清,四爲太簇濁,乙爲姑洗清,一爲姑洗濁,上爲仲呂,尺爲林鍾,工爲南呂,凡爲應鍾,六爲應鍾清」,可知魏氏樂之龍笛與長簫的最常用、最容易演奏的音階,是以「上」字作宮、兼有變徵和變宮的正聲音階。由於《魏氏樂譜》所用譜字與笛簫譜字完全一致,則此譜各歌曲所用音階,必同樣以仲呂作「上」的正聲音階爲主。查「張炎《詞源》八十四調表」,該音階在唐宋俗樂二十八調系統中屬「道宮」。也就是說,仲呂均的道宮、小石調、正平調,應是《魏氏樂譜》最常採用的俗樂調名。梳理芸香堂版《魏氏樂譜》記載的五十首樂曲不難發現,其中道宮、小石調、正平調歌曲共計 34 首,占全部樂曲的 68%,與據笛簫基本音位所得「仲呂均爲魏氏樂最常用調高」的推論完全一致。這種情況,一方面表明龍笛基本音列對樂曲定調的重要影響,說明《魏氏樂譜》所記工尺爲笛、簫譜字;〔註 111〕另一方面也有力說明傳承至明末的唐宋俗樂宮調名,在《魏氏樂譜》等品類音樂中依然部份保留著較爲原初的樂學內涵,俗樂二十八調體系並未因明清時期新型工尺調名系統與譜式的興起而完全退出音樂實踐。

至於魏氏樂八調並非俗樂調名,而是瑟的八種調弦法之論,似與《魏氏

〔註 111〕 〔日〕海西宮奇《書〈魏氏樂譜〉後》曰:「其歌法,則取正於笛,……而諸絃歌皆從笛起之。」針對《魏氏樂譜》工尺譜字的性質,林謙三先生亦指出:「旋律樂器的任務是伴隨歌曲齊奏,協助歌聲以增添音色之變化。不過因爲歌者的歌律多模仿笛律,所以笛尤其所謂明笛的龍笛和長簫在樂器中格外受到重視。因之,所謂明樂工尺譜的歌譜之具有笛譜體裁,乃係當然之事。」參見〔日〕林謙三《明樂八調研究》,張虔譯,上海:上海音樂出版社,1957年,第 9 頁。

樂器圖・瑟圖》和海西宮奇《書〈魏氏樂譜〉後》中的論說有關。《魏氏樂器
圖・瑟圖》記載瑟彈奏指法和樂調類型時說：

　　　　凡十四絃彈法，有大搯，有正搯，有中搯，有搯作，有三正，
　　有急正。

　　　　調有八：一曰越調，二曰雙角調，三曰道宮，四曰雙調，五曰
　　小石調，六曰正平調，七曰仙呂調，八曰黃鍾羽。

　　　　凡彈，大指入曰擘，出曰托；食指入曰抹，出曰挑，連挑二以
　　上曰歷；中指入曰勾，出曰剔；名指入曰打，出曰摘。〔註112〕

　　海西宮奇《書〈魏氏樂譜〉後》曰：「其歌法則取正於笛，欲知樂調者，
徵之瑟弦，而諸絃歌皆從笛起之，此其大略也。」〔註113〕筆者認爲，這句話
的含義大致有二：其一，笛爲伴奏樂隊主奏樂器，聲樂演唱時依笛行腔，笛
樂是魏氏歌曲旋律的主要體現；其二，由於瑟一弦一音的音高特徵，魏氏樂
各曲所用音列與旋律結構等信息，均可在瑟的十四根弦上明晰地呈現出來，
故有「樂調徵之瑟弦」之說。《魏氏樂器圖・瑟圖》所列「八調」音列結構不
同，在瑟上的調弦方法自然不同。瑟上八調的調弦，係根據俗樂二十八調中
的八種調名的調高與音列結構而定，不能反其意而理解，認爲是瑟上與傳統
俗樂調音列不必然相關的八種調弦方式，決定著明樂八調的調高、音列等樂
學內涵。況且我們現在已「無從得知瑟之原有調弦法，不可能通過瑟來理解
八調原貌」〔註114〕。因此，《魏氏樂器圖・瑟圖》所載瑟上施用的八種俗樂調
名，應與唐宋俗樂二十八調體系一脈相承，它們決定著十四絃瑟的定弦方式，
不能理解爲魏氏樂之瑟所專用的八種調弦法的代稱。

　　基於以上分析，《魏氏樂譜》所用八調係明代人沿用南宋二十八調體系，
以其俗樂調名作爲樂曲調高、調式和音列結構的基本依據，同時將歷史上這
一宮調系統與明代笛樂黃鍾律相結合的結果，是歷史宮調理論在新時期的
傳承與應用。魏氏樂八調的樂學含義與邏輯結構具有內在統一性，是對南宋
俗樂二十八調的部份擷取和實踐。儘管八調中的一些調名在具體運用中，存

〔註112〕〔明〕魏雙侯傳、〔日〕筒井郁景周編：《魏氏樂器圖》，觀瀾亭藏版，1780
　　　　年。

〔註113〕〔日〕海西宮奇：《書〈魏氏樂譜〉後》，載魏子明氏輯《魏氏樂譜》卷首，
　　　　日本芸香堂刊本，1768 年。

〔註114〕〔日〕林謙三：《明樂八調研究》，張虔譯，上海：上海音樂出版社，1957 年，
　　　　第 12 頁。

在「借調記譜」、「煞聲變化」等少數與南宋樂調名不相一致的情況（詳後），
但八種調名對樂曲宮調內涵和旋律構成的制約和影響，則是不容忽視的歷
史事實。現綜合以上分析，將《魏氏樂譜》四均、八調的宮調邏輯結構及其
與南宋俗樂二十八調和明代笛色譜字音位的對應關係，列表整理如下（表 6
－8）：

表6－8：《魏氏樂譜》四均八調及其與笛色音位對照表

六孔笛位	⑥筒	⑥六	⑤五	④四	③三	②二	①一
笛簫字譜	合	四	一	上	尺	工	凡
十二律呂	黃鍾	太簇	夾鍾　姑洗	仲呂	林鍾	夷則　南呂	無射　應鍾

（十二律呂五線譜音位圖）

魏氏樂譜四均		黃鍾	太簇	夾鍾	姑洗	仲呂	林鍾	夷則	南呂	無射	應鍾
	夾鍾均	羽 ●	閏 雙角 ●	宮		商 雙調 ■	角 ●		變 ●〔註115〕	徵	
	仲呂均	徵 ●	羽 正平調 ●		閏 ●	宮 道宮 ■	商 小石調 ■		角 ●		變 ●
	夷則均	角	變 ●	徵 ●		羽 仙呂調 ■	閏 ●	宮		商 ●	
	無射均	商 越調 ●	角 ●		變	徵 ■	羽 黃鍾羽 ●		閏 ●	宮	

從表中八調與笛色音位的對應關係可以看出，《魏氏樂譜》所用工尺譜字
的具體音高，明顯受樂曲所屬俗樂調名的影響和制約。單純從調名內涵講，
七個基本工尺譜字中的「一」、「工」、「凡」三個譜字需要有高低半音的變
化，即「高一」和「下一」、「高凡」和「下凡」、「高工」和「下工」。龍笛演
奏者可通過控制口風、吹奏角度等方法調節每孔音高，這就是《魏氏樂器圖》
所謂的「凡吹笛法，全在口唇之俯仰、吹氣之緩急。唇仰則清一律，唇俯則

〔註115〕表中「■」與「●」所示，爲夾鍾均樂曲的實際五正聲位置，其中「■」代
表宮音。餘下各均的實際五聲位置同此。

濁一律」〔註116〕的宮調實踐意義。當然，由於宮調傳承與實際應用的關係，魏氏八調的樂學內涵與實際記譜間也有某些出入，這就涉及到《魏氏樂譜》各曲宮調名稱與實際調性的關係，以及工尺譜的「借調記錄」和樂曲音階形態等問題。

2、《魏氏樂譜》的借調記譜與音階形態

《魏氏樂譜》有多種版本傳世，記載歌曲二百四十多首。其中刊行於明和五年（1768年）的芸香堂版，是魏氏樂最早見諸於世的版本。該版本共收錄樂曲50首，且音高、節奏方面與文化九年版《魏氏樂譜》（50曲）和淩雲閣六卷本《魏氏樂譜》的第一卷（50曲）大致相同〔註117〕，集中代表了魏氏歌曲宮調與樂譜的應用特徵。鑒於此，本節特以芸香堂版《魏氏樂譜》五十曲為例，對其宮調特徵、記譜形式和音階形態等問題，作一簡要梳理和總結。為論證清晰起見，這裡首先將五十首詞樂歌曲的曲名、宮調名、所屬均名，以及各曲的宮音位置、起音、煞聲等信息列表總結如下（表6-9）：

表6-9：《魏氏樂譜》50曲宮調結構一覽表

序號	曲　名	調　名	均　名	宮　位	起　音	煞　聲
1	江陵樂	雙角調	夾鍾均	仲呂宮	宮（商）	宮（商）
2	壽陽樂	正平調〔註118〕	仲呂均	仲呂宮	羽	羽
3	楊白花	道　宮	仲呂均	仲呂宮	宮	宮
4	甘露殿	雙　調	夾鍾均	仲呂宮	徵（羽）	徵（羽）
5	蝶戀花	正平調	仲呂均	仲呂宮	羽	羽
6	估客樂	雙角調	夾鍾均	仲呂宮	羽（變宮）	羽（變宮）
7	敦煌樂	小石調	仲呂均	仲呂宮	商	商
8	沐浴子	越　調	無射均	仲呂宮	徵（商）	徵（商）
9	聖　壽	道　宮	仲呂均	仲呂宮	宮	宮

〔註116〕〔明〕魏雙侯傳、〔日〕筒井郁景周編：《魏氏樂器圖・龍笛長簫圖》，觀瀾亭藏版，1780年。

〔註117〕參見漆明鏡《〈魏氏樂譜〉解析》，上海：上海音樂學院出版社，2011年，第33頁。

〔註118〕《壽陽樂》一曲，《魏氏樂譜》原標「清平調」。考其工尺譜字可知，應係「正平調」之誤，屬仲呂均羽調式，特改正。

序號	曲　名	調　名	均　名	宮　位	起　音	煞　聲
10	喜遷鶯	正平調（雙角調）	仲呂均（夾鍾均）	仲呂宮	羽（變宮）	羽（變宮）
11	關山月	道　宮	仲呂均	仲呂宮	宮	宮
12	桃葉歌	道　宮	仲呂均	仲呂宮	宮	宮
13	關　雎	雙　調	夾鍾均	仲呂宮	羽（變宮）	商（正角）
14	清平調	小石調	仲呂均	仲呂宮	羽	商
15	醉起言志	越　調	無射均	仲呂宮	徵（商）	徵（商）
16	行經華陰	黃鍾羽	無射均	仲呂宮	徵（商）	商（羽）
17	小重山	道宮（小石調）	仲呂均	仲呂宮	宮	徵
18	昭夏樂	雙　調	夾鍾均	仲呂宮	羽（變宮）	羽（變宮）
19	江南弄	黃鍾羽	無射均	仲呂宮	商（羽）	商（羽）
20	玉蝴蝶	正平調	仲呂均	仲呂宮	羽	羽
21	遊子吟	小石調	仲呂均	仲呂宮	商	商
22	太玄觀	黃鍾羽	無射均	仲呂宮	商（羽）	商（羽）
23	陽關曲	小石調	仲呂均	仲呂宮	商	商
24	杏花天	道　宮	仲呂均	仲呂宮	宮	宮
25	採桑子	正平調	仲呂均	仲呂宮	羽	羽
26	思歸樂	小石調	仲呂均	林鍾宮	角（變徵）	角（變徵）
27	宮中樂	小石調	仲呂均	林鍾宮	角（變徵）	角（變徵）
28	平蕃曲	道　宮	仲呂均	仲呂宮	宮	宮
29	賀聖朝	小石調	仲呂均	林鍾宮	角（變徵）	角（變徵）
30	瑞鶴仙	道　宮	仲呂均	仲呂宮	宮	宮
31	清平樂	小石調	仲呂均	仲呂宮	商	商
32	隴頭吟	道　宮	仲呂均	仲呂宮	宮	宮
33	龍池篇	雙　調	夾鍾均	仲呂宮	羽（變宮）	徵（羽）
34	天　馬	正平調	仲呂均	仲呂宮	羽	羽
35	月下獨酌	仙呂調	夷則均	林鍾宮	羽（清徵）	羽（清徵）
36	秋風辭	正平調	仲呂均	仲呂宮	羽	羽
37	萬年歡	越　調	無射均	仲呂宮	徵（商）	徵（商）

序號	曲　名	調　名	均　名	宮　位	起　音	煞　聲
38	白頭吟	黃鍾羽	無射均	仲呂宮	商（羽）	商（羽）
39	洞仙歌	正平調	仲呂均	仲呂宮	羽	羽
40	千秋歲	小石調（黃鍾羽）	仲呂均（無射均）	仲呂宮	商（羽）	商（羽）
41	水龍吟	正平調	仲呂均	仲呂宮	羽	羽
42	鳳凰臺	正平調	仲呂均	仲呂宮	羽	羽
43	大聖樂	正平調	仲呂均	仲呂宮	徵	羽
44	青玉案	正平調	仲呂均	仲呂宮	羽	羽
45	大同殿	正平調	仲呂均	仲呂宮	羽	羽
46	玉臺觀	越　調	無射均	仲呂宮	徵（商）	徵（商）
47	長歌行	小石調	仲呂均	仲呂宮	商	羽
48	風中柳	道　宮	仲呂均	仲呂宮	宮	宮
49	慶春澤	道　宮	仲呂均	仲呂宮	宮	宮
50	齊天樂	道　宮	仲呂均	仲呂宮	宮	宮

　　上表中，「調名」一列括號內的調名，為每首樂曲前所記該曲宮調的另一名稱；〔註119〕「均名」一列中，括號內為第二調名所屬均名；「起音」和「煞聲」兩列中，括號內音名為起音或煞聲在原宮調之均所屬音名且與實際煞聲不符者；「起音」與「煞聲」一列的黑體字音名，為與樂曲所標原俗樂調名不符者，其中煞聲不符者共計11首。

　　通觀《魏氏樂譜》50曲所用實際調高不難發現，其中的46首樂曲的宮音在仲呂，其餘4首實際宮音為林鍾，兩者各占樂曲總數的92%和8%。〔註120〕46首實際宮音為仲呂的樂曲中，原譜所標宮調屬於夾鍾均者7首，分別是：《江陵樂》、《甘露殿》、《估客樂》、《關雎》、《昭夏樂》、《龍池篇》和《喜遷鶯》，其中第10曲《喜遷鶯》原譜標有雙角調（夾鍾均）和正平調（仲呂均）

〔註119〕《魏氏樂譜》目錄中，《遊子吟》、《清平樂》和《長歌行》三曲宮調標為「黃鍾」或「黃鍾羽」，與曲前所標調名不符，今均以樂曲前所記宮調名為準統計。

〔註120〕為論證方便，本著「附錄五《魏氏樂譜》譯解」有對芸香堂版《魏氏樂譜》50曲的譯譜。以下有關魏氏樂宮調、音階形態的分析，可與此譯譜比照參考。

兩種宮調；原譜所標宮調屬於無射均者 9 首，分別是：《沐浴子》、《醉起言志》、《行經華陰》、《江南弄》、《太玄觀》、《萬年歡》、《白頭吟》、《玉臺觀》和《千秋歲》，其中第 40 曲《千秋歲》標爲小石調（仲呂均）和黃鍾羽（無射均）兩種調名；其餘 30 首仲呂宮樂曲，原宮調或爲道宮或爲小石調、正平調，均屬仲呂均，加上 2 首兼有兩種調名的樂曲（內含仲呂均宮調），則仲呂均樂曲達 32 首之多，其宮調名所屬的「仲呂均」與樂曲實際調高「仲呂宮」可完全對應。

從樂曲的煞聲情況看，上述無射均和仲呂均的 39 首樂曲，幾乎所有煞聲都與俗樂宮調相吻合，僅第 17 曲《小重山》和第 47 曲《長歌行》例外。例如，第 8 曲《沐浴子》原標無射均「越調」，但實際結束音爲仲呂宮之徵，查張炎《詞源》二十八調表可知，二者用音均爲「合」字，完全相符。兩首煞聲與宮調名不符的樂曲中，《小重山》標爲道宮或小石調，屬仲呂均，但實際則爲仲呂宮的徵調式，與原宮調煞聲不合；《長歌行》標爲仲呂均小石調，但實際爲煞聲爲仲呂宮之羽，與小石調煞聲不合。這 39 首樂曲的起調音情況與煞聲類似，僅第 16 曲黃鍾羽《行經華陰》（仲呂宮徵起）、第 14 曲小石調《清平調》（仲呂宮羽起）和第 43 曲正平調《大聖樂》（仲呂宮徵起），未嚴格按原宮調煞聲和宋人「起調畢曲」的規範起調。屬夾鍾均雙角調的《估客樂》和標爲正平調或雙角調的《喜遷鶯》，宮調煞聲亦與實際煞聲相同。

除卻以上分析的 41 首樂曲外，剩餘 5 首夾鍾均樂曲、3 首仲呂均樂曲、1 首夷則均樂曲的起音和煞聲，與原宮調結束音均不相符，共計 9 首。以煞聲情況爲例，其中標爲雙調的《甘露殿》、《關雎》、《昭夏樂》和《龍池篇》，本應以夾鍾均商音「上」字煞，但卻分別結束在了仲呂宮之徵、商、羽、徵；標爲雙角調的《江陵樂》本應煞於夾鍾均閏位「五（四）」字，卻以仲呂宮之宮「上」字結束。仲呂均之三首小石調樂曲《思歸樂》、《宮中樂》、《賀聖朝》，實際調高均爲林鍾宮，均以林鍾宮角音「高凡」字煞，實爲仲呂均之「變徵調」，與小石調名稱不符。《月下獨酌》原標夷則均仙呂調，但實際卻煞於林鍾宮之羽音，與原曲所標仙呂調不相契合，實爲夷則均之「清徵調」。連同上述仲呂宮兩首與原調煞聲不合的樂曲，《魏氏樂譜》50 曲俗樂調名中與實際煞聲不符者共計 11 首，僅占全部樂曲的 22%。這一情況說明，魏氏樂曲在實際宮調組織和應用中，充分注意到俗樂宮調的調高與煞聲內涵，基本遵循了宋人「起調畢曲」的詞樂創作傳統，難怪楊蔭瀏先生據此有「（魏氏樂）很可能

是南宋以來僞造《詩樂》風氣的延續」〔註121〕之論。若擱置魏氏樂各曲的實際產生年代暫且不論，自明末流傳至今的《魏氏樂譜》的宮調應用特徵至少表明，唐宋時代流行的俗樂宮調系統，在明代人的詞曲音樂實踐中依然應用，並未因音樂時代風尙等大環境變遷而泯滅不彰。林謙三先生曾指出，明樂八調可證「唐、宋樂調之被保存與崩解的程度」〔註122〕，誠哉斯言。

　　既然魏氏樂各曲定調 92%爲仲呂宮，爲何不只使用仲呂均之道宮、小石調、正平調等調名，而又牽涉夾鍾均和無射均各調呢？這就涉及到《魏氏樂譜》的借調記譜、調式結構和音階形態問題。本著第一章據「敦煌樂譜」及其它唐樂古譜探討俗樂二十八調含義時曾指出，唐宋俗樂調名涉及的宮、商、羽、角各調係以正聲音階爲基本形式，四調只起著確定作品均高、煞聲和音列框架的作用，二十八調之「調」既非調高（key）、也不等同於調式（mode）或調性（tonality）。俗樂二十八調各調在實踐中可展現出正聲、下徵、清商三種音階形態的靈活運用，有五聲、六聲、七聲、八聲的不同變化，甚至有其它調式變音存在。其在實踐中多種音階的靈活運用，是以「同均三宮」理念爲保障的。黃翔鵬先生在《中國傳統音調的數理邏輯》一文中，曾提出傳統音樂形態中的均、宮、調三層次理論說，他指出：

　　　　（引者按：就黃鍾均而言）從宮音說，它可以在黃鍾上面，也可以在林鍾、太簇上面。在黃鍾均中的七音結構，不管它在哪一類，同音名的七聲，只要是相同音名組成的音階結構，在古代理論中，就叫做「均」。每一個「均」裏都可以分成三個「宮」，就是三種音階，這叫做「宮」。每一宮裏的核心五音，都可構成幾種調式，可以是宮商角徵羽各種調式，這叫做「調」。這就是「均」「宮」「調」三層概念。〔註123〕

　　「均」、「宮」、「調」三層概念的區分，是黃翔鵬先生「同均三宮」理論的基本出發點。結合前文所列「《魏氏樂譜》四均八調及其與笛色音位對照表」

〔註121〕楊蔭瀏：《中國古代音樂史稿》（下冊），北京：人民音樂出版社，1981 年，第 811 頁。

〔註122〕〔日〕林謙三：《明樂八調研究》，張虔譯，上海：上海音樂出版社，1957 年，第 14 頁。

〔註123〕黃翔鵬：《中國傳統音調的數理邏輯》，原載《中國音樂學》1996 年第 3 期，後收入黃翔鵬《樂問》（音樂文集），北京：中央音樂學院學報社，2000 年，第 238 頁；又見《黃翔鵬文存》（下卷），濟南：山東文藝出版社，2007 年，第 864 頁。

（表6－8）可知，魏氏樂曲的實際宮調應用中，夾鍾均樂曲的宮音並非夾鍾，而是位於仲呂。這樣，俗樂調中的夾鍾均雙調便由正聲音階的商調式，轉換爲宮音在仲呂的清商音階形式了，第 4 曲《甘露殿》加清羽（下乙）、第 18 曲《昭夏樂》加清角（下凡）、第 33 曲《龍池篇》加清羽（下乙）、清角（下凡），就是以雙調音列代指仲呂宮清商音階的例證。標爲夾鍾均雙角調的兩首樂曲《江陵樂》和《估客樂》，曲中「乙」字對應俗樂角調「應聲」，應爲「高乙」音位，即仲呂宮的偏音「變宮」。

同理，屬無射均越調和黃鍾羽調的樂曲，宮音同樣在仲呂位置，實際音階則表現爲加「清角」和「變宮」的下徵音階形式。因此，第 15 曲《醉起言志》中的「乙」爲「高乙」，對應仲呂宮音階的變宮音位；第 16 曲《行經華陰》中的「凡」爲「下凡」，對應清角音位。相比之下，仲呂均的道宮、小石調和正平調樂曲（第 26、27、29 曲除外），由於宮音與均主重合，自然採用正聲音階形式，曲中「乙」、「凡」均爲高位，與「變宮」和「變徵」音位相對應。以上《魏氏樂譜》絕大多數樂曲的宮調與音階特徵表明，俗樂宮調在魏氏樂中除規定樂曲調高之外，還起著約束作品音列、指示樂曲煞聲（調式）的重要作用，儘管個別樂曲調式與俗樂宮調煞聲存在出入。

標爲仲呂均小石調的第 26 曲《思歸樂》、第 27 曲《宮中樂》和第 29 曲《賀聖朝》，調高與音階情況較爲複雜些。三首樂曲工尺譜字，均以「凡」字爲起調畢曲音，且五聲骨幹音階均爲「凡、五、乙、尺、工」。據五音間音程關係可知，這是以高凡（應鍾）爲角、以尺（林鍾）爲宮的五聲角調式音階。也就是說，原曲仲呂均小石調規定的音列，實際表現爲林鍾宮清商音階形式，譜中「上」字對應清羽音位、「合」字對應清角音位。這種記譜形式，與前述夾鍾均雙調用作仲呂宮清商音階的做法完全一致，是人們爲滿足特定音階結構而採用的借調記譜，是在「同均三宮」理論框架下對俗樂宮調音階的靈活運用。

也有學者立足唐、宋二十八調四宮、七宮的不同傳統，分析三首小石調樂曲的宮調性質。例如，黃翔鵬先生指出，若據唐代俗樂二十八調爲「四宮七調」結構的觀點，《魏氏樂譜》中的《思歸樂》應爲正聲音階角調式結構，可考證其調名「小石調」應屬唐代「四宮七調」結構的二十八調，而非南宋張炎《詞源》「二十八調表」中「七宮四調」系統的小石調。兩種不同結構的小石調音階如下（譜6－6）：

譜 6－6：「四宮」與「七宮」系統小石調音階比較

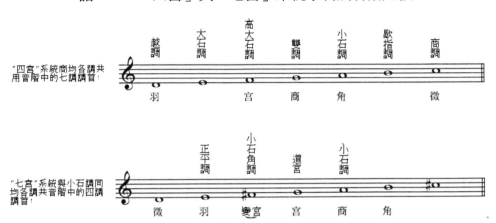

黃先生認為：「《思歸樂》原譜用凡字煞，是移調記寫的例子，顯然它是四宮系統的『小石調』，而與宋代的燕樂宮調理論不符。……這樣的曲調如果勉強按照『七宮』系統的小石調來譯譜，加用兩個升號作調號，勢必造成極大的歪曲。」並進一步提出「宋以後民間流行的音樂或樂譜中，可能存在著唐樂的餘緒」的假設，認為明末《魏氏樂譜》中保存的小石調《思歸樂》，體現著唐代俗樂二十八調的「四宮」傳統，很可能是唐代音樂的遺存。〔註124〕

以上從「四宮七調」和唐樂遺存角度對《思歸樂》小石調性質的分析，對於深入認識唐宋宮調理論差異及其在明代遺存，具有積極的啟發意義。然而，本著前幾章的探討已充分說明，唐宋兩代間二十八調體系的傳承，具有立足管色樂器旋宮實踐的統一物質基礎，其理論形態均表現出七宮（均）框架下的宮調邏輯組織。儘管不同歷史時期的黃鍾律高有變，但這一宮調體系中各調的相對關係，則在管色「七宮還原」的技術保障下穩定傳承。唐宋俗樂二十八調均為「七宮四調」結構，唐代俗樂調「四宮說」難以成立。《思歸樂》小石調的特殊記譜，只是以小石調煞聲「尺」為宮的借調記譜形式，目的是獲得樂曲調高的上方大二度移位，以及由此帶來的清商音階的特殊音樂風格，並非唐俗樂二十八調四宮傳統的遺存。

〔註124〕 以上引述，參見黃翔鵬《唐燕樂四宮問題的實踐意義——楊蔭瀏〈中國古代音樂史稿〉學習札記》，原載《中央音樂學院學報》1982 年第 2 期；收入黃翔鵬《溯流探源——中國傳統音樂研究》（音樂文集），北京：人民音樂出版社，1993 年；又見《黃翔鵬文存》（上冊），濟南：山東文藝出版社，2007年，第 345～346 頁。

　　黃翔鵬先生在其它文論中還指出：「（《魏氏樂譜》的）調關係中唯一統一使用的是二十八調調名，但據此也同樣得不出調高的依據。因爲唐宋元明以來不但有四宮、七宮的不同理解之別，歷代黃鍾律音高標準也是不斷變化的。」〔註125〕筆者以爲，將四宮問題納入《魏氏樂譜》，對其中原本按「同均三宮」規律記寫的樂譜，強作「四宮七調」求解，很可能會因「求之過深」而致偏頗，不一定有助於魏氏樂宮調的正確認識。歷史上不同時期的宮調問題往往「橫看成嶺側成峰」，從不同立場、不同角度均可得出足以自洽的結論，但歷史的眞實只有一個，這就是支撐各類音樂理論的演唱、演奏實踐。對於《魏氏樂譜》的譜字音高與宮調內涵而言，其實踐基礎就是笛簫翻七調（常用四調）的「七宮（均）」傳統，以及每均三宮十五調的一百八十調結構框架。〔註126〕樂律學研究應充分注重理論依託的音樂實踐，以此作爲闡釋歷史宮調問題的基本立足點。

　　芸香堂版《魏氏樂譜》50曲中，宮調問題最大的是第35曲《月下獨酌》。林謙三認爲：「全曲由合字以外之六聲構成，但不明白乙、凡的用法究竟是怎樣。……實際上可能原調已經消失而只保存名義。在曲中乙、五之活躍頗爲突出。終止型爲乙五乙，因爲乙在夷則均內相當於徵，所以作爲羽調的終止是破格的。恐怕須另求解釋，今存疑於此。」〔註127〕錢仁康先生認爲：「第35曲《月下獨酌》以乙字（姑洗）起訖，『仙呂調』似爲『小石角』（姑洗變宮調）之誤；但小石角超出了八調的範圍，它雖是燕樂二十八調之一，即使在唐宋燕樂中也很少用，可見這個曲子的來源比較古老，有可能是唐代詩樂的遺響。」〔註128〕

　　考察該曲所用譜字，全曲爲六聲音階結構——乙、上、尺、工、凡、五。

〔註125〕黃翔鵬：《論中國傳統音樂的保存和發展》，《中國音樂學》1987年第4期。後題爲《論中國古代音樂的傳承關係——音樂史論之一》，收入黃翔鵬《傳統是一條河流》（音樂文集），北京：人民音樂出版社，1990年；又見《黃翔鵬文存》（上冊），濟南：山東文藝出版社，2007年，第98～99頁。

〔註126〕相關論證，參見黃翔鵬《中國傳統音調的數理邏輯》，原載《中國音樂學》1996年第3期；收入黃翔鵬《樂問》（音樂文集），北京：中央音樂學院學報社，2000年，第238頁；又見《黃翔鵬文存》（下卷），濟南：山東文藝出版社，2007年，第864頁。

〔註127〕〔日〕林謙三：《明樂八調研究》，張虔譯，上海：上海音樂出版社，1957年，第26頁。

〔註128〕錢仁康：《〈魏氏樂譜〉考析》，原載《音樂藝術》1989年第4期，收入錢亦平編《錢仁康音樂文選》，上海：上海音樂出版社，1997年，第145頁。

乙、凡二字得到突出強調,「尺」與「凡」的音程關係在曲中佔有重要地位,可知其五聲骨幹音爲「乙、尺、工、凡、五」,樂曲採用的是以「尺」爲宮、以「乙」爲調式主音的音階。這種借調記譜的情況,與前述小石調樂曲《思歸樂》、《宮中樂》和《賀聖朝》極爲相類。結合《魏氏樂譜》所用仲呂、夾鍾、夷則、無射四均來看,與此音階最爲吻合的俗樂調名,應爲仲呂均的小石角調。由此可見,錢仁康先生判斷《月下獨酌》所標仙呂調「似爲小石角(姑洗變宮調)之誤」是有一定道理的。錢先生在該曲譯譜中,採用仲呂均正聲音階音列,將樂曲譯作林鍾 E 爲宮的清商音階羽調式。筆者認爲,既然樂曲用音屬小石角調,則角調音階中比均主高一律的「應聲」不容忽視,曲中「上」字係樂曲應聲之蕤賓律高,是工尺譜記錄中「以上代勾」的結果。由此,《月下獨酌》全曲應判定爲仲呂均、林鍾宮、下徵音階姑洗羽調式。

綜合本節所論,關於《魏氏樂譜》的譜字和宮調性質,筆者初步得到如下幾點認識:其一,《魏氏樂譜》所用工尺譜字與宋代管色字譜一脈相承,均屬固定唱名系統,其黃鍾爲明代俗樂律 a¹,即明清以來曲笛的筒音音高;其二,《魏氏樂譜》所標八種俗樂調名,爲唐宋俗樂宮調系統的擷取和遺存,其樂學內涵與南宋張炎《詞源》「二十八調」一致,發揮著指示調高或樂曲音列與煞聲的作用(仙呂調爲小石角之誤);其三,《魏氏樂譜》的宮調運用中,存在以「借調記譜」方式指代多種音階形態的做法,體現出「同均三宮」理論在古代宮調應用中的規範和制約作用。其四,魏氏樂少部份歌曲的調式結構與俗樂調名煞聲不符,反映出唐宋俗樂宮調系統在後世傳承中煞聲含義逐漸脫落的事實;其五,《魏氏樂譜》的宮調結構特徵表明,雖然工尺調名體系在明代音樂實踐中已經確立,但源自唐宋二十八調的俗樂調名卻並未完全退出歷史舞臺,唐宋俗樂調理論對後世宮調理論轉型和音樂實踐具有不容忽視的深遠影響。